高职高专会计专业"十三五"项目化规划教材

成 本 会 计

宋建琦　主　编

刘婷婷　黄沪琳

李勇辉　冯　燕　副主编

清华大学出版社

北　京

内 容 简 介

本书结合高职高专教育的特点和教学要求,以最新的《企业会计准则》《企业财务通则》和《企业财务报告条例》为依据编写而成。本书主要介绍了成本会计的基本理论、基本方法和基本操作技术,共分 14 个项目。文中穿插有大量详细演示的例题,另外各章均设有学习目标、能力目标、案例导入、知识归纳、达标检测、案例讨论,有利于学生更好地掌握理论知识,提高实践能力。

本书既可以作为高职高专院校会计学专业、财务管理专业及其他管理类专业的教学用书,也可以作为各类经济管理人员及自学者的学习用书。本书课件下载地址为 http://www.tupwk.com.cn。

图书在版编目(CIP)数据

成本会计 / 宋建琦　主编. —北京:清华大学出版社,2017(2024.8 重印)

(高职高专会计专业"十三五"项目化规划教材)

ISBN 978-7-302-47787-7

Ⅰ. ①成…　Ⅱ. ①宋…　Ⅲ. ①成本会计—高等职业教育—教材　Ⅳ. ①F234.2

中国版本图书馆 CIP 数据核字(2017)第 168945 号

责任编辑:崔　伟　马遥遥
封面设计:上官千千
版式设计:思创景点
责任校对:曹　阳
责任印制:沈　露

出版发行:清华大学出版社
　　　　网　　　址:https://www.tup.com.cn,https://www.wqxuetang.com
　　　　地　　　址:北京清华大学学研大厦 A 座　　　　　　邮　　编:100084
　　　　社 总 机:010-83470000　　　　　　　　　　　　　邮　　购:010-62786544
　　　　投稿与读者服务:010-62776969,c-service@tup.tsinghua.edu.cn
　　　　质 量 反 馈:010-62772015,zhiliang@tup.tsinghua.edu.cn
　　　　课 件 下 载:https://www.tup.com.cn,010-62794504
印 装 者:涿州市般润文化传播有限公司
经　　销:全国新华书店
开　　本:185mm×260mm　　　　印　　张:18.75　　　　字　　数:498 千字
版　　次:2017 年 8 月第 1 版　　　　印　　次:2024 年 8 月第 7 次印刷
定　　价:59.00 元

产品编号:075485-03

前　言

随着全球资源日益稀缺和贫乏，如何加强成本核算与成本控制，不断降低产品年成本，提高社会资源的利用率，成为当今社会的一大课题。作为成本会计的教育工作者深切地感到，为了培养出既有扎实专业知识和操作能力，又有创新开拓精神的具有竞争优势的专业人才，必须从其内容及传统的成本会计模式等方面进行《成本会计》教材的改革。

本书结合高职高专教育的特点和教学要求，以最新的《企业会计准则》《企业财务通则》和《企业财务报告条例》为依据编写而成。本书主要介绍了成本会计的基本理论、基本方法和基本操作技术。本书共分 14 个项目，其中，项目一介绍成本会计的基本理论；项目二至项目七主要介绍成本会计核算的基本原理；项目八至项目十二主要介绍产品成本计算的品种法、分批法、分步法及其他辅助方法；项目十三扼要地介绍了其他主要行业的成本核算；项目十四介绍了企业成本报表的编制与分析。

在本书的写作过程中，我们充分考虑了新会计准则对成本核算的要求，吸收多年成本会计教学经验，注重知识掌握的循序渐进过程，强调知识结构的完整性，尽量做到理论与实务的融合，力求使学生能将所学知识运用于实践。本书的主要特点如下：

(1) 理论与实践相结合，注重实践操作。本书每个项目都以实践案例导入，引出所学理论，中间穿插了大量的例题，突出了对学生实践能力的培养。

(2) 遵循成本会计规律，让学生由浅入深、循序渐进地学习。本书严格按照成本会计的规律，对事前、事中、事后分别进行核算监督，由前到后、由浅到深，逐步递进，符合学生学习的规律。

(3) 体例新颖，适用性强。每个章节的正文前都有学习目标、能力目标和案例导入，正文后有知识归纳、达标检测和案例讨论，有助于学生课前预习和课后巩固所学知识。

(4) 本书有配套多媒体课件，方便多媒体教学和学生实训的需要。

（本书多媒体资源下载）

本书由山西国际商务职业学院宋建琦担任主编，由长江职业学院财会金融学院刘婷婷、东莞市电子科技学校黄沪琳、罗定职业技术学院李勇辉、山西国际商务职业学院冯燕担任副主编，全书由宋建琦负责确定编写大纲，并进行总纂、修改及定稿。编写人员及分工如下：宿州职业技术学院梁艳负责编写项目一；山西国际商务职业学院宋建琦负责编写项目二、项目十一；东莞市电子科技学校黄沪琳负责编写项目三、项目四；河南工学院孙海燕负责编写项目五；山西国际商务职业学院冯燕负责编写项目六、项目七；山西国际商务职业学院郝麟负责编写项目八；长江职业学院财会金融学院刘婷婷负责编写项目九、项目十；罗定职业技术学院李勇辉负责编写项目十二、项目十四；山西省财政税务专科学校卫丽霞负责编写项目十三。

在本书的编写过程中，我们参考了许多成本会计教材、相关书籍和一些专家的观点，在此谨表谢意。由于作者水平有限，书中难免有错误和不足之处，恳请读者批评指正。

编　者

2017 年 6 月

目　　录

项目一　认识成本和成本会计

学习目标

通过本章的学习，了解成本、成本会计的概念及会计工作的组织；理解成本会计的内容、分类及作用；掌握成本会计的实质和对象，并能熟练运用成本会计的职能完成各项工作任务。

能力目标

理解成本会计的基本理论问题；掌握成本会计的实质和对象，并能熟练运用成本会计的职能完成各项工作任务。

案例导入

平实厂是一家办公家具生产企业，为星星公司定制 011#办公椅，定价 500 元。星星公司定做办公椅所支付的价格就是得到这把办公椅的成本。反之，平实厂制作办公椅需要购买主材 200 元，支付工人工资 100 元，辅材等其他消耗费用折算 60 元，办公椅的生产成本共计 360 元。同一笔交易，买方的成本是 500 元(也就是卖方的售价)，卖方的成本是 360 元，主体不同，成本也不同。

任务一 认识产品成本

一、成本的含义及其经济实质

1. 成本的含义

成本属于商品经济的价值范畴，是商品经济发展到一定阶段的产物，是人们在日常生产或经营活动中获得资本和财产所付的本钱或代价。在商品经营活动中，人们为了完成一定任务或达到特定目的，往往会消耗一定的资源(人力、物力、财力等)。例如，企业为生产产品要发生购买材料的费用支出，雇佣劳动者要发生人力耗费支出，为筹集资金要发生资金成本的财力支出。以上这些人力、物力、财力的耗费用货币形式来表现即为成本。综上所述，我们归纳成本的特征如下。

(1) 成本是商品价值的重要组成部分，是商品生产过程中各种生产要素耗费的货币表现。

(2) 成本是与某一特定目的相联系或对应，并能合理确认归属于谁的耗费或支出。

(3) 成本本质上是一种价值的牺牲，是人们为达到一定目的所做的投入。如人们为实现一种目的而放弃另一种目的所牺牲的价值，即称为经营决策中的机会成本。

(4) 成本是评价企业生产经营活动效率的一个重要指标。在日常的生产经营活动中，人们通常会将投入的成本与取得的效益进行比较，从而对其效率业绩进行评价，决定企业是否再投入或继续生产。

随着社会经济的不断发展，成本概念的内涵、外延不断变化，现已远远超出了产品成本概念的范畴，还包括诸如质量成本、劳务与服务成本、资金成本、资产成本等具体概念，并被广泛应用于社会经济活动的各个领域和环节。成本作为资源的耗费在市场经济中客观存在，理解和把握这一概念对于指导企业加强成本管理、控制各种消耗、节约费用开支、高效生产具有极其重要的意义。

2. 成本与费用

成本与费用紧密联系又有一定的区别，正确区分成本与费用是成本会计的重要前提。

成本是指企业生产某种产品或为完成某个项目而发生的各种耗费的总和，是对象化的费用。费用是指企业在获取当期收入的过程中，对所拥有或控制的资产的耗费，是会计期间为获得收益而发生的成本。

成本与费用的联系表现为：成本与费用都是企业在生产经营中所发生的耗费。费用是成本计算的基础，成本是对象化的费用。正确组织各项费用的核算是正确计算成本的基础。费用与成本的区别主要表现在：费用是按时期归集的，侧重于反映一定时期为生产经营所发生的消耗，而成本是按对象来归集和计算的，侧重于反映某个特定的具体的对象所发生的消耗。二者具有本质上的区别。

3. 成本的经济实质

成本作为一个价值范畴，在当今社会被广泛应用于经济学和管理学领域。各种成本概念的内涵和外延的混杂交叉，经常导致企业生产经营活动中经济分析和决策的失误，因此把握成本的经济实质，尤为重要。

卡尔·马克思在《资本论》的成本理论中科学地揭示了成本的经济内涵，并将成本界定为商品生产中消耗的活劳动和物化劳动的货币表现。他指出，"按照资本主义方式生产的每一个商品 W 的价值，用公式表示为 $W = c + v + m$。如果我们从这个产品价值中减去剩余价值 m，那么在商品中剩下的只是一个在生产要素上消耗的资本价值 $c + v$ 的等价物或补偿价值"。由此可见，资本主义商品生产中，用以补偿资本家所消耗的生产资料价格和所雇佣的劳动力的价格，即为商品成本的价格 $c + v$，这是资本主义制度下的商品成本最基本的经济内涵。而劳动者在生产中创造的剩余价值 m，则为资本家的资本增值，转化为利润。

社会主义市场经济与资本主义市场经济有着本质的区别，但二者都是商品经济。社会主义的企业作为自主经营、自负盈亏的商品生产者与经营者，经营目标也是为社会提供商品，满足社会需要，并以自身产品的销售收入来补偿生产经营过程中所消耗的各种费用，所以社会主义市场经济中，商品的价值、成本、利润仍然客观存在。社会主义市场经济下的商品价值由以下三部分组成：①已消耗的生产资料的转移价值(c)；②劳动者为自己劳动所创造的价值(v)；③劳动者为社会劳动所创造的价值(m)。其中前两部分 $c + v$ 的价值是商品价值中的补偿部分，构成了商品的理论成本。

综上所述，成本的经济实质为：企业在生产经营活动中所消耗的生产资料转移价值和劳动者为自身劳动所创造的价值的货币表现。换言之，产品成本也是维系企业扩大再生产的补偿尺度，如果产品的价值不能补偿成本的消耗，企业的生产则无以为继。

在实际生活中，企业为了增强经济责任意识、加强成本核算、减少生产损失，在经营活动中将一些不形成产品价值的损失性支出(如废品损失、停工损失等)和劳动者为社会创造的价值中进行分配的部分(如财产的保险费用)等也列入了产品成本。由此可见，上述 $c + v$ 这一成本的经济内涵只是一种高度的理论抽象，与企业在日常生产经营中的产品成本开支存在一定差异。因此企业在实际的生产经营活动中，还应根据国家有关规定的成本开支范围进行科学的成本核算与管理，以求产品成本最低、效益最大化。

二、成本的作用

成本的经济实质决定了成本在经济管理工作中具有十分重要的作用。

1. 成本是补偿企业生产消耗的价值尺度

企业在生产经营过程中，一方面为社会创造价值，一方面满足自身发展的需要。企业为了保证自身在发展中的需要，就必须源源不断地补偿生产过程中的各种消耗。

2. 成本是反映企业工作质量的重要指标

成本是自然人或企业用于某一生产经营活动的有关活劳动和物化劳动耗费的综合反映，因而生产效率的高低、产品质量的优劣、原材料的节约与耗费、固定资产利用程度的好坏以及企业生产经营管理水平的高低等都可以通过成本的高低直接或间接地反映出来。一般情况下，如果企业的个别成本高于社会平均成本，则说明企业的生产效率低下，企业扩大再生产的潜力不足，企业必须通过对成本的计划、控制、监督、考核和分析等有效手段来促使企业加强成本核算，改善管理，降低成本，提高经济效益。

3. 成本是企业制定产品价格的基础

产品的定价是一项十分复杂的工作，企业在对产品进行定价时，除了要遵循价值规律的基本要求，还要综合考虑国家的价格政策、生产经营状况、产品成本、市场供需关系、企业经营战略等因素。其中产品成本是企业制定产品价格时必须考虑的一项重要因素。马克思曾经讲到，商品出售价格的最低界限是由产品的成本价格决定的，因为只有商品的价格在保本的情况下——即商品的价格刚刚满足企业生产过程中的物料、人工、管理、销售等各项费用的消耗——才能实现持续的经营。这也充分说明了成本对于产品和劳务价格的重要影响，成本是制定产品价格的基本依据。

4. 成本是企业进行生产经营决策的重要依据

市场经济活动中，企业之间的竞争十分激烈。企业要想提高竞争力，实现预期的市场份额和利润，离不开正确的经营决策。在生产经营决策中，成本是企业所需考虑的一项重要的因素，因为，在价格、质量、市场等因素一定的情况下，成本的高低直接决定着企业利润的大小。所以认真研究企业个体成本与社会平均成本的差异，找出自身在材料消耗、劳动效率、管理水平等方面存在的问题与差距，有助于提高企业的市场竞争力。

三、成本费用的分类

根据不同的标准可以将成本划分为不同的类型。从不同的角度研究成本的类型有助于理解不同性质、内容、范围下的成本的含义与作用，从而获得有效的成本信息，提高成本的管理水平。

1. 按产品生产的关系状态进行分类，可划分为产品制造成本与期间成本

产品制造成本是指与产品生产或劳务直接相关或存在紧密关系的生产费用，主要包括材料费用、人工费用、制造费用等，产品的制造成本将最终计入存货成本。①材料费，指在生产过程中用于构成产品主要部分的各种材料成本，如直接材料、辅助材料、包装物等，以上成本应能直接归属于同一产品。②人工费，指在生产过程中直接从事生产的人工成本，如工人的工资、奖金、津贴等。③制造费用，指在生产过程中，除材料费、人工费之外所发生的其他的生产消耗，如间接的材料费、间接的人工费、车间物耗、管理费用以及其他的一些制造费用，如固定资产折旧、维修费、保险费等。

期间成本也称非制造成本，是指企业在生产经营过程中发生的，但与产品生产不存在紧密关系或没有直接关系的费用，主要包括销售费用、管理费用、财务费用等。期间成本为产品生产提供必要的条件，一般不计入产品成本，而计入当期发生的损益，并从当期的收益中得到补偿。①销售费用，指企业在销售过程中所发生的各项费用，如商品广告费、促销费用等。②管理费用，指企业在组织实施生产经营活动中所发生的各项费用，如部门经费、职工劳务管理费

等。③财务费用，指企业为筹集生产经营所需资金而发生的各种融资、借贷费用，如利息支出、汇兑损失等。

2. 按产品成本的可归属性进行分类，可划分为直接成本与间接成本

直接成本是指与企业生产的某一特定产品的生产成本有直接的关系或联系，并能直接计入某一成本计算对象的费用。例如企业生产经营过程中所消耗的原材料、人工费用等通常都属于直接成本。相反，那些与某一特定产品的生产成本不存在直接的关系或不能合理确定用于某种产品生产投入的多少，就不能直接计入该种产品的生产成本，而只能先按发生地点或用途加以归集，待月终选择一定的分配方法进行分配后才可计入有关成本计算对象的费用，此类成本称为间接成本。例如为保证产品生产，车间所发生各种物耗、管理、清洁费用等都属于间接成本。

应该注意的是，随着成本对象形式的多样性与不断变化，直接成本与间接成本的概念日益宽泛，因而划分直接成本、间接成本的标准也有所不同。

3. 按对产品成本的可控性进行分类，可划分为可控成本与不可控成本

可控成本是指在一个会计期间内，能被会计主体所预知、所控制的成本，同时它也是测评责任人经营业绩的一个重要依据。例如车间的生产者对于每件产品材料的消耗应该实施全面控制，因而原材料的耗费成本应该是可控成本；采购部门的采购员对于产品原材料的采购价格应该控制在合理的区间范围，所以原材料采购价格也是可以控制的。相反，企业生产过程中不能被会计主体所预知的或控制的成本称为不可控成本，例如生产者对于原材料的采购价格，采购员对于原材料的使用和消耗就不能够很好地实施控制。

4. 按与产量变动的依存关系进行分类，可划分为变动成本与固定成本

变动成本是指在企业生产过程中，成本总额随着业务量的变动而成正比例变动的成本，例如产品成本中的直接材料，是随着产品产量的变化而同比例变化的。固定成本是指随成本动态变动，但总量保持不变的成本，例如厂房等固定资产投资所形成的成本，数额是固定的，并不由于生产数量出现变化而发生变化。

企业在实际的生产经营中还存在一种费用，同时兼顾变动成本与固定成本的习性，虽然也随着业务量的变化而变化，但不成正比例的关系变化，通常称为混合成本，混合成本还可以分为半变动成本和半固定的成本。

5. 按产品成本计算的时间进行分类，可划分为预计成本与实际成本

预计成本是指在生产经营活动之前，根据相关的资料科学合理地预测将来某一时期即将发生的成本，例如计划成本、定额成本等。预计成本一般有以下几种情况：根据经验和历史资料估算成本，如购进材料买价及其运费等；缺乏历史资料，依照技术资料测算的预计成本，如产品初次投产的估计成本；历史资料和技术资料细目过多，而采用估算的办法来预计成本，如根据相关的经济业务和事项，合理估算出可能发生的成本额。

实际成本是指根据成本计算对象在某报告期实际发生的生产费用，反映已经发生的支出，它是实际发生的耗费代价，相对于预计成本而言，实际成本是指已经发生，可以明确确认和计量的成本，例如当期的材料采购、管理费用等。

任务二 认识成本会计的内容

一、成本会计的含义

成本会计是以货币为主要计量单位，并运用会计的基本原理、原则和专业技术方法，将企业生产经营过程中发生的各种生产费用进行对象化计算，以全面、系统、综合考核和监督企业运营的一种管理活动。

成本作为资源的耗费在现实生活中无处不在，但并不是所有的成本都需要通过会计来核算与考核。成本会计是基于生产管理的需要而产生的。物质生产经营部门和实行企业化管理的事业单位，是实行独立核算、自负盈亏的经济实体，它们所发生的耗费必须通过实现的收入进行补偿，这就要求它们必须对发生的耗费进行成本核算与考核，以盈余来保证生产的持续进行。而国家机关与全额预算的事业单位在日常发挥职能过程中，虽然也会发生各种耗费，即成本，但这些成本是依靠国家财政预算拨款或按计划补偿的，而不是靠自身创造财富来进行补偿的，因而不需要对所发生的耗费进行核算与考核。由此可见，成本会计研究的成本主要是物质生产经营部门和实行企业化管理的事业单位所发生的成本，并重点把物质生产经营部门的产品生产成本作为主要研究对象。

成本会计对象是成本会计反映和监督的内容，一般理解为各行业企业生产经营成本和期间的经营管理费用。例如，制造企业成本核算和监督的内容主要是指产品的生产成本，其次还包括为保证产品生产而产生的必要的、相关的一些费用，例如组织生产经营活动的筹资费用、管理费用、财务费用、销售费用等。由于这些费用的支出多为即时发生，难以按产品归集，因而只作为期间费用直接计入当期损益，而不计入产品成本。但这些费用的发生是与产品的生产息息相关的，所以为了促使生产者降低产品的成本消耗、节约费用，也把它们和产品成本一同作为会计对象。

成本会计对象因行业特点而计算不同的内容。流通企业的主要经济活动是商品的采购、储存与销售，因而在计算经营成本时要核算产品的购销成本；旅游餐饮等服务行业的基本经济活动是服务营业，因而在计算经营成本时要核算营业成本；施工企业的主要经济活动是施工，因而在计算经营成本时要核算工程成本。

随着我国经济的不断发展及企业经营管理要求的日益提高，企业成本会计的对象越来越宽泛，使得各种经营管理费用和专项费用的核算越来越精细、具体，这为精确核算企业的经营成本，高质量完成成本会计任务提供了有力保障。

二、成本会计的内容

成本会计的工作内容是指成本会计的工作环节，是对成本会计工作的具体描述。主要包括：成本预测、成本决策、成本计划、成本控制、成本核算、成本分析、成本考核。

1. 成本预测

成本预测是指根据与成本相关的数据及影响成本的各种因素，结合市场与发展前景，通过一定的方法，对未来的成本状况及变化趋势所做的科学的测算与估计。

成本预测是进行成本决策和编制成本计划的前提。在成本决策之前，进行科学的成本预测，可为成本决策提供有力的数据支持，从而减少生产经营管理的盲目性；在成本计划推行过程中进行成本预测，可以随时掌握成本、费用的变化趋势，及时发现问题，纠正偏差，以确保成本计划的顺利执行。

2. 成本决策

成本决策是指在成本预测的基础上，运用决策理论与方法，对拟订的各种成本预测方案进行分析与筛选，从中选择最优方案的过程。成本决策是企业实现成本事前控制、提高经济效益的有效途径。企业成本决策中，最佳生产批量的成本决策、亏损产品是否停产的成本决策、产品薄利多销的成本决策等，对实现企业成本目标和提高经济效益具有重要的指导意义。

需要注意的是，成本决策贯穿于企业的整个经营环节，只有每个环节都选择最优的成本决策方案，才能达到总体的最优。

3. 成本计划

成本计划是指在成本预测和决策的基础上，根据计划期内的各种生产经营指标和任务要求，通过科学的测算，以货币形式表现计划期内产品的生产耗费与各种产品成本水平。成本计划也是经营者为实现目标成本采取有效措施的一种规划。

企业的成本计划一般包括两部分内容：按生产要素确定的生产耗费，编制生产费用预算；按生产费用的经济用途，即产品成本项目编制产品单位成本计划和全部商品产品成本计划。

成本计划是降低成本费用、进行成本控制、成本分析和成本考核的重要依据。企业根据实际情况编制切实可行的成本计划，有利于成本计划任务的落实与实施。

4. 成本控制

成本控制是指根据成本计划中的各项预定目标，对生产经营过程中实际发生和即将发生的各种成本费用进行有效的监督与控制，使之合理、高效使用，以确保实现成本目标和成本计划水平。

从企业的整个经营过程来看，成本控制主要包括对各项费用开支的控制；所耗物料的控制以及各种经营活动的控制。企业应结合市场和自身情况制定相关的成本标准，以最大限度挖掘降低成本的潜力，充分利用资源。按成本费用发生的时间，成本控制划分为事前控制、事中控制和事后控制三个阶段。通过三个阶段的成本控制使产品成本按企业事先预算的成本水平进行，防止了超支与浪费，达到了提高经济效益的目的。

5. 成本核算

成本核算是指在成本分析的基础上，将企业生产过程中所发生的各种费用，按一定的对象和标准进行整理、登记、分配、计算，最终形成各种产品与劳务的总成本和单位成本。成本核算的过程是对企业生产经营过程中的各种耗费进行审核、归集、分配和对象化的过程，同时也是对生产经营中各种劳动耗费进行信息反馈和控制的过程。成本核算是成本会计的核心工作，会计人员应该客观、真实地反映各种费用的发生情况，并正确计算损益，为下期产品成本计划、成本预测以及成本决策提供有力的数据支持和保证。

6. 成本分析

成本分析是指根据成本核算提供的相关数据和信息，运用一定的方法，分析差异，揭示产品成本水平和费用的变动情况和构成动因，并采取行之有效的纠偏措施，以提高企业的经济效益。

通常情况下，企业可以将本期所发生的实际成本与计划成本、上年同期成本、本企业历史最优成本、国内外同类产品的最优成本进行比较，全面分析成本状况与变化，以了解当前本企业在同行业中的成本管理水平，查找差距，消除不合理的开支与浪费，降低生产成本与费用，改进生产经营管理。

7. 成本考核

成本考核是指在成本分析的基础上定期对各责任部门成本指标的执行及完成情况进行全面系统的考核与评价，以促进企业的各项成本管理工作的开展与实施，切实提高成本管理水平。

成本考核的内容主要包括：编制和修订责任成本预算，并根据预定的生产量、生产消耗定额和成本标准，运用弹性预算方法编制各责任部门的预定责任成本；确定成本考核指标，例如实物指标、价值指标、数量指标、质量指标、单项指标和综合指标等；根据成本考核指标的计算结果，综合各方面因素影响，对各责任部门的成本管理工作做出公正合理的评价。

成本考核要与一定的奖惩制度相结合，同时可以结合一定的经济、行政手段，以充分调动各成本责任部门与责任人的积极性。

上述成本会计的各项内容是相辅相成、互为依存的。成本预测是成本决策的前提，成本决策是成本预测的结果；成本计划是成本控制、分析与考核的依据，成本控制是对成本计划的监督；成本核算是对成本计划完成的检验；成本分析是对成本决策所做的判断；成本考核是对各项成本管理工作环节的评价；忽视任何一个环节都不利于成本会计工作的顺利开展。

任务三 了解成本会计的职能和任务

成本会计的职能与成本会计的任务密切联系，并相互制约。成本会计能否承担或挑战某一任务，取决于它是否具有完成该项任务的职能，成本会计职能的发挥程度又取决于任务完成情况的好坏。

一、成本会计的职能

成本会计的职能是指成本会计在经济管理活动中所发挥的作用和具有的功能。随着社会经济的发展与管理要求的日益提高，成本会计的职能也在不断地扩大，主要表现在以下几个方面。

1. 成本会计的基本职能

(1) 反映职能

反映职能是成本会计最原始、最基本的职能，即对企业生产经营过程中所发生的各种消耗运用专门的会计方法进行全面、系统的记录、归集、计算，从而客观、真实地反映各成本对象的总成本与单位成本，为经营管理者提供真实、有效的成本信息。简单来讲，这项职能就是通过实际的成本计算，把生产经营过程中的实际消耗真实地反映出来，从而使成本分析、考核等工作建立在有客观依据的基础之上。该项职能为企业测算实际成本提供了可靠的保证，同时也为企业后期有效开展成本预测、决策、控制、分析、考核等项管理工作奠定了坚实的基础。

随着社会生产的不断发展与社会经济活动的日趋复杂，企业在成本管理上更需要加强计划性和预见性，即将成本会计的事后反映与分析预测有机结合起来。只有将两项工作密切联系起来，才能充分满足经营管理的需要，更好地发挥其应有的作用。

(2) 监督职能

监督职能也是成本会计的一项基本职能。即按照一定的目的和要求，通过控制、调节、指导和考核等环节来检验生产经营过程中各种成本支出的真实性、合理性、合法性和有效性，以期达到预期的成本管理目标。成本会计的监督是会计监督的重要组成部分，是对经济活动进行监督的一个重要方面。

成本会计的监督包括事前、事中与事后监督。事前监督是指通过对经营管理活动的计划与方案的审核，提出合理化建议，从而为后期的经济活动做出指导与安排；事中监督是指对当前正在发生的经济活动中的各项成本费用进行审查，以限制和制止违法或不合理行为的发生，促进增产节约，提高经济效益；事后监督是指利用成本会计的信息反馈，分析、考核与评价相关的经济活动，总结经验，提出改进措施，以确保经济效益的最大化。

成本会计的反映与监督职能是辩证统一、相辅相成的。没有正确、及时的反映，监督就无法在成本管理中发挥制约、控制、指导和考核等作用；只有进行有效的监督，才能使成本会计为管理者提供真实可靠的信息资料。所以只有将两大职能有机结合起来，才能有效发挥成本会计在管理中的作用。

2. 成本会计的派生职能

(1) 计划与预测职能

成本计划与预测职能是指根据相关的成本资料与信息，经过专业的会计核算，最终以货币形式预先表现的、企业计划期内的生产消耗与各种产品成本水平。成本计划与预测是后期生产经营活动过程中各项费用使用参照的依据，对于有效控制计划期内各种费用的消耗具有积极的作用。

成本的计划与预测是成本会计的一个重要组成部分，企业一定要结合市场与自身经营状况，在预测与决策的基础上，制订切实可行的成本计划，真正将目标成本落实到成本计划的方案中，以克服生产经营的盲目性。

(2) 控制职能

成本控制是指在企业生产经营活动中，通过对影响产品成本的各种因素采取一定积极有效的措施，确保各项成本费用的合理开支，从而达到降低成本、提高经济效益的目的。

控制职能是与计划职能紧密相关的，一般包括制定各种控制标准，如数量、定额、指标、规章制度、政策等；检查工作是否按计划进行，是否符合既定的标准；工作发生偏差时要及时发出信号，然后分析偏差产生的原因；纠正偏差或制订新的计划等几项内容 。产品成本控制职能贯穿于产品生产、销售的整个经营环节，会计人员只有做好成本的事前、事中与事后控制，才能确保企业整个经营管理活动高效有序进行。

(3) 分析、评价职能

成本会计中的分析、评价职能是成本会计的重要职能，也是成本计划、组织、监督执行工作的继续。会计人员通过对成本会计的正确分析、考核与评价来全面反映成本会计工作的执行与完成情况，可以为企业的战略决策提供可靠依据。

成本分析是评价的前提，评价是分析的结果，二者紧密相连。只有通过对影响成本的各种因素进行认真的分析与总结，才能对当前本企业在同行业中的成本管理水平做出合理判断与评价。

二、成本会计的任务

成本会计的任务是成本会计职能的具体化，是职能发挥作用所要达到的目标和要求。根据成本会计的职能要求，成本会计的中心任务是，充分挖掘降低产品成本的潜力，促使企业降低成本、费用，改进生产管理，达到提高经济效益的目的，具体表现在以下几个方面。

1. 正确计算产品成本，及时提供成本信息

成本会计的首要任务是计算成本，即按照国家有关的法律、法规及企业经营者的要求，及时、正确地进行成本核算，保证成本核算的准确性，为管理者提供可靠信息。如果成本信息不能真实反映产品成本的实际水平，就会难以考核成本计划的完成情况并进行下一步的成本决策。换言之，即只有通过正确的产品成本核算，为经营决策者提供真实有效的信息，才能减少企业投入，争取更大的经济效益。

2. 加强成本预决策，明确成本目标

做好企业成本预测与决策工作是明确成本目标的前提与保证。在进行成本核算中，企业经营者一定要结合各种成本信息、市场调查情况及相关的资料，运用科学的计算方法，真实客观地反映成本变化，查找差距，制定各种有效的降低成本的措施，以便从若干可行方案中选择生产合格产品所消耗活劳动和物化劳动最少的方案，实现最低成本目标。

3. 加强成本控制，降低产品成本

加强成本核算、降低能耗、增产节约是我国社会主义市场经济对企业发展的客观要求，因此成本会计担负着重要的任务。如何又快又好地实现企业经营利润的最大化？首先经营者要有高度的责任意识和强烈的责任感，在生产经营的各个环节做好规划，严格控制各项费用开支，监督企业内部各单位的执行，并积极探索节能减耗、降低成本的途径和方法，不断提高企业的经济效益。

4. 做好成本分析，严格成本考核

成本分析是成本会计工作中的一项重要工作，通过全面系统的成本分析所形成的有效数

据，可以综合反映企业及企业内部相关单位的各项指标的使用及完成情况，从而判断企业成本的管理水平。

对应成本分析结果，客观评价企业及相关部门成本的管理水平，有利于鼓励先进、鞭策落后，充分调动全体职工参与企业经营管理的积极性和创造性。

任务四 了解成本会计工作

科学合理的成本会计组织是成本会计工作有效开展的基础与保障。企业必须高度重视成本会计的组织工作。成本会计的组织主要包括：设置成本会计机构；配置必要的成本会计人员；确定成本会计工作的组织原则；建立健全成本会计制度。

一、成本会计机构

成本会计机构是企业会计机构的重要组成部分，是处理会计工作的职能单位。企业设置成本会计机构应符合单位的经营特点、生产规模以及成本管理的要求，遵循精悍高效的原则。

成本会计机构一般由成本会计的领导机构和成本会计的职能机构共同组成。

1. 成本会计的领导机构

成本会计工作的重要地位与作用决定了成本会计工作的领导机构一般由企业的总经理、总会计师、总工程师、总经济师等共同组成，由总经理全面负责企业成本，总会计师、总工程师、总经济师分别从经济、技术以及综合几方面组织企业成本工作。他们分工合作，全面领导各项成本会计工作的开展，具体安排如下：

(1) 制定本企业的成本会计工作的方针政策。

(2) 建立健全企业成本会计的组织机构，明确岗位责任。

(3) 审定批准企业成本会计制度。

(4) 审定企业目标利润、目标成本以及成本计划和费用的预算。

(5) 研究部署成本会计中重大的决策工作。

2. 成本会计的职能机构

成本会计的职能机构是指从事成本会计工作的职能单位。通常情况下，大中型企业在专业的会计部门都设有单独的会计机构，专门从事成本会计工作；而规模较小的企业，仅在会计部门中指派专门的负责人从事成本会计工作。另外，企业也可根据自身的需要，配备专职或兼职成本会计人员从事其他相关部门的成本会计工作。

企业内部各级成本会计机构之间的组织分工有集中工作和分散工作两种基本方式。集中工作方式是指企业成本会计机构集中负责成本的预测、决策、计划、控制、核算、分析和考核等成本会计工作，各生产单位只负责为企业成本会计机构提供原始资料或对原始资料进行初步审核、整理、汇总的基础资料。集中工作的方式减少了成本会计的组织层次，精简了工作人员，大大提高了工作效率，但不利于各单位部门成本会计信息的交流与掌握，有碍于后期成本管理工作的开展。分散工作方式与集中工作方式相反，即将成本会计的主要工作，分散下放由各生产单位成本会计机构分别承担，企业成本会计机构只对各生产单位上报的成本计算资料进行汇总、核算和对企业成本进行综合的计划、控制、分析和考核。分散的工作方式虽然增加了企业成本会计机构的数量层次，但也增强了各单位的成本管理责任，同时各生产单位之间有效的成本信息交流与沟通，也为企业后期成本管理工作的开展，奠定了坚实的基础。

二、成本会计人员

成本会计人员是指在会计机构或专设成本会计机构中所配备的，对企业日常成本工作进行处理的工作人员。成本会计工作内容丰富、程序复杂，信息量大、业务性强，因而在成本会计机构中，配备适当数量与合格的会计人员方能胜任工作，提高会计工作质量与效率。合格的成本会计人员需具备以下条件：

(1) 会计知识面广，对成本理论和实践有较好的基础。

(2) 熟悉企业各种产品的生产工艺及流程。

(3) 诚实守信，并能从主观上客观、真实地反映成本会计信息，能对成本会计工作中的各种问题提出合理化建议与意见。

(4) 能适应经济发展对成本会计的要求，熟练使用现代化的工具与手段开展各项会计工作，工作效率高，工作能力强。

当前，根据成本会计人员的职能要求，企业在成本会计岗位上新增设了成本工程师，以利于成本会计工作在技术与经济方面的有效结合，更好地服务成本会计工作。

三、成本会计制度

成本会计制度是指为企业有效开展各项成本会计工作，对会计工作人员的行为所做的要求与规范，它是成本会计制度的重要组成部分。随着社会经济环境的变化，成本会计制度的内涵与外延也在不断发展变化，现代成本会计制度在传统的成本核算制度的基础上又增加了成本预测、决策、计划、分析、考核等方面的规范，以全面指导成本会计工作。现代成本会计制度的内容主要包括：

(1) 成本的预测与决策制度。

(2) 成本计划费用预算的编制制度。

(3) 成本管理制度。

(4) 成本核算制度。

(5) 成本控制制度。

(6) 成本报表制度。

(7) 成本分析制度。

(8) 成本考核制度。

(9) 其他有关成本会计制度。

成本会计制度是成本会计工作的依据与行为准则，一经确立应认真执行。通常情况下，一段时间内成本会计制度应保持相对的稳定性，但也不是固定不变的，随着经济形势的变化，企业成本会计制度也要做出适当的调整与补充，以便更好地积极地发挥其应有的作用。

 知识归纳

成本作为经济范畴，是客观存在的。成本是基于生产发展和经营管理的需要而确定的，可以用货币计量并与特定的成本对象相对应的价值耗费。成本是补偿生产耗费、确定企业纯利润的依据，同时也是制定商品价格的基础，对企业进行有效决策和提高管理质量具有重要意义。

随着我国经济的不断发展及企业经营管理要求的日益提高，企业成本会计的对象越来越宽泛，使得各种经营管理费用和专项费用的核算越来越精细，这为精确核算企业的经营成本、高质量完成成本会计任务提供了有力保障。现代成本会计的内容十分广泛，主要包括成本预测、成本决策、成本计划、成本控制、成本核算、成本分析与考核等各项工作环节；成本会计的职能除了反映和监督两项基本的职能之外，还在此基础上派生了成本预测、决策、计划等一些职能。成本会计的内容与职能之间的关系是相辅相成、互为条件的，只有认真掌握了成本会计的各项内容，充分发挥成本会计的各项职能作用，才可能最终实现企业的成本会计目标。

充分发挥成本会计的职能作用，必须做好成本会计的组织工作，合理设置机构和配备高素质的会计人员、确定成本会计工作的组织原则、建立健全成本会计制度。这是完成成本会计工作的前提。

达标检测

一、简答题

1. 何为成本，何为成本会计对象？

2. 成本会计的任务主要有哪些？

3. 简述成本会计的主要职能，并说明各职能之间的相互关系。

4. 简述产品成本按其经济用途不同的分类，并说明这种分类的作用。

5. 成本会计的工作组织包括哪些内容？

二、单项选择题

1. 成本是产品价值中(　　)部分。

　　A. $c+v+m$ 　　　　　　　　　　　B. $c+v$

　　C. $v+m$ 　　　　　　　　　　　　D. $c+m$

2. 构成商品理论成本的是(　　)。

　　A. 已耗费的生产资料转移的价值(c)

　　B. 劳动者为自己劳动所创造的价值(v)

　　C. 劳动者为社会劳动所创造的价值(m)

　　D. 所耗费的生产资料转移的价值和劳动者为自己所创造的价值($c+v$)

3. 产品成本从耗费角度看是指商品生产中所消耗的物化劳动与活劳动中必要劳动的价

值，根据这一定义，下列不属于产品成本内容的是(   )。

    A. 劳动对象的消耗

    B. 向银行借款购买劳动对象而发生的利息支出

    C. 生产设备的折旧

    D. 生产工人的工资

4. 在实际工作中，成本的开支范围与理论成本包括的内容是有一定差别的，一般来说是由(   )。

    A. 企业结合自身的经营特点来界定

    B. 企业同国家有关部门协商来界定

    C. 国家通过有关法规制度来界定

    D. 国家责成企业结合自身的经营特点研究决定

5. 成本的经济内涵是(   )。

    A. 已消耗的生产资料的价值转移

    B. 劳动者为社会劳动所创造的价值

    C. 劳动者为自己劳动所创造的价值

    D. 已消耗的生产资料的价值和劳动者为自己劳动所创造的价值

6. 根据有关的历史数据，运用一定的方法对未来的成本水平及其发展趋势所做出预先的估计是(   )。

    A. 成本分析   B. 成本决策

    C. 成本预测   D. 成本计划

7. 企业作为制定产品价格重要依据的成本是(   )。

    A. 期间费用   B. 制造费用

    C. 全部成本   D. 制造成本

8. 成本会计工作的核心是(   )。

    A. 成本预测   B. 成本核算

    C. 成本分析   D. 成本决策

9. 成本会计的基本职能包括(   )。

    A. 核算   B. 监督

    C. 预测   D. 决策

10. 小企业为了提高成本会计工作效率和降低成本管理费用，一般采用(   )。

    A. 自由工作方式   B. 分散工作方式

    C. 集中与分散相结合方式   D. 集中工作方式

11. 工业企业成本会计反应和监督的主要对象是(   )。

    A. 物资采购成本   B. 在建工程成本

    C. 固定资产购置成本   D. 产品生产成本

12. 集中工作方式和分散工作方式是指(   )。

    A. 企业内部成本会计对象   B. 企业内部成本会计任务

C. 企业内部成本会计职能　　　　　　D. 企业内部各级成本会计机构

13. 工业企业成本会计的内容是指(　　)。

　　A. 工业企业生产经营过程中发生的产品生产成本和期间费用

　　B. 工业企业各项期间费用的支出

　　C. 工业企业生产经营过程中发生的产品生产成本

　　D. 工业企业在生产经营过程中发生的各项支出

14. 一般而言,规模较大、组织结构复杂、会计人员较多的大中型企业各级成本会计机构之间的组织分工应采用(　　)。

　　A. 集中工作方式　　　　　　　　　B. 分散工作方式

　　C. 集中与分散相结合方式　　　　　D. 自由工作方式

15. 根据成本会计人员的职能要求,企业在成本会计岗位上新增设了(　　)以利于成本会计工作在技术与经济方面的有效结合。

　　A. 总会计师　　　　　　　　　　　B. 总工程师

　　C. 总经济师　　　　　　　　　　　D. 成本工程师

三、多项选择题

1. 从经济实质看,成本是企业商品生产过程中(　　)之和。

　　A. 生产资料价值　　　　　　　　　B. 已消耗的生产资料的价值

　　C. 劳动者为社会劳动所创造的价值　D. 劳动者为自己劳动所创造的价值

2. 成本会计的内容主要包括(　　)。

　　A. 成本预测和成本计划　　　　　　B. 成本决策和成本核算

　　C. 成本分析和成本控制　　　　　　D. 成本考核

3. 产品成本的主要作用(　　)。

　　A. 成本是补偿生产消耗的价值尺度

　　B. 成本是综合反映企业工作质量的重要指标

　　C. 成本是企业进行决策的必要信息

　　D. 成本是制定商品价格或劳务的重要因素

4. 产品的制造成本一般包括(　　)。

　　A. 材料费　　　　　　　　　　　　B. 人工费

　　C. 制造费　　　　　　　　　　　　D. 管理费

5. 以下为成本会计的派生职能的是(　　)。

　　A. 反映职能　　　　　　　　　　　B. 监督职能

　　C. 控制职能　　　　　　　　　　　D. 预测职能

　　E. 计划职能　　　　　　　　　　　F. 分析职能

6. 按成本计算的时间进行分类可以分为(　　)。

　　A. 预计成本　　　　　　　　　　　B. 历史成本

　　C. 变动成本　　　　　　　　　　　D. 实际成本

7. 成本会计的组织工作，主要包括(　　)等几个方面的工作。

    A. 设置成本会计机构   B. 建立健全内部成本会计制度

    C. 确定成本会计工作的组织原则   D. 配备成本会计人员

8. 一般来说，企业组织成本会计工作应根据(　　)。

    A. 本单位生产经营的特点

    D. 本单位生产规模的大小和机构设置

    C. 成本管理的要求

    D. 国家宏观调控的需要

    E. 有关方面了解企业经营状况的需要

9. 企业内部各级成本会计机构之间的组织分工的基本形式有(　　)。

    A. 自由工作方式   B. 集中工作方式

    C. 分散工作方式   D. 集中与分散相结合工作方式

    E. 领导与被领导工作方式

10. 成本会计制度一般应包括的内容有(　　)。

    A. 成本控制制度

    B. 成本核算制度

    C. 成本定额的制度和成本计划编制的制度

    D. 内部结算价格和结算办法的制度

    E. 成本报表的制度

四、判断题

1. 产品生产成本是企业为生产产品而发生的各种耗费，主要包括制造费用、管理费用等。

                                                                (　　)

2. 成本会计的任务与成本会计的职能紧密相连。   (　　)

3. 成本的经济实质为：企业在生产经营活动中所消耗的生产资料转移价值和劳动者为自身劳动所创造的价值的货币表现。   (　　)

4. 成本核算是基础，没有成本核算，其他的各项职能将无法实现。 (　　)

5. 成本预测工作是成本会计的基础工作。   (　　)

6. 成本会计工作的环节包括成本的预测、决策、计划、控制、核算、考核和分析。

                                                                (　　)

7. 成本会计工作的核心是进行成本核算。   (　　)

8. 集中的工作方式一般应用于较为简单的企业。   (　　)

9. 按照产品生产的关系状态进行分类，可以分为产品制造成本与期间成本。(　　)

10. 成本会计无处不在，但成本会计对象因行业特点而计算不同的内容。(　　)

11. 成本会计的反映与监督职能是辩证统一、相辅相成的。   (　　)

12. 成本会计的监督职能包括事前和事后监督。   (　　)

13. 在实际工作中，成本的开支范围是由企业结合自身生产经营的特点来界定的。(　　)

14. 个别成本也称理论成本，它与社会成本不同。 （ ）

15. 期间费用成本，也称非制造费用，是指不与产品生产存在紧密关系或直接关系的费用。

（ ）

案例讨论

东方公司6月份生产陶瓷产品1 500件。其中生产产品消耗原材料60 000元，生产耗用燃料3 000元，生产耗用水电1 000元，支付生产工人工资15 000元，支付车间管理人员工资9 000元，支付销售人员工资6 000元，支付企业管理人员工资7 000元，支付车间办公费用1 000元，支付厂部办公费用1 500元，支付车间机械修理费用500元，支付为购买车间设备借款应由本季度负担的利息30 000元，固定资产报废清理净损失10 000元，试将该企业本月所发生的费用进行合理分配，并准确计算制造成本与期间成本。

项目二　成本核算的基础知识

学习目标

了解成本核算的目的和内容，掌握成本核算的基本要求，掌握成本核算的账户设置与账务处理，掌握共同费用的分配步骤。

能力目标

培养学生进行成本核算账户设置与账务处理的能力。

案例导入

平实厂是一家办公家具生产产企业，小王毕业后到平实厂当了一名会计，在查看以前会计所做的会计业务时发现，同样是原材料费用，同样是折旧费，有些计入了产品成本，有些则被计入了管理费用，这是为什么？

任务一　成本核算的目的与内容

企业成本核算是对企业生产过程的耗费和产品成本形成的核算，它是生产经营管理的重要组成部分，在企业整个会计核算过程中起着承上启下的作用。做好成本核算工作，对于降低成本、费用，增加企业利润，提高企业的生产经营管理水平，提高企业在市场经济中的竞争能力，以及正确处理企业与国家和其他投资者之间的分配关系，都有着十分重要的意义。

学习成本核算前，必须要明确成本核算的目的与内容，才能更有效地掌握成本核算的理论与方法。

一、成本核算的目的

工业企业成本核算是企业会计核算的一个重要组成部分，也是企业生产经营管理的一个重要组成部分。企业成本核算的目的，归纳起来可以分为以下三个方面。

1. 通过成本核算考核企业成本计划的完成情况

为了加强成本的计划管理，企业必须编制切实可行的成本计划，并对成本计划的完成情况进行反映和监督。通过成本核算可以向管理当局提供许多信息，通过成本核算可以取得各种产品的实际总成本和单位成本资料，将其与计划成本对比，即可反映出成本计划是否完成以及完成情况的好坏，从而进一步挖掘降低成本的潜力。

2. 通过成本核算掌握成本变动的趋势

成本核算要为分析和考核产品成本计划的执行情况提供数据。通过各期产品成本的比较，可以了解成本变化的情况及其变化趋势。了解成本变化趋势，通过预算成本和实际成本的比较，分析差异，才能达到控制成本费用、降低产品成本的目的。

3. 通过产品成本核算为企业管理提供重要资料

产品成本是伴随着材料、人工、费用不断投入到产品生产过程中而逐渐对象化的费用。它与企业生产经营的各个环节有着密切的关系，各环节的成本可以反映出企业经营管理的好坏。产品生产过程中材料物资消耗的多少、劳动生产率的高低、固定资产利用的好坏以及间接费用的大小，都要反映在产品成本中。同时，编制财务报表要使用存货成本和已销产品成本信息，这些成本信息是股东、债权人和税务当局需要了解的。

二、成本核算的内容

产品的生产和经营管理过程，同时也是生产和经营管理的耗费过程。企业在进行产品的生产和经营管理过程中，要发生各种各样的耗费，这些耗费用货币额表现，就是企业的生产经营管理费用。

企业的生产经营管理费用包括以下内容。

(1) 用于产品生产的费用，称为生产费用。

(2) 用于产品销售的费用，称为销售费用。

(3) 用于组织和管理生产经营活动的费用，称为管理费用。

(4) 用于筹集生产经营资金的费用，称为财务费用。

其中，生产费用需要计入产品生产成本，销售费用、管理费用和财务费用属于期间费用，直接计入当期损益，不能计入产品生产成本。

虽然生产费用需要计入产品生产成本，但生产费用不等于生产成本。企业在一定时期内(如一月、一季、一年)为进行生产活动所发生的全部费用，即用货币表现的生产耗费就是该时期的生产费用。为生产一定种类和数量的产品所支出的生产费用总和，就是产品成本，也就是对象化的生产费用。可见，需要把生产费用按照一定的成本会计对象进行归集以后，才能称为一定对象的成本。由于同一种生产费用可以用于不同的成本对象，对于不同成本计算对象共同耗用的生产费用，需要按照一定的分配标准分配后才能归集到各自的成本计算对象的生产成本，因此，成本核算的过程，实际上就是将各种生产费用按照一定的成本计算对象进行分配和归集的过程。

企业成本核算的内容也就是要对企业在生产过程所发生的各种各样的耗费进行核算。具体讲，包括以下内容。

(1) 要素费用的核算。包括材料费用、外购动力费用、人工费用、折旧费用、利息费用、税金和其他费用的核算。

(2) 部门费用的核算。包括辅助生产费用、制造费用、废品损失和停工损失的核算。

(3) 生产成本在完工产品和在产品之间分配的核算。

任务二　成本核算的要求和程序

一、成本核算的要求

概括地讲，产品成本核算就是对生产费用发生和产品成本形成的核算。它是节约生产费用、降低产品成本、减少资金占用、提高经济效益不可或缺的手段。为了充分发挥成本核算的作用，完成成本核算的各项任务，不断改善企业的生产经营管理，在产品成本核算工作中，除了应遵循会计核算的一般原则(如重要性原则、及时性原则等)外，还应符合以下各项要求。

1. 从管理的要求出发，做到算管结合，算为管用

所谓算管结合，是指成本核算应该与企业的经营管理密切结合。成本核算作为企业成本管理的重要组成部分，不仅要对各项费用支出进行事后的记录和计算，提供事后的成本信息，而且必须以国家的有关法规、制度，企业成本计划和相应的消耗定额为依据，加强对各项费用支出事前、事中的审核和控制，并及时进行信息反馈。

所谓算为管用，是指成本核算要从管理的要求出发，提供的成本信息应当满足企业经营管理的需要。为此，成本核算应该做到分清主次、区别对待、主要从细、次要从简、简而有理、细而有用。

2. 划清各种费用界限

其实，企业成本核算的过程主要就是通过成本费用的明细核算，不断地归集和分配有关生产费用，正确划分各种成本费用界限，从而计算出完工产品总成本和单位成本的过程。为了正确计算产品成本、合理归集有关期间费用，必须划清下面五个方面的费用界限。

(1) 划清收益性支出与资本性支出、营业外支出的界限

收益性支出是指企业为了取得当期收益而发生的支出。由于它仅与当期收益的取得相关，所以应将收益性支出全部作为当期的成本费用处理。收益性支出主要包括企业为了生产和销售产品所发生的材料、人工费用，为了组织和管理车间生产所发生的制造费用，以及为了组织和管理整个企业的生产经营活动而发生的管理费用和为筹集生产经营资金所发生的财务费用等。

资本性支出是指企业为了取得多个会计年度的收益而发生的支出。由于它与多个会计年度收益的取得相关，所以应先将资本性支出计入有关资产价值，然后在其受益期限内以折旧的形式或摊销的形式逐步转入成本费用。资本性支出主要包括企业为购建固定资产、无形资产和其他长期资产所发生的支出。

营业外支出是指企业发生的与其日常生产经营业务无直接关系的各项支出，如固定资产盘亏损失、固定资产清理净损失、债务重组损失、罚款支出、捐赠支出、非常损失等。

只有划清收益性支出与资本性支出，才能正确核算各期的成本费用和资产价值。如果将资本性支出列入收益性支出，将会少计资产价值，多计当期成本费用，从而虚减当期利润；相反，如果将收益性支出列入资本性支出，将会多计资产价值，少计当期成本费用，从而虚增当期利润。

只有划清收益性支出与营业外支出的界限，才能正确核算各期的成本费用和营业利润。如果将营业外支出列入收益性支出，就会多计当期产品成本或期间费用，少计资产营业利润；相反，如果将收益性支出列入营业外支出，就会少计当期产品成本或期间费用，多计资产营业利润。

(2) 划清产品费用与期间费用的界限

产品费用是指在一定期间内为了生产产品所发生的，按规定应计入产品成本的资金耗费，主要包括产品生产过程中发生的直接材料费用、直接人工费用和应分摊的制造费用等。期间费用是指直接计入当期损益的管理费用、财务费用和销售费用。

由于本期投入生产的产品不一定在本期全部完工，本期完工的产品也不一定在本期全部售出，因此本期发生的产品费用往往与本期结转的产品销售成本不一致。如果将期间费用列入产品费用，就可能虚增产品成本和本期利润；相反，如果将产品费用列入期间费用，就可能虚减产品成本和本期利润。

(3) 划清各会计期间的费用界限

对于应计入产品成本的生产费用和应计入当期损益的期间费用，还应按权责发生制原则在各个会计期间之间进行合理划分。凡是应由本期产品成本或当期损益负担的费用，应全部列入本期产品成本或损益，即使尚未支付，也应作为预提费用等，预先提取计入本期的成本费用；凡是不应由本期产品成本或当期损益负担的费用，不应该列入本期产品成本或损益，即使已经支付，也应作为待摊费用或长期待摊费用等，然后分期摊入各期的成本费用。因此，企业必须及时记账、按期结账，既不能推后结账，也不能提前结账；必须按权责发生制原则，正确核算各种跨期摊提费用(包括预提费用、待摊费用、长期待摊费用等)，防止利用跨期摊提费用的方式，人为调节各期产品成本和期间费用，从而人为调节各期利润的行为。

但是，对于数额小的跨期费用，也可以按重要性原则要求在实际支出期间列入当期的成本

或费用。

(4) 划清各种产品的费用界限

对于应计入本期产品成本的费用,还应在各种产品之间进行合理划分。因此,凡是能分清应由某种产品负担的直接费用(如直接材料费、直接人工费、直接燃料及动力费等),应直接计入各有关产品成本;对于各种产品共同发生的间接费用,应采用简便、合理的分配方法,分配计入各有关产品成本。在会计实务中,对于多种产品共同发生的材料费用、人工费用等,按一定的分配方法直接分配计入各产品成本;对于车间(或分厂)发生的不单独设立成本项目的产品费用(如设备折旧费、修理费等)、为组织和管理车间(或分厂)生产而发生的车间(或分厂)经费,应先通过"制造费用"归集,在期末再分配计入有关产品成本。

在各种产品之间分配费用时,应注意划清盈利产品与亏损产品、可比产品与不可比产品之间的费用界限,防止将亏损产品的费用计入盈利产品,将可比产品的费用计入不可比产品。

(5) 划清本期完工产品与期末在产品的费用界限

期末,将各种产品本期发生的产品费用在有关成本计算单中归集完毕后,就可以计算本期各种完工产品的总成本和单位成本。在这里,大体上可能出现下列三种情况。

① 某种产品在本期已经全部完工并验收入库。那么,该产品的产品费用合计数(期初在产品成本和本期发生的产品费用之和)就是该完工产品的总成本。

② 某种产品在本期全部未完工。那么,该产品的产品费用合计数(期初在产品成本和本期发生的产品费用之和)就是该产品的期末在产品成本。

③ 某种产品在本期部分已完工并验收入库,另一部分尚未完工。那么,就需要将该产品的产品费用的合计数(期初在产品成本和本期发生的产品费用之和)采用一定的方法在本期完工产品与期末在产品之间进行分配。

在本期完工产品与期末在产品之间分配产品费用时,应该防止任意抬高或压低期末在产品成本,从而人为调节本期完工产品成本的做法。

3. 完善成本核算与管理的各项工作基础

为了规范企业的成本核算工作,确保其成本信息的质量,提高成本核算工作效率,企业必须完善成本核算与管理的各项基本工作。

(1) 建立和健全企业的各项定额管理制度

定额是指企业在一定的生产技术和设备条件下,对有关部门生产的产品(或半成品/产成品)的数量、质量,以及生产经营过程中发生的各种人力、物力、财力的耗费方面所规定的应达到的水平或消耗标准,如产量定额、材料消耗定额、燃料及动力消耗定额、设备利用定额、工具消耗定额、工时耗用定额、各项制造费用项目定额等。定额管理制度是指企业以定额为依据,制订生产和成本费用计划,并据此组织生产和控制消耗的一种管理制度。企业制定的各种产品的消耗定额,既是编制成本计划、分析成本水平和考核成本工作业绩的依据,也是审核和控制生产耗费的标准;并且,在产品成本计算过程中,有时还需要利用产品的原材料定额耗用量或定额费用、工时定额耗用量或工资定额费用等作为其他费用的分配标准。因此,企业应该建立和健全各项定额管理制度,合理制定并及时修订各项定额,使有关定额既先进合理,又切实可行。

为了确保有关产量、质量和消耗定额制定或修订的科学性和合理性，应采用科学、有效的方法(如技术分析法、统计分析法、经验估计法等)，并分别由企业生产技术部门、设备和动力管理部门、人力资源管理部门、材料供应部门等与财务管理部门共同参与制定或修订。

(2) 建立健全存货的计量、收发、领退和盘点制度

企业产品成本的核算，是以有关材料物资的实物流转和计量为基础的。建立健全存货的计量、收发、领退和盘点制度，既是保证企业产品成本信息质量的重要前提，也是企业加强定额管理和成本控制的基本条件。

因此，对于仓库各种材料物资的收发领用、在产品和半成品在各车间和仓库之间的内部转移、产成品的入库等，均应及时填制相应的凭证，认真地进行计量、验收或交接，并对某些重要经济业务的关键环节明确要求办理必要的审批手续，防止任意领发和转移；应该明确规定每年至少进行一次全面性的存货清查盘存，定期或不定期地对各种原材料、在产品、半成品、产成品等存货进行清查，及时掌握其数量、质量，保证存货账实相符；每月生产或每批生产所剩余料，应及时办理退库手续或"假退料"手续，以确保成本计算的准确性；同时，对于各种废料，也要及时加以回收并计价处理。

(3) 建立健全企业有关成本核算的原始记录和凭证制度

原始记录是反映企业生产经营活动的原始资料，是进行成本预测、编制成本计划、组织成本核算、分析消耗定额和成本计划执行情况的依据。任何材料物资在企业内部的转移、工时和动力的消耗、产品质量的检验等，都必须做出真实可靠的原始记录。

为了保证成本核算的原始记录内容的全面性、完整性、系统性、可靠性，并明确有关人员的责任，企业应该购买或设计反映各种生产业务的各种原始凭证；应该明确各种原始凭证的填制方法、传递程序、处理要求以及审核和保管要求。

(4) 完善企业的内部结算制度，合理确定企业的内部结算价格

内部结算制度是指企业内部有关部门、车间转移材料、半成品、产成品和提供劳务时，按规定的内部结算价格进行内部转账结算的制度。在规模较大、计划管理基础较好的企业中，为了调动各部门、各职工在生产经营活动中的积极性、主动性，同时也为了简化成本核算工作，往往对材料物资、半成品、产成品、各种劳务制定企业内部价格，并作为企业内部结算和考核的依据。

企业内部结算价格的确定，通常有下列三种方法。

(1) 计划成本法：以企业已经确定的有关存货、劳务等的计划单位成本作为其内部结算单价。

(2) 计划成本加成法：在计划成本的基础上，加上一定的内部结算毛利作为内部结算价格。

(3) 协商价格法：供需双方协商确定的内部结算价格。

企业也可以采用其他方法确定内部结算价格，但是无论采用什么方法，均须通过企业领导层和有关部门负责人讨论，并且一旦确定了就应保持相对稳定性，不应随意更变。

二、成本核算的程序

成本核算程序就是对生产过程中发生的各项要素费用，按经济用途归类计入产品成本的过程。

企业的生产特点各不相同，对成本核算和管理的要求也不尽相同，根据企业的具体情况，可以选用不同的产品成本计算方法。尽管产品成本的计算方法不同，但产品成本核算的程序却存在着共通性，在生产过程中所发生的各种耗费，有的直接计入产品成本，有的要先进行归集，经过分配后再计入产品成本。月终，对既有完工产品又有月末在产品的产品，需将计入该种产品的生产费用在完工产品和在产品之间进行分配，计算出完工产品和月末在产品成本。完工产品要从生产过程转入成品仓库，经过销售，产品成本流转到主营业务成本账户，以计算销售损益。

成本核算的程序如下。

(1) 根据成本开支范围规定，审核生产费用支出

根据成本开支范围的规定，对各项费用支出进行严格审核，确定应计入产品成本的费用和不应计入产品成本的期间费用。

(2) 编制要素费用分配表

对生产中产品所耗用的材料，可以根据领料凭证编制材料费用分配表，发生的人工费用，可根据产量通知单等产量工时记录凭证编制工资费用分配表等。凡是能直接计入成本计算对象的费用，根据各要素费用分配表可直接记入"基本生产成本""辅助生产成本"账户及有关明细账户。不能直接计入成本计算对象的费用，先进行归集，记入"制造费用"账户及有关明细账户。

(3) 编制待摊费用和预提费用分配表

本月发生的待摊费用归集后，应将本月摊销额按用途进行分配，编制待摊费用分配表。对尚未发生但应计入本月产品成本的预提费用，也应编制预提费用分配表。根据所编制的这两张分配表的数据资料，记入"辅助生产成本""制造费用"等账户及其明细账户。

(4) 辅助生产费用的归集和分配

归集在"辅助生产成本"账户及其明细账户的费用，除将完工入库的自制工具等产品的成本转为存货成本外，应按受益对象和所耗用的劳务数量，编制辅助生产费用分配表，据以登记"基本生产成本""制造费用"等账户及有关明细账户。

(5) 制造费用的归集和分配

各基本生产车间的制造费用归集后，应分不同车间，于月终编制制造费用分配表，分配计入本车间的产品成本中，记入"基本生产成本"账户及其明细账户。

(6) 废品损失和停工损失的归集和分配

废品损失的费用和停工损失的费用，除非常损失和由过失人或保险公司赔偿的之外，应由合格产品的成本和期间费用来承担。在单独核算废品损失和停工损失的企业中，因出现废品、停工而发生的损失性费用，都应在以上各步骤的费用分配中，按废品损失、停工损失进行归集；期末，再分不同情况进行分配，除可以收回的过失人赔偿和保险赔偿以及可列为营业外支出的

非常损失等之外，属于生产经营损失的部分应分别按有关期间费用项目和产品成本项目进行归集；专设废品损失、停工损失成本项目的，应以该项目计入产品成本。

(7) 完工产品成本的确定和结转

经过以上费用分配，各成本计算对象应负担的生产费用已全部记入有关的产品成本明细账。如果当月产品全部完工，所归集的生产费用即为完工产品成本。如果全部未完工，则为期末在产品成本。如果只有部分完工，则需要采用一定的方法在完工产品与期末在产品之间进行分配，以确定本期完工产品成本，并将完工验收入库的产成品成本从"基本生产成本"账户及其明细账户结转至"产成品"账户及有关明细账户。

(8) 已销售产品成本结转

按配比原则，期间费用应与当期的收入相配合比较，以计算当期损益。经过以上各步骤生产费用的归集和分配，管理费用、财务费用、销售费用等各项期间费用也已经分别归集完全，应于期末全部结转当期损益。

以上八个步骤是成本核算的程序。一般情况下，辅助生产部门发生的修理费、办公费、折旧费等未单独设立成本项目的费用，应先按制造费用项目单独归集，归集完全后再以制造费用项目转入辅助生产产品或劳务成本。在实际工作中为简化成本核算，如果企业的辅助生产车间规模较小，产品或劳务品种单一或较少，发生的制造费用也较少，又不对企业外部提供商品产品或劳务，无论是否单设成本项目，均在各步骤的费用分配中直接计入辅助生产产品或劳务成本。这样，就减少了上述第二步的工作。这时，辅助生产成本明细账应按成本项目和制造费用项目混合设置专栏，以进行明细分类核算。

综合本章内容，引出产品成本核算账务处理的基本程序图，如图2-1所示。

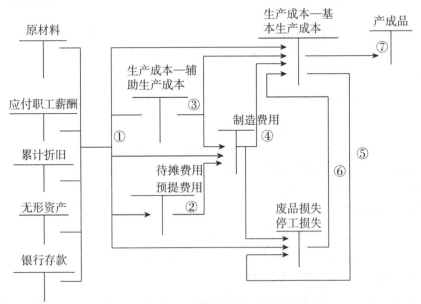

图 2-1　产品成本核算账务处理的基本程序

说明：①分配各项要素费用；②分配待摊费用和预提费用；③分配辅助生产成本；④分配制造费用；⑤结转不可修复废品成本；⑥分配废品损失和停工损失；⑦结转产成品成本。

在特定的生产组织形式下，根据企业采用的特定成本计算方法，有时还需对自制半成品进行专门核算。为此，企业将设立半成品库进行保管，并设置"自制半成品"账户进行专门反映。它们的收发结存等核算属于整个产品成本核算账户处理程序中的一个支流，将在成本计算的分步法中予以专门介绍。

任务三　生产费用核算的账户体系

成本会计最初产生于工业企业的产品生产经营过程中，并在该过程中不断完善了成本核算的各种方法，进而形成了一套完整的方法和理论体系。产品成本核算方法和理论的发展，是离不开传统财务会计的"养分"的，即使今天成本核算作为独立的成本会计的基本内容，也与财务会计有着十分密切的联系，甚至某些部分同时也属财务会计的内容。因此，产品成本核算也要遵守企业会计准则，并按会计制度等法律、法规的基本要求以及生产特点和成本管理的要求开展工作。

一、生产费用分配应遵循的原则

由于成本核算的结果占据着企业对外报告中经营成果的"半壁江山"，因此，应特别注意它与企业会计准则的关系。产品成本核算作为会计核算的重要方面，首先要符合会计核算基本前提的有关规定，即按会计主体的特定范围，将持续经营的过程进行会计分期，并以货币计量予以核算和监督。其次，要遵循企业会计准则的一般原则，特别是与成本核算有直接制约关系的有关原则。为了确保产品成本核算正确，为管理提供有用的成本信息，有必要综合企业会计准则的基本前提和一般原则的要义，提出成本核算的基本原则，以规范产品成本核算工作。

1. 主体核算原则

这里的主体核算是指成本会计在进行成本核算时其对象应限制在特定的空间范围之内，不应该也不允许涉及其他核算主体的内容。唯有如此，才能保证成本核算资料的真实性和提供的成本信息的客观合理性。

各企业作为独立核算的会计主体，既区别于其他企业会计主体，也独立于企业本身的所有者，以此作为确保其独立性的基本前提，对本主体范围内的全部生产经营活动展开核算，并最终计算损益确定企业的经营成果。成本核算也是如此，它只对特定范围构成的会计主体的内部耗费进行核算。作为成本核算的主体，它可以是特定的企业(如独资、合伙和公司等形式)，也可以是企业的特定部分(如分公司、分处、部门等)。根据管理的需要，一旦设定了成本核算的主体范围，就绝不允许在核算中混有与该主体成本核算有关的其他资料。企业在追求经济效益的过程中，必定会发生一系列的耗费，其涉及面还相当广。为了降低消耗、讲求效益，企业往往会对成本进行分散核算和分级考核，这种缩小成本核算范围的做法不失为加强成本核算的有益方法，其关键就在于明确责任以利于考核。而采取这种做法时，更应按照主体核算原则的要求，规范各主体的核算行为，明确各主体的责任界限，以便客观评价和考核各主体的业绩。

企业作为一般的会计主体，也是成本核算的典型主体。企业无论怎样进行成本的分级核算，最终仍应将其汇总为一个整体。因此，主体核算原则的制约范围不应超出特定企业的范围。据此，各企业在进行产品成本核算时，只限于本企业内为产品生产经营所发生的各种耗费，并在此基础上，编制成本报表以及其他资料，为管理者提供有关成本信息；同时将成本核算的结果加入损益的计算，以确定企业的经营成果。

2. 分期核算原则

这里的分期核算是指成本会计在进行成本核算时，应将连绵不断的经营过程按会计期间分别予以计算和报告，为管理提供及时的成本信息。

企业的生产经营活动是以时间的不间断性而连续进行的，为了发挥会计对生产经营过程的监督控制作用，满足管理上对短期信息的需要，必须将持续不断的生产经营全过程人为地划分为若干间隔相等、首尾相接的会计期间，以此作为会计核算的基本前提之一，进行分期核算、定期考核。

成本核算的分期与财务会计的分期一致，一般也是按月度、季度、年度划分会计期间，从而有利于与财务会计配合，确定企业各期的经营成果。但值得指出的是，产品成本核算划分的会计期间，是产品负担生产费用所规定的起讫期，即指多长时间计算一次成本。它受产品生产类型和生产组织特点的影响，往往与产品的生产周期不一致。当产品生产周期与会计期间相吻合时，它也可能与会计期间一致。而产品成本的分期核算，则只分期考核经营成果这一要求，与产品生产类型和产品生产组织方式无具体联系。它要求成本核算的各项具体工作，包括费用的归集和分配、产品成本的计算和报告，都必须按会计期间定期进行，并于期末通过成本类账户的发生额，计算并报告本期完工产品成本。

3. 实际成本计价原则

实际成本计价亦称历史成本计价，该原则是在强调成本实际形成状况的前提下，确保成本信息客观、真实的规则。它要求企业在对外提供的会计报表中，必须按实际成本对资产和劳务予以计价，以客观反映各项资产和劳务的实际情况。具体到成本核算中，它表现为三方面的含义：首先，对生产所耗用的原材料、燃料和动力等费用，都要按实际成本计价。即使采用计划成本计价的核算方法，最终计入产品成本时，也应将计划成本与差异结合起来调整为实际成本。其次，对固定资产计提折旧时，必须按其原始价值(即历史成本)作为计算折旧额的基数。最后，对完工产品成本也要按实际成本计价，即使对产成品采用计划成本计价的核算方法，也应在产成品对外销售时，将其计划成本脱离实际的差异调整进来，使其成为实际成本。按实际成本计价，可以减少成本计算的随意性，客观反映成本的实际水平，合理确定企业当期的盈利状况。但是，当物价变动较大时，实际成本计价存在一定的局限性，即不能确切反映资产的现有价值。为此，在国家有相应规定时，可根据物价变动情况，对资产账面价值及损益进行相关调整。一般情况下，企业不得随意调整资产账面价值及损益结果，以保证实际成本计价原则的严肃性。

4. 重要性原则

重要性原则是区分情况、突出重点，确保成本核算资料及时、有用的规则。为了充分发挥成本信息对经营管理的作用，重要性原则要求，对于产品成本中重要的内容应单独设立项目进行专门反映，并力求准确；对于次要的内容则可简化核算，或与其他内容合并反映。这样，企业在进行成本核算时，所采用的成本计算步骤、费用分配方法、成本计算方法等，都要根据每个企业的具体情况加以选择，以便在保证重要内容核算准确的前提下，尽可能地减少核算的工作量和耗费。具体说来，对于一些主要产品、主要费用，就应采用比较细致的方法进行单独分配和计算。例如，构成产品实体的原料及主要材料、产品生产工人的工资一般都应直接记入产品成本明细账，在"直接材料""直接人工"项目中单独反映。而对于一些次要的产品、费用，则可采用简化的方法进行合并计算和分配。例如，产品生产的其他制造费用，就可将众多零星发生的费用予以归集后统一分配计入产品成本，并在综合项目中合并反映。但是，当某些费用在产品成本中所占比重较大时，即使原本没有单独反映，此时也应按其重要性进行专门的计算和分配。例如，企业某些产品主要依靠外厂加工时，其外部加工费就应直接记入产品成本明细账，并设相应项目单独反映，以便于运用成本信息进行分析、考核。在成本核算中能分清主次、突出重点、区别对待，有利于保证成本计算的及时性，提高成本核算资料的有用性。

5. 可比性原则

可比性原则是指通过对与成本核算有关的会计处理方法在各期间的协调，以保证成本核算资料可比性的规则。企业在进行成本核算时，一般应根据企业本身的生产特点和管理要求，选择不同的会计处理方法。而会计处理方法一经确定，就要注意保持前后各期一致，没有特殊情况，不应随意变动，以使前后各期的核算资料依时序衔接，便于相互比较。这样，有利于防止通过任意改变会计处理方法调节各期成本和利润的行为发生。会计处理方法中与成本核算有关的有发出材料的计价方法、固定资产折旧的计提方法、辅助生产费用的分配方法、间接制造费用的分配方法、在产品的计价方法和产品成本计算方法等。

如果因特殊情况确须改变原有的会计处理方法时，应按《会计政策、会计估计变更和会计差错更正》等具体会计准则和相关制度的规定，在对原成本数据进行必要调整的基础上，通过有关会计报表说明变更情况和原因以及对企业财务状况和经营成果所产生的影响。

6. 权责发生制原则

在成本核算工作中，还应遵循权责发生制原则的要求，正确确定各项费用的归属期间，以保证各期成本核算资料的合理性。所谓权责发生制是以收入和支出是否在本期已经发生作为确认其应否作为本期的收入和支出的一种会计核算基础。权责发生制的基本内容是：凡是本期已经发生，从而应计入本期的收入或支出，不论款项是否收到或付出，都归属于本期；凡是与本期没有关系，不应计入本期的收入或支出，即使款项已经收到或付出，均不应归属于本期。在成本会计中运用这一会计核算基础，主要是为了划分费用归属期的问题，即应正确处理待摊费用和预提费用等。在成本核算时，对于已经给付了的支出，如果其受益期不仅包括本支付期，而且还包括以后各期，就应按受益分摊的原则将其归属于受益的各期，形成往后的摊销，而不能全部列入支付期；对于暂未付出而由以后给付的支出，如果本期已经先行受益从而应由本期负担的部分，则应采用预提的做法将其归属于本期费用之中，待以后实际支付时，就不再列作费用。权责发生制原则不允许利用待摊费用和预提费用等人为地调节成本，将不应摊销的予以摊销或将应该摊销的不予摊销，也不能将不应预提的予以预提或将应该预提的不予预提，因为这会使各期成本核算资料失去合理性和真实性。

7. 配比性原则

配比性原则是指企业在进行会计核算时，收入与其成本、费用应当相互配比，同一期间内的收入和与其相关的成本、费用，应当在该会计期间内确认。在进行成本核算时，要遵行配比性原则，以利于正确计算和考核经营成果。作为经营成果的决定性要素之一，成本计算的正确与否，对确定企业的经营成果有着至关重要的意义。成本核算遵循配比性原则，主要有以下几个方面：首先，对于发生时与有关营业收入存在明显因果关系的耗费，应在该项营业收入实现时确认为营业成本，并与之配比；而在该项营业收入尚未实现时，应先作为计入存货的成本确认。其次，对于给付时其效益涉及若干会计年度的资本性支出，应在与支出效益相关的各受益期，按合理而又系统的方法分配确认费用，计入产品成本或期间成本，分别与各受益期的收入配比。最后，对于既无明显因果关系，又难以按受益原则进行分摊的耗费，在发生的当期立即确认，作为期间成本与实际发生的当期收入相配比，如广告费、审计费等。

费用与收入相配比，并非要求所有费用、成本只按一种方式与收入配比，它允许以不同方式和不同渠道进行配比，但应按国家有关规定和企业实际情况而定，否则，会影响成本核算的合法性。

二、生产费用核算的账户设置

为了正确反映和核算产品生产过程中所发生的生产费用以及产品生产成本形成的情况，企业一般应设置以下账户。

1. "生产成本"账户

"生产成本"账户用以核算企业进行产品生产所发生的各项生产费用及产品和劳务的实际成本，包括生产各种产成品、自制半成品、自制材料、自制工具、自制设备和提供劳务等所发生的各项生产费用及其实际成本。

该账户的借方归集产品或劳务生产过程中发生的生产费用。生产过程中发生的各项生产费用，应按成本项目分别归集。专设成本项目的生产费用，如直接材料、直接人工，应由有关材料账户、应付职工薪酬账户转入"生产成本"账户的借方。未专设成本项目的生产费用，先由"制造费用"账户归集，然后转入"生产成本"账户的借方。企业如专设燃料和动力、外部加工费、专用工具等成本项目，其费用则不通过"制造费用"账户，而直接由有关账户转入"生产成本"账户的借方。该账户的贷方反映产品或劳务实际成本的转出。制造完工验收入库的自制半成品和产成品的实际成本，应自本账户贷方转入"自制半成品"或"库存商品"账户。"生产成本"账户的期末余额，应为尚未加工完成的各项在产品及在制材料、在制设备的成本。

企业进行产品生产的车间称为基本生产车间，为基本生产车间和各管理部门提供劳务或服务的车间称为辅助生产车间。为区分各车间生产的性质，在"生产成本"总账账户中应设置"基本生产成本"和"辅助生产成本"两个二级账户。"生产成本——基本生产成本"核算企业为完成主要生产目的而进行商品生产所发生的生产费用，计算基本生产产品成本；"生产成本——

辅助生产成本"核算企业为基础生产和各管理部门服务而在动力、修理、运输、工具、模具等产品生产和劳务供应方面所发生的生产费用,计算辅助生产产品和劳务成本。

如果企业规模较大,成本核算过程较复杂,也可以将"生产成本"分设为"基本生产成本"和"辅助生产成本"两个一级账户进行核算。这种设置方法,虽使一级账户增加一个,但减少了账户的层次,也可使产品成本核算的账务处理程序更加清晰。

2. "制造费用"账户

制造费用是指企业的基本生产车间和辅助生产车间为管理和组织车间生产所发生的各项间接费用,包括各种管理费用、业务费用以及不能直接计入产品生产成本的机器设备的折旧费用等,为核算和监督制造费用的发生和分配情况,应设置"制造费用"账户。

企业发生的各项制造费用,记入"制造费用"账户的借方,贷记"原材料""应付职工薪酬""累计折旧""银行存款"等账户。月末,应根据企业成本核算办法的规定,将制造费用分配计入有关的成本计算对象,由"制造费用"账户的贷方转入"生产成本"及其下设的"基本生产成本"和"辅助生产成本"二级账户的借方;或转入"基本生产成本"和"辅助生产成本"两个一级账户的借方。

制造费用一般应在月末全部分配转出,除季节性生产企业按年度计划分配率分配制造费用外,"制造费用"账户月末一般无余额。

3. "待摊费用"账户

待摊费用是指企业已经支出或发生,但应由本期和以后各期成本、费用分别负担的,受益期在一年以内的各项费用,如预付保险费、预付租金、报纸杂志订阅费以及一次购买印花税票或一次交纳印花税较大需分摊的费用等。为核算和监督待摊费用的支付和摊销,企业应设置"待摊费用"账户。

企业发生各项待摊费用时,借记本账户,贷记"原材料""低值易耗品""包装物""银行存款"等账户;按受益期限分期摊销时,借记"制造费用""销售费用""管理费用""其他业务成本"等有关账户,贷记本账户。本账户的月末余额为已经支出或发生但尚未摊销的费用。

企业发生开办费、租入固定资产改良支出、固定资产大修理支出,以及受益期限在一年以上的其他费用,应记入"长期待摊费用"等账户,不包含在本账户核算范围内。

4. "预提费用"账户

预提费用是指企业按照有关规定预提计入成本、费用但尚未实际支付的各项费用。如预提固定资产大修理费用等。为反映和监督预提费用的计提和实际支付,企业应设置"预提费用"账户。

企业按照有关规定预提计入本期成本、费用的各项费用,借记"管理费用""制造费用""销售费用"等账户,贷记"预提费用"账户,实际支付时,借记"预提费用"账户,贷记"银行存款"等有关账户。本账户月末一般为贷方余额,反映已预提计入成本、费用,但尚未实际支付的预提费用。如实际支付数大于已预提数,则可能形成月末借方余额,这时,应作为待摊费用,分期摊入以后各期的成本、费用中。

5. "废品损失" 账户

需要单独核算废品损失的企业，应当设置"废品损失"账户。该账户的借方登记不可修复废品的生产成本和可修复废品的修复费用；贷方登记废品残料回收的价值、应收的赔款以及转出的废品净损失；该账户月末一般无余额。

"废品损失"账户应按车间设置明细分类账，账内按产品品种分设专户，并按成本项目设置专栏或专门进行明细核算。

6. "管理费用" 账户

"管理费用"账户用来核算企业行政管理部门为组织和管理生产经营活动而发生的管理费用。

企业发生的各项管理费用，借记本账户，贷记"库存现金""银行存款""累计折旧""原材料""应付职工薪酬""累计摊销""应交税费""其他应付款"等账户。期末，将本账户的发生额一次转入"本年利润"账户的借方，结转后本账户无余额。

7. "财务费用" 账户

"财务费用"账户用来核算企业为进行资金的筹集等理财活动而发生的各项费用。企业发生的各项财务费用，借记本账户，贷记"应付利息""长期借款""银行存款"等账户；发生的应冲减财务费用的利息收入、汇兑收益等，应借记"银行存款""长期借款"等账户，贷记本账户。期末，将本账户的发生额转入"本年利润"账户的借方，结转后本账户无余额。

8. "销售费用" 账户

"销售费用"账户用来核算企业在销售产品、自制半成品和劳务等过程中发生的各项费用。企业发生的各项产品销售费用，借记本账户，贷记"库存现金""银行存款""应付职工薪酬""累计折旧""其他应付款"等账户；期末将本账户的发生额一次转入"本年利润"账户的借方，结转后本账户无余额。

📚 知识归纳

本章主要阐述企业进行成本核算的目的和内容、在成本核算时如何划分各种费用界限以及进行成本核算应做好的基础工作等。在此基础上，重点介绍了企业成本核算的一般程序、应设置的账户、账务处理程序以及共同费用分配的步骤和通用公式的运用。

📖 达标检测

一、简答题

1. 成本核算的目的和内容是什么？

2. 成本核算的程序包括哪些内容？

3. 为正确计算产品实际成本和企业损益，必须正确划分哪几个方面的费用界限？

4. 进行成本核算要做好哪几项基础工作？

5. 成本核算需要设置哪些主要账户？试述它们的用途和结构。

二、单项选择题

1. 下列各项中，属于产品生产成本项目的是(　　)。
   A. 外购动力费用
   B. 制造费用
   C. 工资费用
   D. 折旧费用

2. 为了保证按每个成本计算对象正确地归集应负担的费用，必须将应由本期产品负担的生产费用正确地在(　　)。
   A. 各种产品之间进行分配
   B. 完工产品和在产品之间进行分配
   C. 盈利产品与亏损产品之间进行分配
   D. 可比产品与不可比产品之间进行分配

3. 下列各项中，不计入产品成本的费用是(　　)。
   A. 直接材料费用
   B. 辅助车间管理人员工资
   C. 车间厂房折旧费
   D. 厂部办公楼折旧费

4. 下列各项中不应计入产品成本的是(　　)。
   A. 企业行政管理部门用固定资产的折旧费
   B. 车间厂房的折旧费
   C. 车间生产用设备的折旧费
   D. 车间辅助人员的工资

5. 下列各项中应计入管理费用的是(　　)。
   A. 银行借款的利息支出
   B. 银行存款的利息收入
   C. 企业发生的不符合资本化条件的新技术开发费
   D. 车间管理人员的工资

6. 某种产品的各项定额准确、稳定，且各月末在产品数量变化不大，为了简化成本计算工作，其生产费用在完工产品与在产品之间进行分配应采用(　　)。
   A. 定额比例法
   B. 约当产量比例法
   C. 在产品按定额成本计价法
   D. 在产品按固定成本计价法

7. 在产品采用定额成本计价法计算时，其实际成本与定额成本之间的差异应计入(　　)。
   A. 期间费用
   B. 完工产品成本
   C. 营业外支出
   D. 在产品成本

8. 下列不能计入产品成本的费用是(　　)。
   A. 利息费用
   B. 车间、分厂管理人员工资及福利费
   C. 生产工人工资及福利费
   D. 燃料和动力

9. 设置成本项目的目的之一是(　　)。
   A. 反映产品成本的构成情况
   B. 反映企业在一定时期内发生了哪些费用
   C. 为计算工业净产值提供资料
   D. 为核定生产资金提供资料

10. 下列各项中，属于产品成本项目的有(　　)。
    A. 燃料和动力
    B. 财务费用
    C. 税金
    D. 管理费用

11. 以下税金中，不属于工业企业要素费用的是(　　)。
    A. 增值税
    B. 房产税

  C. 土地使用税   D. 车船使用税

12. 工业企业产品成本核算中各项费用的划分，都应贯彻(　　)原则，以期正确核算产品成本和管理费用。

  A. 谨慎   B. 权责发生制

  C. 配比   D. 受益

13. 每个工业企业为遵守成本开支范围，应避免的错误做法是(　　)。

  A. 在各个月份之间任意调剂成本

  B. 在完工产品与月末在产品之间不按规定分配成本

  C. 乱挤成本和少计成本

  D. 在各种产品之间任意调剂成本

14. 基本生产明细账应该按(　　)分设专栏或专行进行登记。

  A. 费用项目   B. 成本项目

  C. 费用要素   D. 产品名称

15. 属于生产经营管理费用范围的有(　　)。

  A. 水灾造成的生产损失   B. 报废固定资产清理的损失

  C. 利息费用   D. 购买无形资产的费用

三、多项选择题

1. 成本会计制度基础工作包括(　　)。

  A. 建立健全原始记录制度   B. 建立健全计量、盘存制度

  C. 建立健全验收制度   D. 建立健全定额管理制度

  E. 建立健全内部结算制度

2. 成本按其与业务量的关系可分为(　　)。

  A. 直接成本   B. 固定成本   C. 变动成本

  D. 间接成本   E. 混合成本

3. 下列各项中不属于产品成本项目的有(　　)。

  A. 直接人工   B. 税金   C. 外购燃料

  D. 外购动力   E. 折旧费

4. 下列各项费用中，属于工业企业生产经营管理费用的有(　　)。

  A. 生产费用   B. 经营费用   C. 管理费用

  D. 销售费用   E. 财务费用

5. 下列各项费用中，属于工业企业生产经营管理费用的有(　　)。

  A. 制造费用   B. 销售费用   C. 财务费用

  D. 固定资产购建费用   E. 非常损失

6. 下列各项费用中，属于工业企业经营管理费用的有(　　)。

  A. 经营费用   B. 管理费用   C. 制造费用

  D. 销售费用   E. 财务费用

7. 下列各项费用中，属于生产费用的有(   )。

  A. 直接材料   B. 直接人工   C. 制造费用

  D. 管理费用   E. 财务费用

8. 下列各项费用中，作为期间费用处理的有(   )。

  A. 制造费用   B. 销售费用   C. 管理费用

  D. 财务费用   E. 生产费用

9. 下列各项费用中，记作待摊或预提费用的有(   )。

  A. 本月支付、各月受益，受益期在一年以内的费用

  B. 本月支付、各月受益，受益期在一年以上的费用

  C. 本月支付、各月受益，受益期在一年以内而且数额很小的费用

  D. 本月止尚未支付，但本月已经受益而且数额较大的费用

  E. 本月止尚未支付，本月已经受益，但数额很小的费用

10. 下列各项工作中，属于成本核算基础工作的有(   )。

  A. 定额的制定和修订

  B. 材料物资的计量、收发、领退和盘点

  C. 费用的分配和归集

  D. 原始记录

  E. 厂内计划价格的制定和修订

四、判断题

1. 工业企业的生产经营管理费用包括生产费用和经营管理费用。   (   )
2. 工业企业的财务费用是管理费用的一部分。   (   )
3. 产品的各种制造费用之和，形成产品的制造成本。   (   )
4. 产品成本就是产品的生产成本。   (   )
5. 工业企业的成本核算就是工业企业成本、费用的核算。   (   )
6. 成本核算的成本与其取得的效益相比较，应该是合算的。   (   )
7. 成本核算包括生产成本核算和经营管理费用的核算，因而不涉及非生产经营管理费用。

                                                                         (   )
8. 产品的销售费用计入产品成本。   (   )
9. 工业企业的管理费用和财务费用计入产品成本。   (   )
10. 正确划分生产费用与经营管理费用的界限，也就是正确划分成本与费用的界限。

                                                                         (   )
11. 工业企业应该正确划分各个月份的生产费用界限，而不必正确划分各个月份的经营管理费用界限。   (   )
12. 在进行成本该算时，不论在什么情况下，都必须进行完工产品与在产品之间的费用划分工作。   (   )
13. 只要正确划分了五个方面的费用界限，就能够正确地计算出产品成本。   (   )

14. 厂内计划价格的制定和修订不是正确计算产品实际成本所必须具备的前提条件。

( )

15. 基本生产明细账中所记的各种生产费用，都必须按照成本项目分别反映。 ( )

案例讨论

大学生吴晓东 2017 年 8 月毕业应聘到北方机械公司当成本会计员。财务部成本科刘科长向小吴介绍了公司的有关情况。

1. 产品情况

该厂主要生产大型重型机械，用于矿山等企业，是国内矿山机械制造的龙头企业。

2. 车间设置情况

北方机械公司设有 7 个基本生产车间，分别生产矿山机械的各种零部件以及零部件的组装；另外，还设有 4 个辅助生产车间，为基本生产车间及其他部门提供服务。

3. 成本核算的现状

该厂现有会计人员 36 人，其中成本会计人员 8 人(不包括各个生产车间的成本会计人员)。由于该公司规模较大，现在实行两级成本核算体制，厂部和车间分别设置有关的成本费用明细账进行核算。

刘科长让小吴在了解企业成本核算及其他方面的情况后书面回答如下几个问题：

(1) 根据本厂的具体情况应采用什么核算体制(一级还是两级)？

(2) 车间和厂部应设置哪些成本会计核算的岗位？

(3) 车间和厂部应设置哪些成本总账和明细账？

(4) 成本费用应按什么程序进行汇集和分配？

(5) 对企业现在实行的成本核算模式提出进一步改进的意见。

项目三　归集与分配要素费用

学习目标

通过本章学习，了解要素费用及其核算程序；区分不同类型要素费用在核算上的要求，重点掌握材料费用的核算、人工费用的核算，为系统地学习企业的成本会计核算打下基础。

能力目标

了解企业成本核算要素费用的概念和范围；熟悉各项要素费用核算的方法，能够运用这些方法为企业做好要素费用的归集和分配工作，为适应成本会计核算工作岗位做好准备。

案例导入

平实厂下设一个基本生产车间(A 车间)和一个辅助生产车间(机修车间)，基本生产车间生产 121#、122#两种产品，为大批大量生产。月初在产品成本如表 3-1 所示。

表 3-1　月初在产品成本明细表

成本项目	121#	122#
直接材料	40 800	18 000
直接人工	24 000	6 000
制造费用	32 762	9 254
合　　计	97 562	33 254

该厂 2016 年 1 月份发生下列经济业务：

(1) A 车间领用材料 120 000 元，其中直接用于 121#产品的 I 号材料 30 000 元，直接用于 122#产品的 II 号材料 28 000 元，121#、122#产品共同耗用 III 材料 62 000 元 (121#产品定额消耗量为 6 000 千克，122#产品的定额消耗量为 4 000 千克)，A 车间机物料消耗 8 000 元；辅助生产车间领用材料 13 000 元；厂部领用 9 000 元；共计 150 000 元。

(2) 本月工资总额 63 000 元，其中：A 车间生产工人工资 40 000 元(按 121#、122#产品耗用的生产工时比例分配，121#产品生产工时为 6 000 小时，122#产品生产工时为 2 000 小时)，车间管理人员工资为 7 000 元；机修车间工人工资 12 000 元；厂部管理人员工资 4 000 元；共计 63 000 元。

(3) 按工资总额的 14%计提职工福利费用。

假如你是平实厂的成本会计，根据工厂的车间设置以及期初资料，如何归集生产费用，编制相关要素费用分配表，完成成本核算账簿？

任务一　归集与分配要素费用基础知识

一、要素费用的内容

1. 要素费用的含义

生产费用，是指在企业产品生产的过程中，发生的能用货币计量的生产耗费，也就是企业在一定时期内产品生产过程中消耗的生产资料的价值和支付的劳动报酬之和。工业企业的生产费用，按其经济内容可概括分为：与劳动资料的消耗有关的费用，与劳动对象消耗有关的费用，与活劳动消耗有关的费用。费用要素，即生产费用要素，是指对企业在生产经营过程中发生的各种生产费用按其经济内容所做的具体分类，包括以下方面。

(1) 外购材料

外购材料指企业为进行生产而耗用的一切从外部购进的原料及主要材料、辅助材料、半成品、包装物、修理用备件和低值易耗品等。

(2) 外购燃料

外购燃料指企业为进行生产而耗用的一切从外部购进的各种燃料，包括固体燃料、液体燃料和气体燃料。

(3) 外购动力

外购动力指企业为进行生产而耗用的一切从外部购进的各种动力，包括电力、热力和蒸汽等。

(4) 工资费用

工资费用指企业所有应计入生产费用的职工工资。

(5) 提取的职工福利费

提取的职工福利费指企业按职工工资的一定比例计提并计入费用的职工福利费。

(6) 折旧费

折旧费指企业按照规定对固定资产计算提取并计入费用的折旧费。

(7) 利息支出

利息支出指企业计入期间费用等借入款项的利息净支出(利息收入减利息支出后的净额)。

(8) 税金

税金指应计入企业管理费用的各种税金,如房产税、车船使用税、土地使用税、印花税等。

(9) 其他支出

其他支出指不属于以上各项要素的费用支出,如差旅费、租赁费、外部加工费和保险费等。

生产费用按要素进行反映与核算,有助于企业了解在一定时期内发生的生产费用,以分析企业各个时期各种要素费用支出的水平;生产费用按要素进行反映与核算,可以为核定企业流动资金定额、编制材料采购计划提供依据;生产费用按要素进行反映与核算,还可以为计算工业净产值和国民收入提供所需数据。但生产费用按要素进行反映与核算不能说明生产费用的用途,不便于分析生产费用支出是否合理和节约。

2. 产品成本项目

产品成本项目一般是指计入产品成本的生产费用按经济用途划分的项目,是对产品成本构成内容所做的分类。为了便于归集生产费用,正确计算产品成本,需要对生产费用进行合理的分类。生产费用按经济用途划分,可将计入产品成本的生产费用分为以下四个成本项目。

(1) 直接材料。直接材料包括企业生产经营过程中实际消耗的原材料、辅助材料、备品配件、外购半成品、燃料、动力、包装物以及其他直接材料。

(2) 直接人工。直接人工包括企业直接从事产品生产人员的工资及福利费。

(3) 其他直接支出。其他直接支出包括直接用于产品生产的其他支出。

(4) 制造费用。制造费用包括企业各个生产单位为组织和管理生产所发生的各种费用。一般包括:生产单位管理人员工资、职工福利费、生产单位的固定资产折旧费、租入固定资产租赁费、修理费、机物料消耗、低值易耗品、取暖费、水电费、办公费、差旅费、运输费、保险费、设计制图费、试验检验费、劳动保护费、季节费、修理期间的停工损失费以及其他制造费用。

将生产费用按经济用途划分为成本项目,便于反映企业产品成本的构成,满足成本管理的目的和要求,可以考核各项费用定额或计划执行情况,查明费用节约或超支的原因,从而加强对成本的控制和管理,促使企业更有效地降低成本。

3. 要素费用与成本项目的联系和区别

要素费用和成本项目是生产费用按其不同的分类标准进行的划分,它们之间既有联系,又有区别。它们之间的联系表现在,两者就其经济内容来说基本一致,即都是企业生产经营发生的耗费，生产费用的对象化就构成产品成本项目，也就是说生产费用是构成产品成本项目的基础。虽然某些要素费用与成本项目名称有些相似，但两者又是有区别的，生产费用要素只能用来反映企业在生产中发生了哪些费用，而成本项目是用来反映生产中发生的这些费用到底用在了哪里。

两者的区别具体表现如下：

第一，从反映的内容看，生产费用要素反映的内容包括企业发生的全部生产费用，如外购材料，不论是用于产品生产的直接材料或间接材料，还是用于固定资产修理或专项工程等都包括在内。又比如工资费用，既包括用于产品生产的工资费用，又包括不是用于产品生产的工资费用，如管理部门人员的工资和福利费。而成本项目中反映的原材料仅指构成产品实体(或主要成分)的原材料费用，工资费用仅指直接生产工人的工资。

第二，从涵盖的范围看，生产费用要素反映的是某一时期(月、季、年)内企业实际发生的生产费用，而按成本项目反映的产品成本，是指某一时期某种产品所应负担的费用。生产费用是同期间相联系的，而产品成本则是同产品相联系的，所以它们不一定相等，因为有些本期支出的生产费用可能转入下期产品成本，而有些将在下期支出的生产费用有一部分可能要提前计入本期产品成本。

第三，从对企业成本核算工作的作用看，生产费用按要素进行反映与核算，有助于企业了解在一定时期内发生了哪些生产费用，各要素的比重是多少，借以分析企业各个时期各种要素费用支出的水平，为企业控制流动资金占用及编制材料采购计划提供依据；成本项目将生产费用归集和分配到对象化的产品中去，便于反映企业产品成本的构成，加强对成本的控制和管理，促使企业更有效地降低成本。

二、要素费用的归集与分配

1. 要素费用归集和分配的一般原则

要素费用的归集是指按照要素费用的性质，根据费用发生的地点和受益对象进行归集，可以将各种费用要素分为应计入产品成本的费用要素和不应计入产品成本的费用要素。对于应计入产品成本的各种费用要素，还应按其与产品的关系进行归集和分配，凡是专为某种产品所耗用，并能确认其负担数额的直接费用，直接计入某种产品成本；凡是几种产品共同耗用，不能确认具体为某种产品所消耗的间接费用，则应先进行归集，然后再采用适当的方法分配计入某种产品的产品成本。对于不应计入产品成本的费用要素，根据其发生的不同经济用途分别计入营业费用、管理费用和财务费用。

要素费用分配的一般原则可概括为：凡是属于直接费用，应直接计入产品成本；凡是属于间接费用，需经归集与分配后，计入产品成本。

2. 要素费用归集和分配的标准

按照上述要素费用归集和分配的一般原则，在只生产一种产品的企业，应计入产品成本的全部费用，都是直接费用，应直接计入产品成本；在生产多种产品的企业，应计入产品成本的费用，有的是为某种产品所耗用，有的是为几种产品共同耗用，就要根据实际情况，对于能确定为某种产品所耗用的直接费用要直接计入，为几种产品共同耗用的间接费用，要采用一定的方法分配计入。分配间接生产要素费用所依据的标准主要有：

(1) 成果类：如产品的重量、体积、产量、产值等。

(2) 消耗类：如生产工时、生产工资、机器工时、原材料消耗量或原材料费用等。

(3) 定额类：如定额消耗量、定额费用等。

分配间接费用要素的计算公式概括为：

$$费用分配率 = \frac{待分配的总额}{分配标准总额}$$

$$某分配对象应分配的费用 = 该对象的分配标准额 \times 费用分配率$$

3. 要素费用归集和分配的程序

(1) 各项要素费用的分配，首先通过编制各种费用分配表来进行。费用要素分配表的编制，应根据成本核算的体制以及传递程序等不同而有所不同，企业实行一级成本核算体制时，应由财会部门来编制；企业实行两级成本核算体制时，则是由各车间的成本会计人员来编制。

生产费用分配表的基本格式见表3-2。

表3-2 ＿＿＿＿费用分配表

年 月 日

金额单位：元

应借账户			成本项目	分配标准	分配率	分配金额
总账账户	二级账户	明细账户				
合 计						

会计主管： 复核： 制单：

(2) 根据费用分配表编制会计分录，据以登记各种成本费用所属明细账。

基本生产成本明细账格式见表3-3，制造费用明细账格式见表3-4。

表3-3 基本生产成本明细账

总第 页
字第 页

成本对象：A产品 生产车间：一车间 投产时间：

年		凭证		摘 要	成本项目			合 计
月	日	字	号		直接材料	直接人工	制造费用	

表 3-4　制造费用明细账

总第　页

生产车间：一车间

字第　页

年		凭证		摘　要	借方	贷方	借或贷	余额	(借)方 项 目				
月	日	字	号						薪酬	折旧	修理	动力	办公

(3) 根据记账凭证登记成本类总账。

生产成本总账格式同企业其他总账一样采用三栏式订本账，见表 3-5。

表 3-5　总　账

科目名称：生产成本

总第　页

年		凭证		摘　要	借　方	贷　方	借或贷	余　额
月	日	字	号					

4. 要素费用归集和分配所用的账户

要素费用归集和分配所用的主要账户是"基本生产成本""辅助生产成本"和"制造费用"等。其中基本生产成本明细账，即产品生产成本明细账是根据成本生产对象(如产品品种、生产批别、生产步骤等)设置的，账户内按生产成本分设专栏。

在发生原材料、动力、职工薪酬等要素费用支出时，对于直接用于产品生产并且专门设有成本项目的费用，直接记入"基本生产成本"账户，同时直接计入该产品基本生产成本明细账的"直接材料""燃料和动力""直接人工"等成本项目；对于间接用于产品生产的各种费用，则应先在"辅助生产成本"和"制造费用"中进行归集，然后按照一定的分配方法分配记入各成本计算对象的"基本生产成本"账户中，同时分别计入各产品基本生产成本明细账的"直接材料""燃料和动力""直接人工"等成本项目。这样，在"基本生产成本"总账和所属各种产品成本明细账的各成本项目，归集了本月份基本生产各种产品发生(负担)的全部生产费用，再加上月初在产品费用，并将其在完工产品与月末在产品之间进行分配，即可计算出完工产品和月末在产品成本。

在生产经营过程中发生的用于产品销售的费用，行政管理部门发生的费用，以及筹集资金活动中发生的费用等期间费用，则不应计入产品成本，而应分别记入"营业费用""管理费用"

"财务费用"总账科目及其所属明细账,然后转入"本年利润"科目。

对于购建和建造固定资产的费用,购买无形资产的费用等资本性支出,不计入产品成本和期间费用,记入"在建工程""无形资产"等科目。

5. 要素费用归集和分配的意义

生产费用的横向归集和分配(在各种产品及期间费用之间的归集与分配),是成本核算中最基本的内容,是成本核算工作的起点,掌握企业生产经营过程中费用发生后如何归集起来,再按受益对象分配出去,是生产费用纵向分配(在完工产品和在产品之间进行分配)的基础。

任务二 归集和分配材料费用

一、材料费用的组成

1. 材料费用的含义

材料费用是指企业在生产过程中耗用的材料的价值表现,包括:原材料及主要材料、辅助材料、外购半成品、修理用备件、包装材料、燃料。材料是产品成本的重要组成部分,加强对材料费的核算,对于降低产品成本、节约使用资金,加速资金周转等方面,都有着十分重要的作用。

2. 材料成本核算的重要意义

(1) 通过建立健全材料保管、领发、核算、分配等一系列的方法和制度,合理控制材料费用,促使其不断降低,进而降低产品成本,使企业的经济效益不断提高。

(2) 降低材料费用对流动资金的占用,使材料储备保持在一个合理的水平上。通过核算反映和监督材料的收入、发出和结存情况,降低材料储备所占用的资金和储存成本,做到既要满足生产需要,又要防止储备不足。

(3) 反映和监督材料采购计划的执行情况,控制材料采购支出,降低材料采购成本。

二、材料费用的归集

材料费的归集是进行材料分配的基础和前提,应按材料发生的地点和用途进行材料费的归集。为做好材料费的归集,应做好有关的各项基础工作,具体如下。

1. 入库材料成本的确定

正确地确定收入材料的成本,是正确计算产品成本中材料成本的前提。材料费的计算,因企业对材料日常采用的计价方法的不同而有差别。在一般情况下,如果企业规模较小,材料的品种规格不多且收发不太频繁,材料可按实际成本(买价、运杂费、运输途中的合理损耗、入库前的挑选整理费用、购入物资负担的税金和其他费用)计价;若企业规模较大,材料品种规格繁多且收发频繁,材料则应按计划成本计价。

2. 领用材料的原始凭证和材料费用的归集

企业生产过程领用的材料品种、数量很多，为明确各单位的经济责任，便于分配材料费用，不断降低材料的消耗，在领用材料时应办理必要的手续。在领料时，应由专人负责，并经有关人员签字审核后，才能办理领料手续。

领用材料时使用的原始凭证主要包括领料单(见表 3-6)、限额领料单(见表 3-7)和领料登记表(见表 3-8)等。应根据领用材料的情况，选择采用某一种领料凭证。

表 3-6　领料单

领料部门：一车间　　　　　　　　　　　　　　　　　　　　　发料仓库：1

用途：生产　　　　　　　　　　　年　月　日　　　　　　　　编号：0100111

材料类别	材料编号	材料名称及规格	计量单位	领用限额	实际领用	单　价	金　额	备　注

发料人：×××　　　　　　　　　　　　　　　　　　领料人：×××

表 3-7　限额领料单

领料部门：一车间　　　　　　　　　　　　　　　　　　　　　发料仓库：1

用途：生产　　　　　　　　　　　年　月　日　　　　　　　　编号：0100111

年		请　领		实　发					
月	日	数　量	领料负责人	数　量	累　计	发料人	领料人	限额结余

发料人：×××　　　　　　　　　　　　　　　　　　领料人：×××

表 3-8　领料登记表

领料部门	金　额
甲产品直接领料	
乙产品直接领料	
甲乙产品共同领料	
机修车间领料	
供电车间领料	
基本生产车间领料	
管理部门领料	

到了月末，将各种领料凭证按车间、部门进行汇总，即可计算出各车间、部门消耗材料的数量和金额，通过编制"材料费用分配表"即可进行材料费分配的核算。

3. 发出和结存材料成本的确定

在材料按计划成本计价的情况下，对于发出的材料，应计算发出材料应负担的材料成本差异，把发出材料的计划成本调整为实际成本，对于期末库存材料，应以实际成本反映在资产负债表上；采用实际成本进行材料日常核算的企业，发出材料的实际成本，可采用先进先出法、加权平均法、移动平均法、个别计价法等方法计算确定，对于不同的材料，可以采用不同的计价方法，材料计价方法一经确定，不应随意变动。对于库存材料的计量，可采用永续盘存制和实地盘存制两种方法进行核算。

三、材料费用的分配

材料费用发生后，要按材料的用途，采用既简便又合理的方法，将材料费在各种产品中进行分配。材料费用的分配方法一经确定后，没有特殊情况，不应经常变动，以便使各期的成本资料便于进行比较。

1. 材料费用的分配方法

原材料费用的分配标准很多，可以按照产品的重量和体积分配，在材料消耗定额比较准确的情况下，原材料费用还可以按照产品的材料定额消耗量的比例或材料定额费用的比例分配。按照不同的分配标准，形成了不同的材料费用分配方法。

(1) 原材料定额耗用量分配法

原材料定额耗用量是指企业生产一定数量的产品按事先核定的单位产品消耗定量计算确定的原材料理论耗用数量。原材料定额耗用量分配法是指按各种产品原材料消耗定额比例分配材料，适用于原材料消耗比较单一，单位产品消耗定量比较准确的产品。

计算公式如下：

$$受益产品定额耗用量 = 受益产品产量 \times 单位产品消耗定量$$

$$原材料费用分配率 = \frac{被分配的原材料费用}{各受益产品消耗定量之和}$$

$$某受益产品应负担原材料费用 = 该受益产品定额耗用量 \times 原材料费用分配率$$

【例3-1】某车间生产甲、乙两种产品，共消耗原材料 8 000 千克，单价 10 元/千克。本月投产甲产品 200 件，乙产品 600 件。甲产品单位消耗定额 20 千克，乙产品单位消耗定额 10 千克。

要求：采用材料定额耗用量的比例分配甲乙产品应负担的材料费用。

解析：$原材料费用分配率 = \dfrac{8\,000 \times 10}{200 \times 20 + 600 \times 10} = 8$

甲产品应分配的材料费用 $= 8 \times 200 \times 20 = 32\,000(元)$

乙产品应分配的材料费用 $= 8 \times 600 \times 10 = 48\,000(元)$

(2) 原材料定额成本分配法

原材料定额成本是指企业生产一定数量的产品按事先核定的单位产品定额成本计算确定

的理论原材料成本。原材料定额成本分配法是指按产品材料定额成本分配材料费用的方法。适用于产品生产过程中消耗的原材料品种较多，不宜按品种确定原材料消耗定量，但有比较合理的材料费用消耗定额的产品。

计算公式如下：

$$受益产品定额成本 = 受益产品产量 \times 单位产品定额成本$$

$$原材料定额成本分配率 = \frac{被分配的原材料费用}{各受益产品定额成本之和}$$

$$某受益产品应负担材料费用 = 该受益产品定额成本 \times 定额成本分配率$$

【例3-2】某企业生产甲、乙两种产品，耗用 C 材料 2 100 千克，单价 18 元/千克，耗用 D 材料 4 000 千克，单价 60 元。本月投产甲产品 50 件，乙产品 150 件。甲产品的消耗定额为：C 材料 8 千克/件，D 材料 15 千克/件。乙产品的消耗定额为：C 材料 12 千克/件，D 材料 20 千克/件。C、D 两种材料的单价分别为 20 元/千克和 50 元/千克。

要求：采用原材料定额成本分配法分配甲乙产品应负担的材料费用。

解析：甲产品材料定额成本为 $= 50 \times (8 \times 20 + 15 \times 50) = 45\,500$

乙产品材料定额成本为 $= 150 \times (12 \times 20 + 20 \times 50) = 186\,000$

$$材料费用分配率 = \frac{2\,100 \times 18 + 4\,000 \times 60}{45\,500 + 186\,000} = 1.2$$

甲产品应分配的材料费用 $= 1.2 \times 45\,500 = 54\,600(元)$

乙产品应分配的材料费用 $= 1.2 \times 186\,000 = 223\,200(元)$

(3) 产品重量比例分配法

产品重量比例分配法是指按照各种产品的重量比例分配材料费用，适用于产品所耗用材料的多少与产品重量有着直接联系的情况。

计算公式如下：

$$材料费用分配率 = \frac{材料实际总耗用量 \times 材料单价}{各种产品重量之和}$$

$$某产品应分配的材料费用 = 该产品的重量 \times 材料费用分配率$$

【例3-3】某企业生产甲、乙两种产品，共耗用原材料 200 千克，单价 50 元/千克。甲产品重 2 000 千克，乙产品重 3 000 千克。

要求：采用产品重量比例分配法分配甲乙两种产品应负担的材料费用。

解析：

$$材料费用分配率 = \frac{200 \times 50}{2\,000 + 3\,000} = 2$$

甲产品应分配的材料费用 $= 2 \times 2\,000 = 4\,000(元)$

乙产品应分配的材料费用 $= 2 \times 3\,000 = 6\,000(元)$

(4) 产品产量比例分配法

产品产量比例分配法是指按产品的产量比例分配材料费用的方法,适用于产品的产量与其所耗用的材料有密切联系的情况。

计算公式如下:

$$材料费用分配率=\frac{材料实际总耗用量×材料单价}{各种产品实际产量之和}$$

$$某产品应分配的材料费用 = 该产品实际产量×材料费用分配率$$

【例3-4】某企业生产甲、乙、丙三种产品,共耗用 A 材料 30 000 千克,单价 2 元/千克。本月份共生产甲产品 200 件,乙产品 1 000 件,丙产品 300 件。

要求:采用产品产量比例分配法分配甲乙两种产品应负担的材料费用。

解析:

$$材料费用分配率=\frac{30\,000×2}{200+1\,000+300}=40$$

甲产品应分配的材料费用 = 40×200 = 8 000(元)

乙产品应分配的材料费用 = 40×1 000=40 000(元)

丙产品应分配的材料费用 = 40×300 = 12 000(元)

2. 材料费用分配的账务处理

对发生的原材料费用进行分配后,要编制"原材料费用分配表"反映分配结果,以便进行会计核算。实际工作中,原材料费用分配的过程是与原材料费用分配表的编制结合在一起进行的。操作时,由仓库保管人员依据原材料发料凭证(领料单、限额领料单、领料登记簿等)及余料退回凭证、废料交库凭证等确定实际的原材料发出数量,填制"发出材料明细表";财会部门根据仓库部门提供的发出材料明细表,结合产量记录、定额资料或投料记录等分配原材料费用,编制"原材料费用分配表"(见表 3-9);根据原材料费用分配表和发出材料明细表等原始凭证编制记账凭证,登记有关账簿。

表 3-9 原材料费用分配表

年 月 日   金额单位:元

应借账户			成本或费用项目	间接计入费用			直接计入费用	合 计
总账账户	二级账户	明细账户		消耗定量	分配率	分配额		
合 计								

会计主管: 复核: 制单:

编制会计分录如下：

借：基本生产成本

辅助生产成本

制造费用

管理费用

销售费用

贷：原材料

上列原材料费用是按实际成本进行核算分配的，如果原材料费用是按计划成本进行核算分配，计入产品成本和期间费用的原材料费用是计划成本，还应该分配材料成本差异额。

任务三　归集和分配人工费用

一、人工费用的组成

1. 工资及工资总额

工资是企业支付给职工的劳动报酬，是企业对职工在工作中使用知识、技能，消耗时间、精力等而给予的一种补偿。工资总额是企业在一定时期内支付给全体职工的劳动报酬总额，包括：计时工资、计件工资、奖金、津贴与补贴、加班加点工资和特殊情况下支付的工资。工资费用的分配依据是考勤记录、产量记录等原始凭证。

2. 应付工资的计算方法

(1) 计时工资的计算方法

计时工资是指按计时工资标准和职工工作时间支付的劳动报酬。计算计时工资有月薪制和日薪制两种方法。

① 月薪制。按月薪制计算计时工资，不考虑当月的实际日历天数，职工只要出全勤，就可以得到固定的月标准工资，如有缺勤，按规定标准扣薪。

计算公式如下：

$$应付计时工资 = 月标准工资 - 缺勤应扣工资$$

$$缺勤应扣工资 = 缺勤天数 \times 日工资 \times 应扣比例$$

$$日工资 = \frac{月标准工资}{月工作天数}$$

月工作天数通常有三种确定方法：

a) 按月平均日历天数计算，即每月 30 天，对出勤期间的双休日和节假日均做出勤处理，对缺勤期间的双休日和节假日均做缺勤处理。

b) 按月平均实际工作日数计算，即每月 20.9 天[(365 − 104 − 10)/12 = 20.9]。按月工作日 20.9

天计算日工资时,无论出勤或是缺勤均不考虑双休日与节假日的因素。

c) 按当月满勤日数计算,是根据月工资除以当月满勤日数计算的,节假日不计算工资,也不扣工资。

【例3-5】职工李刚月标准工资为1 000元,5月份有8天双休日,法定节假日3天,该职工本月病假5天(其中有两天是双休日),本月出勤17天。

要求:根据以上资料,采用月工资的三种方法计算李刚5月份的应付计时工资总额。

解析:

• 按月平均日历天数计算

日工资 = 1 000 ÷ 30 = 33.33(元)

应付计时工资 = 1 000 − 33.33 × 5 = 833.35(元)

• 按月平均实际工作日数计算

日工资 = 1 000 ÷ 20.9 = 47.8(元)

应付计时工资 = 1 000 − 47.8 × (5 − 2) = 856.6(元)

• 按当月满勤日数计算

日工资 = 1 000 ÷ (31 − 8 − 3) = 50(元)

应付计时工资 = 1 000 − 50 × (5 − 2) = 850(元)

② 日薪制。采用日薪制计算计时工资,按职工的出勤天数和日标准工资计算应付工资,如有病假,按病假期间应发工资比例加计应付工资。

计算公式如下:

$$应付计时工资 = 出勤天数 × 日工资 + 病假应发工资$$
$$病假应发工资 = 病假天数 × 日工资 × 病假应发比例$$

【例3-6】成本会计员周伯通月标准工资为1 800元,2017年10月份缺勤4天(缺勤期间含周末2天),10月份有3天节假日,8个休息日,采用日薪制。

要求:计算该会计员10月份的应付计时工资总额。

解析:

出勤日数 = 31 − (4 − 2) − 3 − 8 = 18(天)

日工资 = 1 800 ÷ 20.9 = 86.12(元)

应付计时工资 = 18 × 86.12 = 1 550.16(元)

(2) 计件工资的计算方法

计件工资是按照工人生产的产品数量、产品质量和单位计件工资标准计算的劳动报酬。计算计件工资的产品数量包括合格品数量和生产中因材料质量问题形成的废品(料废品)数量,不包括在产品生产中因工人的过失而产生的废品(工废品)数量。计件工资的计算包括个人计件工资的计算和集体计件工资的计算。

① 个人计件工资的计算。个人计件工资是按个人完成的产品数量和单位计件工资标准计算的工资。个人计件工资计算的公式是:

$$个人计件工资 = \sum [(合格品数量 + 料废品数量) × 单位计件工资]$$

② 集体计件工资的计算。对需要两人以上共同生产产品的计件工资，要采用集体计件工资的计算方法进行计算。集体计件工资相关公式如下：

a) 按计件工资和计时工资的比例分配

$$计件工资分配率 = \frac{集体计件工资总额}{集体计时工资总额}$$

$$某人应得计件工资 = 该人计时工资 \times 计件工资分配率$$
$$某人应得计时工资 = 该人实际工作小时 \times 小时工资率$$
$$集体应付计件工资总额 = 集体完成工作量总和 \times 计件单价$$

b) 按实际工作天数计算分配

$$每人每天应付计件工资 = \frac{集体计件工资总额}{集体职工实际工作天数之和}$$

$$某人应得计件工资 = 该职工实际工作天数 \times 每人每天应付计件工资$$

【例3-7】某单位4名职工本月份共生产A产品60件，一件A产品的计件工资为80元。甲、乙、丙、丁4名职工实际工作天数分别为26、25、24、25天。

要求：计算甲、乙、丙、丁四人的应付计件工资分别是多少。

解析：

$$每人每天应付计件工资 = \frac{80 \times 60}{26 + 25 + 24 + 25} = 48(元)$$

甲工人应付计件工资 $= 26 \times 48 = 1\ 248(元)$
乙工人应付计件工资 $= 25 \times 48 = 1\ 200(元)$
丙工人应付计件工资 $= 24 \times 48 = 1\ 152(元)$
丁工人应付计件工资 $= 25 \times 48 = 1\ 200(元)$

(3) 其他应付工资的计算

其他应付工资包括奖金、津贴与补贴、加班加点工资和特殊情况下支付的工资。奖金计算在各个企业各不相同；津贴与补贴按国家或企业制定的标准确定；特殊情况下支付的工资是指对职工非劳动时间所支付工资，如职工享受国家规定的休假期间、女职工的产假期间、因工受伤治疗休养期间等所支付的工资，可视同出勤处理。

对职工个人而言，上述各项应付工资额相加之和，即为应付给职工的工资总额。对整个企业而言，每个职工的应付工资总额相加之和，即为应付工资总额。

二、人工费用的归集与分配

1. 人工费用归集和分配的依据

月度终了时，要计算出全体职工的应付工资，根据职工的工作岗位，在工资费用的受益对象中进行归集和分配。为反映企业工资费用的归集和分配情况，企业财会部门应当编制"工资结算汇总表"(见表 3-10)。

表 3-10 工资结算汇总表

M 制造公司   2017 年 6 月

应借科目		成本或费用项目	工资总额	职工福利费
基本生产成本	甲产品	直接人工	70 000	9 800
	乙产品	直接人工	50 000	7 000
	小 计		120 000	16 800
制造费用	基本生产车间	直接人工	8 000	1 120
辅助生产成本	供电车间	直接人工	4 000	560
	供水车间	直接人工	2 000	280
	小 计		6 000	840
管理费用		人工费	18 000	2 520
销售费用		人工费	5 000	700
合 计			157 000	21 980

2. 人工费用归集和分配的账务处理

(1) 计时工资分配与核算

在计时工资制的企业中,只生产单一产品的车间,将生产工人工资直接计入该产品成本计算单中的"直接人工"成本项目;同时生产两种或两种以上产品的车间,将生产工人的工资分配后计入各个产品成本计算单中的"直接人工"成本项目。对工资费用进行分配的分配标准如前所述,一是定额工时;二是实际工时。

分配工资费用的公式如下:

$$工资费用分配率 = \frac{被分配的生产工人工资费用}{各种产品实际工时(或定额工时)之和}$$

$$某产品应负担工资费用 = 该产品实际(定额)工时 \times 工资费用分配率$$

(2) 计件工资分配与核算

无论是个人计件工资还是集体计件工资,只要能够分清受益产品,就可以将计件工资直接计入各该产品成本计算单的"直接人工"成本项目。

分配工资费用的公式如下:

$$某产品应负担工资费用 = 该产品合格品和料废品的数量 \times 计件单价$$

(3) 账务处理

直接从事产品生产的工人工资由各种产品负担;辅助生产车间人员的工资由各辅助车间的劳务或产品负担;各生产车间管理人员的工资由制造费用负担;从事基本建设工作人员的工资由在建工程负担;销售人员的工资由销售费用负担;企业管理人员工资由管理费用负担。对工资费用进行分配,主要是解决生产工人的工资由何种产品负担的问题。如表3-10所示,其会计分录为:

借：基本生产成本——甲产品	79 800
——乙产品	57 000
制造费用——基本生产车间	9 120
辅助生产成本——供电车间	4 560
——供水车间	2 280
管理费用	20 520
销售费用	5 700
贷：应付职工薪酬——工资	157 000
——福利费	21 980

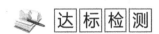 知 识 归 纳

　　生产费用按其经济内容可概括分为：与劳动资料的消耗有关的费用，与劳动对象消耗有关的费用，与活劳动消耗有关的费用。费用要素，即生产费用要素，是指对企业在生产经营过程中发生的各种生产费用按其经济内容所做的具体分类，包括：外购材料、外购燃料、外购动力、工资费用、提取的职工福利费、折旧费、利息支出、税金、其他支出。生产费用的对象化就构成产品成本项目。要素费用与成本项目两者既有联系又有区别。

　　生产费用的横向归集和分配，是成本核算中最基本的内容，是成本核算工作的起点，掌握企业生产经营过程中费用发生后如何归集起来，再按受益对象分配出去，是生产费用纵向分配(在完工产品和在产品之间进行分配)的基础。

　　材料费用是指企业在生产过程中耗用的材料的价值表现，包括原材料及主要材料、辅助材料、外购半成品、修理用备件、包装材料、燃料。材料是产品成本的重要组成部分，加强对材料费的核算，对于降低产品成本、节约使用资金、加速资金周转等方面，都有着十分重要的作用。材料费用的分配方法主要有：定额耗用量比例分配法、产品重量比例分配法、产品产量比例分配法、产品材料定额成本比例分配法。

　　工资是企业支付给职工的劳动报酬，是企业对职工在工作中使用知识、技能，消耗时间、精力等而给予的一种补偿。工资总额是企业在一定时期内支付给全体职工的劳动报酬总额，包括：计时工资、计件工资、奖金、津贴与补贴、加班加点工资和特殊情况下支付的工资。工资费用的分配依据是考勤记录、产量记录等原始凭证。月末成本会计应按计件工资和计时工资分别计算工资费用并编制"工资费用汇总计算表"，根据表内数字做出人工费用分配的账务处理。

达 标 检 测

一、简答题

1. 什么是要素费用？要素费用的项目有哪些？

2. 什么是直接计入费用？什么是间接计入费用？

3. 材料费用分配有哪些主要方法？这些方法是如何分配原材料费用的？

4. 如何进行工资费用的分配？试述工资及福利费用的分配对象。

5. 简述费用要素和生产成本项目的联系和区别。

二、单项选择题

1. 为了既正确又简便地分配外购动力费用，在支付动力费用时，应借记( )科目，贷记银行存款等科目。

    A. 成本、费用等   B. 应收账款

    C. 应付账款   D. 其他应付款

2. 基本生产车间计提的固定资产折旧费，应借记( )科目。

    A. "基本生产成本"   B. "管理费用"

    C. "制造费用"   D. "财务费用"

3. 不得计入基本生产成本的费用是( )。

    A. 车间厂房折旧费   B. 车间机物料消耗

    C. 税金及附加   D. 有助于产品形成的辅助材料

4. 直接用于产品生产，并构成该产品实体的原材料费用应记入的会计科目是( )。

    A. 销售费用   B. 制造费用

    C. 管理费用   D. 基本生产成本

5. 企业分配薪酬费用时，基本生产车间管理人员的薪酬，应借记( )。

    A. 基本生产成本   B. 制造费用

    C. 辅助生产成本   D. 管理费用

6. 下列关于材料费用的分配说法错误的是( )。

    A. 用于产品生产的材料费用直接记入"生产成本"

    B. 生产车间一般耗用的材料费用记入"制造费用"

    C. 企业行政管理部门一般耗用的材料，记入"管理费用"

    D. 直接用于各种产品生产的材料费用，如果金额较小，可全部记入"制造费用"科目

7. 下列关于待摊费用和预提费用说法错误的是( )。

    A. 待摊费用是资产类科目，预提费用是负债类科目

    B. 待摊费用是负债类科目，预提费用是资产类科目

    C. 待摊费用是企业已经支付但应由本期和以后各期负担的分摊期在一年以内的各项费用

    D. 预提费用是指已经受益，但尚未支付，需要预先提取计入成本费用的支出

8. 下列项目中不属于产品成本材料费用要素的是( )。

    A. 产品消耗的原材料   B. 材料保管过程中消耗的物料

    C. 维修机器设备消耗的备件   D. 直接装配在产品上的外购半成品

9. 甲、乙两种产品的重量不同，但对 A 材料的单位消耗量基本相同，企业没有制定 A 材料单位消耗定额，A 材料领用时未能区分每种产品的消耗量，则对甲、乙产品共同消耗的 A 材料费用，可以用( )作为分配标准。

    A. 产品的重量   B. 完工产品的数量

    C. 每种产品的材料消耗定额   D. 每种产品的材料实际消耗量

10. 下列内容中，不属于材料实际成本构成内容的是(   )。

    A. 关税　　　　　　B. 运费　　　　　　C. 途中损失　　　　D. 途中损耗

11. 材料成本差异账户的贷方余额表示(   )。

    A. 节约差异　　　　B. 超支差异　　　　C. 节约净差异　　　D. 超支净差异

12. 实际成本计价时，使期末结存材料价值接近市价的材料发出计价方式是(   )。

    A. 先进先出法　　B. 移动加权平均法　　C. 加权平均法　　D. 个别计价法

13. 实际成本计价时，对各期材料价格相差较大时，发出材料应采用(   )进行计价。

    A. 先进先出法　　B. 移动加权平均法　　C. 加权平均法　　D. 个别计价法

14. 下列项目中，不属于工资总额的是(   )。

    A. 生产工人的工资　　　　　　　　B. 管理人员的工资

    C. 退休人员的生活费　　　　　　　D. 福利机构人员的工资

15. 张某月工资为 1000 元，10 月份有 8 天双休日，法定节假日 3 天，该职工本月病假 5 天(其中 2 天是法定节假日)，本月出勤 17 天。按月薪制，张某本月工资可能是(   )。

    A. 800 元　　　　　B. 840 元　　　　　C. 850 元　　　　　D. 880 元

三、多项选择题

1. 下列属于生产要素费用的有(   )。

    A. 外购材料　　　　　　　　　　　B. 外购燃料与动力

    C. 工资及福利费　　　　　　　　　D. 固定资产折旧费用

2. 下列各项包括在工资费用总额里的有(   )。

    A. 计时工资　　　　　　　　　　　B. 计件工资

    C. 离退休人员的工资　　　　　　　D. 创造发明奖

3. 计入产品成本的各种材料费用，按其用途分配，应记入(   )科目的借方。

    A. 辅助生产成本　　　　　　　　　B. 在建工程

    C. 制造费用　　　　　　　　　　　D. 基本生产成本

    E. 管理费用

4. 企业分配间接费用的标准有(   )三类。

    A. 成果类　　　　　B. 消耗类　　　　　C. 产值类　　　　　D. 定额类

    E. 工时类

5. 原料及主要材料的费用可以按(   )比例进行分配。

    A. 产品质量比例　　　　　　　　　B. 产品体积比例

    C. 定额消耗量比例　　　　　　　　D. 定额费用比例

    E. 工时比例

6. 在按 20.9 天计算日工资率的企业中，节假日工资的计算方法是(   )。

    A. 节假日作为出勤日计发工资　　　B. 节假日不计发工资

    C. 缺勤期间的节假日不扣发工资　　D. 缺勤期间的节假日扣发工资

    E. 节假日工资视不同情况确定

7. 发生下列各项费用时，可以直接借记"基本生产成本"账户的有( )。

    A. 车间照明用电费   B. 构成产品实体的原材料费用

    C. 车间管理人员工资   D. 车间生产工人工资

    E. 车间办公费

8. 计算应付职工工资(工资总额)的依据主要有( )。

    A. 考勤记录   B. 产量记录   C. 工资等级   D. 工资标准

9. 要素费用中的外购材料费用，可能计入( )成本项目。

    A. 原材料   B. 工资和福利费

    C. 废品损失   D. 制造费用

10. 下列不计入产品成本项目的内容有( )。

    A. 生产工人工资   B. 印花税

    C. 销售机构人员工资   D. 生产车间设备的折旧费

四、判断题

1. 在任何情况下，本月实发工资都等于本月应发工资。   ( )

2. 应付福利费是根据工资总额的 14%提取的，记账的科目与应付工资完全相同，取决于职工工作的部门。   ( )

3. "外购材料"和"直接材料"都是材料费用，因此都属于要素费用。   ( )

4. 职工薪酬费用并不都是计入产品成本或经营管理费用的。   ( )

5. 直接费用是指可以分清哪种产品所耗用，可以直接计入某种产品成本的费用。   ( )

6. 基本生产车间生产产品领用的材料，应直接计入各成本计算对象的产品成本明细账。

                                                      ( )

7. 直接用于产品生产的原料、主要材料费用，记入"直接材料"成本科目。   ( )

8. 生产人员、车间管理人员和技术人员的薪酬，是产品成本的重要组成部分，应该直接计入各种产品成本。   ( )

9. 实行计件工资制的企业，由于材料缺陷产生的废品，不付计件工资。   ( )

10. 每月按30天计算日工资率时缺勤期间的节假日、双休日不算缺勤，不扣工资。( )

11. 无论是计时工资形式还是计件工资形式，人工费用的分配相同。   ( )

12. 计件工资的计算，就是根据职工生产的全部产品数量和计件单价来计算的。   ( )

13. 企业发生的其他费用支出，如差旅费、邮电费、保险费、运输费、水电费等，应计入产品成本。   ( )

14. 基本生产车间固定资产的修理费是产品成本的组成部分，应与企业行政管理部门、专设销售机构固定资产修理费一起间接入产品成本。   ( )

15. 在采用计时工资情况下，若只生产一种产品，则生产人员工资及福利费应直接计入该种产品成本。   ( )

案例讨论

2017年7月王兵从某会计学院毕业,应聘到光华机床厂从事会计工作,该厂2017年8月开始生产甲、乙、丙三种新型车床,耗用A型钢材,有关资料见表3-11。

表3-11 甲、乙、丙三种新型车床的有关资料

产品名称	产量/件	重量/千克	材料定额单耗	材料单价	材料单位定额成本
甲型车床	100	30 000	200	180	36 000
乙型车床	300	50 000	150	180	27 000
丙型车床	500	190 000	370	180	66 600
合 计	900	270 000	—	—	—

该厂以前采用按产品的产量比例对材料费用进行分配,本月共使用A型钢材300 000千克,每千克180元。财务科吴科长在向王兵介绍了企业生产产品使用的材料以及产品的情况后,提出以下几个问题,请王兵调查后回答。

(1) 本厂目前采用的材料费用的分配方法是否合适?

(2) 本月开始生产的新产品应采用什么方法分配材料费用?

(3) 对本厂材料费用的分配方法提出进一步改进的意见。

项目四　归集与分配辅助生产费用

🔍 **学习目标**

了解辅助生产的特点；明确辅助生产费用的内容；理解辅助生产费用归集的账户设置；理解辅助生产费用的归集与分配的基本程序。掌握辅助生产费用的归集和分配及账务处理；能熟练运用辅助生产费用的分配方法。

🔍 **能力目标**

理解辅助生产费用的归集与分配的基本程序；掌握辅助生产费用的归集和分配及账务处理；熟练应用辅助生产费用的分配方法。

🔍 **案例导入**

平实厂下设一个基本生产车间(A车间)和一个辅助生产车间(机修车间)，基本生产车间生产121#、122#两种产品，为大批大量生产。期初在产品成本如表4-1所示。

表4-1　期初在产品成本明细表

成本项目	121#	122#
直接材料	40 800	18 000
直接人工	24 000	6 000
制造费用	32 762	9 254
合　　计	97 562	33 254

该厂 2017 年 1 月份发生下列经济业务:

(1) A 车间领用材料 120 000 元, 其中直接用于 121#产品的 I 号材料 30 000 元, 直接用于 122#产品的 II 号材料 28 000 元, 121#、122#产品共同耗用 III 材料 62 000 元(121#产品定额消耗量为 6 000 千克, 122#产品的定额消耗量为 4 000 千克), A 车间机物料消耗 8 000 元; 辅助生产车间领用材料 13 000 元; 厂部领用 9 000 元; 共计 150 000 元。

(2) 本月工资总额 63 000 元, 其中: A 车间生产工人工资 40 000 元(按 121#、122#产品耗用的生产工时比例分配, 121#产品生产工时为 6 000 小时, 122#产品生产工时为 2 000 小时), 车间管理人员工资为 7 000 元; 机修车间工人工资 12 000 元; 厂部管理人员工资 4 000 元; 共计 63 000 元。

(3) 按工资总额的 14%计提职工福利费用。

(4) 分配本月电费, 根据电表记录: 121#产品耗电 10 000 度, 122#产品耗电 4 000 度, A 车间照明用电 100 度; 厂部耗电 3 000 度; 机修车间耗电 2 000 度。

(5) 分配本月固定资产折旧费用: A 车间为 3 000 元; 机修车间为 1 000 元, 厂部为 1 400 元。

(6) 本月机修车间完成修理工时 5 000 小时, 其中为 A 车间提供 4 000 小时; 为厂部提供 1 000 小时(采用直接分配法按修理工时比例分配)。

假如你是平实厂的成本会计, 根据工厂的车间设置以及期初资料, 如何归集辅助生产费用, 编制辅助生产费用分配表, 完成成本核算账簿?

任务一 归集与分配辅助生产费用基础知识

一、辅助生产与辅助生产费用的概念

辅助生产是指为基本生产车间和行政管理部门服务而进行的产品生产和劳务供应。辅助生产所进行的产品主要包括工具、模具、修理用备件、零件制造等; 辅助生产所进行的劳务供应主要包括运输、修理、供水、供电、供气、供风等服务。

辅助生产费用是指辅助生产单位为基本生产车间、行政管理等其他部门提供在产品或劳务而发生的各项费用。辅助生产费用的高低及分配的合理与否, 将会直接影响企业的产品成本和经营管理费用的水平高低; 同时, 也只有辅助生产产品和劳务成本分配后, 才能进一步计算基本生产的产品成本。因此, 正确及时地组织辅助生产费用的归集和分配, 对于节约费用、降低成本、正确及时地计算企业产品成本有着重要的意义。

二、辅助生产费用核算的特点

辅助生产费用的核算，包括辅助生产费用的归集和辅助生产费用的分配两个方面。

(1) 辅助生产费用的归集：辅助生产费用按照辅助生产车间以及产品和劳务类别归集的过程，也是辅助生产产品和劳务成本计算的过程；辅助生产费用的归集是为辅助生产费用的分配做准备，因为只有先归集起来，才能够进行分配。

(2) 辅助生产费用的分配：即按照一定的标准和方法，将辅助生产费用分配到各受益单位或产品上去的过程。分配的及时性和准确性，影响到基本生产产品成本、经营管理费用以及经营成果核算的及时性和准确性。辅助生产费用分配的核算，是辅助生产费用核算的关键。

任务二　归集辅助生产费用

一、辅助生产费用核算的账户设置

辅助生产单位发生的费用，可以通过在"生产成本"账户中设置"辅助生产成本"二级账户来归集。

辅助生产成本二级账户按各辅助生产单位分别设置。辅助生产产品和劳务成本项目可以比照基本生产单位，设置"直接材料""直接人工"和"制造费用"等成本项目，也可以根据辅助生产单位自身的特点另行确定成本项目。

在一般情况下，辅助生产车间的制造费用应先通过"制造费用——辅助生产车间"账户进行单独归集，然后将其转入相应的"生产成本——辅助生产成本"明细账，从而计入辅助生产产品或劳务的成本。但在辅助生产车间规模很小、制造费用很少，而且辅助生产不对外提供商品，因而不需要按照规定的成本项目计算产品成本的情况下，为了简化核算工作，辅助生产的制造费用可以不通过"制造费用——辅助生产车间"明细账归集，而是直接记入"生产成本——辅助生产成本"明细账。辅助生产成本明细账的格式详见表 4-2。

表4-2　辅助生产成本明细账

车间名称：××车间　　　　　　　　　　　　　　　　　　　　　　　　　　　单位：元

20××年 月	日	凭证号数	摘　要	直接材料	直接人工	燃料及动力	折旧费	修理费	水电费	其他	合计	转出	余额
		略	原材料费用分配表										
			工资费用分配表										
			燃料费用分配表										
			固定资产折旧计算表										

成本会计

(续表)

| 20××年 | | 凭证号数 | 摘要 | 直接材料 | 直接人工 | 燃料及动力 | 折旧费 | 修理费 | 水电费 | 其他 | 合计 | 直接材料 | 直接人工 |
月	日												
			固定资产修理费用分配表										
			其他费用汇总表										
			待分配费用小计										
			本月合计										
			分配转出										

二、辅助生产费用归集的账务处理

对于在"辅助生产成本"明细账中设有专门成本项目的辅助生产费用，如原材料费用、动力费用、职工薪酬费用等，发生时应记入"生产成本"总账和所属明细账相应成本项目的借方。其中，直接计入费用应直接计入，间接计入费用则需分配计入；对于未专设成本项目的辅助生产费用，发生时应先记入"制造费用——辅助生产车间"账户归集，然后再从该账户的贷方直接转入或分配转入"生产成本"总账和所属明细账的借方。具体如图4-1所示。

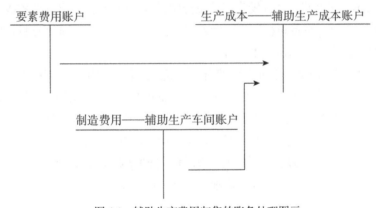

图4-1 辅助生产费用归集的账务处理图示

任务三 辅助生产费用分配核算方法

对于不同类型的辅助生产车间，辅助生产费用在归集程序和分配方法上，以及辅助生产成本计算的方法上都不尽相同，生产工具、模具和修理用备件的辅助生产车间，在模具、修理用备件完工入库时，将其成本从"生产成本——辅助生产成本"账户的贷方转入"低值易耗品"

"原材料"等账户的借方，借记"低值易耗品""原材料"等账户，贷记"生产成本——辅助生产成本"账户。以后，各车间、部门领用模具、修理用备件时，再从"低值易耗品""原材料"等账户的贷方，根据其用途转入"制造费用""管理费用""在建工程"等账户的借方。借记"制造费用""管理费用""在建工程"等账户，贷记"低值易耗品""原材料"等账户。动力、蒸汽、供水、机修和运输等车间生产和提供的电、汽、水、修理和运输等产品和劳务所发生的费用，则要在各受益单位之间按照所耗数量或其他比例进行分配。分配时，应从"生产成本——辅助生产成本"账户的贷方转入"生产成本——基本生产成本""制造费用""管理费用""在建工程"科目的借方，借记"生产成本——基本生产成本""制造费用""管理费用""在建工程"等科目，贷记"生产成本——辅助生产成本"科目。

辅助生产费用的分配，应通过辅助生产费用分配表进行。分配辅助生产费用的方法很多，主要包括直接分配法、交互分配法、代数分配法和计划成本分配法等。

一、直接分配法

直接分配法是指虽然辅助生产车间之间存在互相提供产品和劳务的情况，但是在分配辅助生产成本时并不考虑各辅助生产车间之间相互提供产品和劳务的情况，而是将各种辅助生产成本直接分配给辅助生产以外的各受益对象。

采用直接分配法进行分配，辅助生产单位相互提供的劳务不相互分配费用，因此在计算费用分配率(产品或劳务的单位成本)时，应剔除辅助生产单位相互提供的产品和劳务数量，具体的计算公式如下：

$$某辅助生产费用直接分配率=\frac{该辅助生产直接发生的费用总额}{辅助生产以外的各部门耗用总数量}$$

辅助生产部门外部某受益对象应负担的辅助生产费用＝受益对象接受的劳务量×辅助生产费用的直接分配率

【例4-1】华为工厂设有供电和供水两个辅助生产车间，在分配结转前，"生产成本——辅助生产成本"账户归集的本月辅助生产费用：供电车间为69 440元，供水车间为35 000元。该厂本月辅助生产车间提供的产品和劳务供应量见表4-3。

要求：采用直接分配法计算各受益部门应承担的辅助生产费用，并编制相应的会计分录。

表4-3 华为工厂辅助生产车间提供的产品和劳务供应量汇总表

受益车间、部门		供电数量/度	供水数量/吨
辅助生产车间	供电车间		800
	供水车间	12 000	
基本生产车间	产品生产	80 000	6 000
	一般消耗	12 000	1 000
厂部管理部门耗用		8 000	3 000
合 计		112 000	10 800

解析:

(1) 计算对外分配费用的分配率:

$$供电车间费用分配率 = \frac{69\,440}{112\,000 - 12\,000} = \frac{69\,440}{100\,000} = 0.694\,4(元/度)$$

$$供水车间费用分配率 = \frac{35\,000}{10\,800 - 800} = \frac{35\,000}{10\,000} = 3.5(元/吨)$$

(2) 将辅助生产费用分配给辅助生产车间以外的受益对象,各受益对象应负担的电费和水费分别为:

基本生产车间产品耗用电费 = $80\,000 \times 0.694\,4 = 55\,552(元)$

基本生产车间一般耗用电费 = $12\,000 \times 0.694\,4 = 8\,333(元)$

厂部管理部门应负担电费 = $8\,000 \times 0.694\,4 = 5\,555(元)$

基本生产车间产品耗用水费 = $6\,000 \times 3.5 = 21\,000(元)$

基本生产车间一般耗用水费 = $1\,000 \times 3.5 = 3\,500(元)$

厂部管理部门应负担水费 = $3\,000 \times 3.5 = 10\,500(元)$

实际工作中,辅助生产费用分配是通过编制辅助生产费用分配表进行的,本例辅助生产费用分配表如表4-4所示。

表4-4 辅助生产费用分配表(直接分配法)

项 目	分配电费		分配水费		对外分配金额合计 /元
	数量/度	金额/元	数量/吨	金额/元	
待分配费用		69 440		35 000	104 440
劳务供应问题	112 000		10 800		
其中:辅助生产以外单位	100 000		10 000		
费用分配率(单位成本)		0.694 4		3.5	
受益对象					
供电车间			(800)		
供水车间	(12 000)				
基本生产车间					
产品生产	80 000	55 552	6 000	21 000	76 552
一般消耗	12 000	8 333	1 000	3 500	11 833
厂部管理部门	8 000	5 555	3 000	10 500	16 055
合 计	100 000	69 440	10 000	35 000	104 440

(3) 根据辅助生产费用分配表(见表4-4),编制分配结转辅助生产费用的会计分录如下:

借: 生产成本——辅助生产成本　　　　　76 552

制造费用——基本生产车间　　　　11 833

管理费用　　　　　　　　　　　16 055

贷: 生产成本——辅助生产成本——供电　69 440

生产成本——辅助生产成本——供水　35 000

采用这种方法，分配结转比较简单，但由于各辅助生产车间之间相互提供的产品和劳务没有相互分配费用，当各辅助生产车间之间相互提供的产品和劳务成本差额较大时，会影响分配结果的准确性。因此，该种方法只适用于辅助车间之间相互提供劳务较少，不进行交互分配辅助生产成本和产品成本影响不大的企业。

二、交互分配法

交互分配法是辅助生产车间先进行一次相互分配，然后再将辅助生产费用对辅助生产车间外部各受益对象进行分配的一种辅助生产费用的分配方法。

交互分配法分配辅助生产费用分两个步骤进行：首先对内进行交互分配，也就是在各辅助生产车间、部门之间，按相互提供的劳务数量和交互分配的费用分配率，进行交互分配；然后对外进行分配，也就是在辅助生产车间、部门以外的各受益产品、车间、部门之间，按其接受的劳务数量和对外分配率进行分配。具体的计算公式如下：

第一步：对内交互分配。

$$某辅助生产费用交互分配率 = \frac{该辅助生产车间交互分配前归集的费用}{该辅助生产车间的劳务供应总量}$$

该辅助生产费用交互分配额 = 该辅助生产车间对内的劳务量 × 该辅助生产费用交互分配率

交互分配后辅助生产费用 = 交互分配前的费用 + 交互分配转入的费用 − 交互分配转出的费用

需要指出：进行交互分配时，接受劳务将转入费用，提供劳务则转出费用。

第二步：对外分配。

$$某辅助生产费用对外分配率 = \frac{该辅助生产车间交互分配后的费用}{该辅助生产车间对外提供的劳务供应总量}$$

辅助生产车间外部某一受益对象应负担的辅助生产费用 = 该受益对象接受的劳务量 × 某辅助生产费用对外分配率

【例4-2】根据例4-1提供的华为工厂资料，采用交互分配法计算各受益部门应承担的辅助生产费用，并编制相应的会计分录。

(1) 计算对内交互分配率：

供电车间交互分配率 = 69 440 ÷ 112 000 = 0.62(元/度)

供水车间交互分配率 = 35 000 ÷ 10 800 = 3.24(元/吨)

(2) 计算对内交互分配额：

供电车间应负担水费 = 800 × 3.24 = 2 592(元)

供水车间应负担电费 = 12 000 × 0.62 = 7 440(元)

(3) 计算交互分配后各辅助生产车间费用额：

供电车间交互分配后的费用额 = 69 440 + 2 592 − 7 440 = 64 592(元)

供水车间交互分配后的费用额 = 35 000 + 7 440 − 2 592 = 39 848(元)

(4) 计算对外分配率:

供电车间对外分配率 = 64 592 ÷ (112 000 - 12 000) = 0.645 92(元/度)

供水车间对外分配率 = 39 848 ÷ (10 800 - 800) = 3.984 8(元/吨)

(5) 将辅助生产费用分配给辅助生产以外的受益对象,各受益对象应负担的电费和水费分别为:

基本生产车间产品生产应负担的电费 = 80 000 × 0.645 92 = 51 674(元)

基本生产车间一般消耗应负担的电费 = 12 000 × 0.645 92 = 7 751(元)

厂部管理部门应负担的电费 = 8 000 × 0.645 92 = 5 167(元)

基本生产车间产品生产应负担的水费 = 6 000 × 3.984 8 = 23 909(元)

基本生产车间一般消耗应负担的水费 = 1 000 × 3.984 8 = 3 985(元)

厂部管理部门应负担的水 = 3 000 × 3.984 8 = 11 954(元)

根据计算结果编制交互分配法的辅助生产费用分配表,如表4-5所示。

表4-5 辅助生产费用分配表(交互分配法)

项 目	交互分配				对外分配				金额
	分配电费		分配水费		分配电费		分配水费		合计/元
	数量/度	金额/元	数量/吨	金额/元	数量/度	金额/元	数量/吨	金额/元	
待分配费用		69 440		35 000		64 592		39 848	104 440
劳务供应总量	112 000		10 800		100 000		10 000		
费用分配率		0.62		3.24		0.645 92		3.984 8	
受益对象									
供电车间			800	2592					
供水车间	12 000	7 440							
基本生产车间									
产品生产					80 000	51 674	6 000	23 909	75 583
一般消耗					12 000	7 751	1 000	3 985	11 736
厂部管理部门					8 000	5 167	3 000	11 954	17 121
合 计		7 440			100 000	64 592	10 000	39 848	104 440

(6) 根据辅助生产费用分配表(见表4-5),编制分配结转辅助生产费用的会计分录如下:

交互分配:

借: 生产成本——辅助生产成本——供电   2 592

      ——辅助生产成本——供水   7 440

| 贷: 生产成本——辅助生产成本——供电 | 7 440 |
| ——辅助生产成本——供水 | 2 592 |

对外分配:

借: 生产成本——基本生产成本	75 583
制造费用	11 736
管理费用	17 121
贷: 生产成本——辅助生产成本——供电	64 592
——辅助生产成本——供水	39 848

采用这种方法,由于对辅助生产车间内部相互提供产品和劳务进行了交互分配,因而分配结果的正确性提高了,但由于每一个辅助生产车间的成本都要进行内部交互分配和对外分配两个过程,因而计算工作量增大。而且,采用该方法交互分配时的费用分配率是根据交互分配前的待分配费用计算的,仍然不是各该辅助生产车间的实际单位成本,因此分配结果也只具有相对的正确性,因而该方法一般适用于各辅助生产车间之间相互提供产品和劳务较多的企业。

三、代数分配法

代数分配法是运用代数中多元一次方程的原理,先计算出各辅助生产车间产品和劳务的实际单位成本,然后根据该单位成本和各受益单位耗用辅助生产产品和劳务的数量计算分配辅助生产成本的一种方法。

设立多元一次方程式时,应注意:

(1) 每个辅助生产车间设立一个方程式。

(2) 方程式按照某辅助生产车间投入生产的总成本应当等于产出产品和劳务的总成本的思路来设立。

计算程序如下:首先,将辅助生产车间产品或劳务的单位成本设为未知数,并根据各辅助生产车间相互提供的劳务数量,求解联立方程,计算出辅助生产车间产品或劳务的单位成本;然后,再根据各受益单位(包括辅助生产车间)耗用的数量和单位成本计算分配辅助生产费用。

【例 4-3】 仍利用例 4-1 华为工厂的资料,采用代数分配法,有关计算过程如下:设华为工厂每度电的成本为 X 元,每吨水的成本为 Y 元,根据资料设立的二元一次方程组如下。

$$\begin{cases} 69\,440+800Y=112\,000X \\ 35\,000+12\,000X=10\,800Y \end{cases}$$

解此方程组得:

$$\begin{cases} X=0.648\,29 \\ Y=3.961\,07 \end{cases}$$

计算结果表明,华为工厂本月每度电的实际成本为 0.648 29 元,每吨水的实际成本为 3.961 07 元。根据计算结果编制辅助生产费用分配表,如表 4-6 所示。

表 4-6 辅助生产费用分配表(代数分配法)

项　目	分配电费		分配水费		对外分配金额
	数量/度	金额/元	数量/吨	金额/元	合计/元
待分配费用		69 440		35 000	104 440
劳务供应总量	112 000		10 800		
费用分配率		0.648 29		3.961 07	
受益对象					
供电车间			800	3 169	
供水车间	12 000	7 780			
基本生产车间					
产品生产	80 000	51 863	6 000	23 767	75 630
一般消耗	12 000	7 780	1 000	3 961	11 741
厂部管理部门	8 000	5 186	3 000	11 883	17 069
合　计	112 000	72 609	10 800	42 780	104 440

根据表 4-6 的分配结果，编制分配结转辅助生产费用的会计分录如下：

借：生产成本——辅助生产成本(供电)　　　　　3 169

　　　　——辅助生产成本(供水)　　　　　7 780

　　　　——基本生产成本　　　　　75 630

　　制造费用——基本生产成本　　　　　11 741

　　管理费用　　　　　17 069

　贷：生产成本——辅助生产成本(供电)　　　　　72 609

　　　　——辅助生产成本(供水)　　　　　42 780

　　采用这种分配方法是最科学、分配结果最正确的方法。但在分配以前要解联立方程，若辅助生产车间较多时，未知数较多，计算复杂，因而这种方法一般适用于会计电算化企业。

四、计划成本分配法

　　计划成本分配法是指辅助生产车间为各受益部门提供的产品和劳务，都按该产品和劳务的计划单位成本进行分配，辅助生产车间实际发生的成本(辅助生产原待分配费用加上辅助生产内部按计划成本交互分配转入的费用)与按计划单位成本分配转出的成本之间的差额，即辅助生产产品和劳务的成本差异，再分配给辅助生产以外的各受益对象负担。为了简化核算，也可以全部计入管理费用。

　　按计划成本分配辅助生产费用的步骤如下：

　　第一，根据各产品、车间、部门实际耗用的劳务数量和事先确定的计划单位成本分配辅助生产费用。

　　第二，计算各辅助生产车间实际发生的费用(辅助生产车间直接发生的费用+分配转入的费用)。

　　第三，计算各辅助生产车间的成本差异(实际发生的费用-按计划成本分配的费用)并进行处理。这种差异从理论上讲应在各受益部门之间进行分配,为了简化分配工作,可直接列入"管理费用"科目。如果是超支差异,应增加管理费用;如果是节约差异,则应冲减管理费用。

具体的计算公式如下:

(1) 按计划成本分配

某受益部门应负担的辅助生产费用的计划成本=该受益部门接受的劳务量 × 该辅助生产费用计划单位成本

(2) 成本差异的计算

某辅助生产车间成本差异 = 该辅助生产车间实际发生的费用 - 按计划单位成本分配出去的计划成本

辅助生产车间实际发生的费用 = 计划成本分配前已归集的费用 + 计划成本分配转入的费用

辅助生产成本差异算出后,应将差异调整分配。调整分配在会计上有两种处理方法:①将差异按辅助生产外部各受益对象的受益比例分配;②将差异全部分配计入管理费用。

【例 4-4】 根据例 4-1 提供的华为工厂的资料,假设该厂确定的计划单位成本每度电为 0.64 元,每吨水为 3.9 元。采用计划成本分配法,有关计算过程如下:

(1) 根据各产品、车间、部门实际耗用的劳务数量和事先确定的计划单位成本分配辅助生产费用,并编制辅助生产费用分配表,如表 4-7 所示。

表 4-7 辅助生产费用分配表(计划成本分配法)

项　　目	按计划成本分配				成本差异分配/元		对外分配金额合计/元
	分配电费		分配水费		供电车间	供水车间	
	数量/度	金额/元	数量/吨	金额/元			
待分配费用		69 440		35 000			104 440
劳务供应总量	112 000		10 800				
费用分配率		0.64		3.9			
受益对象							
供电车间			800	3 120			
供水车间	12 000	7 680					
基本生产车间							
产品生产	80 000	51 200	6 000	23 400			74 600
一般消耗	12 000	7 680	1 000	3 900			11 580
厂部管理部门	8 000	5 120	3 000	11 700	880	560	18 260
合　　计	112 000	71 680	10 800	42 120	880	560	104 440

(2) 计算各辅助生产车间实际发生的费用和成本差异:

供电车间实际总成本 = 69 440 + 3 120 = 72 560(元)

按计划单位成本分配转出的费用 = 112 000 × 0.64 = 71 680(元)

成本差异(超支) = 72 560 - 71 680 = 880(元)

供水车间实际总成本 = 35 000 + 7 680 = 42 680(元)

按计划单位成本分配转出的费用 = 10 800 × 3.9 = 42 120(元)

成本差异(超支) = 42 680 - 42 120 = 560(元)

(3) 根据辅助生产费用分配表(见表4-7),编制按计划单位成本分配结转辅助生产费用和成本差异的会计分录如下:

借: 生产成本——辅助生产成本(供电)　　　　　3 120
　　　　　　——辅助生产成本(供水)　　　　　7 680
　　　　　　——基本生产成本　　　　　　　　74 600
　　制造费用——基本生产成本　　　　　　　　11 580
　　管理费用　　　　　　　　　　　　　　　　16 820
　　贷: 生产成本——辅助生产成本(供电)　　　71 680
　　　　　　　　——辅助生产成本(供水)　　　42 120
借: 管理费用　　　　　　　　　　　　　　　　　1 440
　　贷: 生产成本——辅助生产成本(供电)　　　　880
　　　　　　　　——辅助生产成本(供水)　　　　560

采用这种分配方法,由于辅助生产车间的产品和劳务的计划单位成本是现有的资料,不必单独计算费用分配率,简化了计算工作。通过辅助生产成本差异的计算,能反映和考核辅助生产成本计划的执行情况。由于辅助生产的成本差异一般全部计入管理费用,各受益单位所负担的辅助生产产品和劳务费用都不包括辅助生产成本差异因素(价差因素),便于考核和分析各受益单位的经济责任。但是,采用该方法辅助生产劳务的计划单位成本必须比较准确,否则会影响分配结果的准确性。

知 识 归 纳

辅助生产费用是辅助生产车间为企业基本生产车间和行政管理部门等提供产品或劳务而发生的各项费用。

辅助生产费用的核算,包括辅助生产费用的归集和辅助生产费用的分配两个方面。辅助生产费用的归集是辅助生产车间以及产品和劳务类别归集的过程,也是辅助生产产品和劳务成本计算的过程,归集是为辅助生产费用的分配做准备。辅助生产费用的分配,是指按照一定的标准和方法,将辅助生产费用分配到各受益单位或产品上去的过程。

辅助生产费用的分配,应通过辅助生产费用分配表进行。分配辅助生产费用的方法很多,主要包括直接分配法、交互分配法、代数分配法和计划成本分配法等。

直接分配法分配结转比较简单,该种方法只适用于辅助车间之间相互提供劳务较少,不进行交互分配辅助生产成本和产品成本影响不大的企业。交互分配法由于对辅助生产车间内部相互提供产品和劳务进行了交互分配,因而分配结果的正确性提高了,但计算工作量大,且交互分配时的分配率是根据交互分配前的待分配费用计算的,仍然不是各该辅助生产车间的实际单位成本,因此分配结果也只具有相对的正确性。因而该方法一般适用于各辅助生产车间之间相互提供产品和劳务较多的企业。代数分配法在分配以前要解联立方程,若辅助生产车间较多时,未知数较多,计算复杂,一般只适用于会计电算化企业。计划成本分配法简化了计算工作,通过辅助生产成本差异的计算，能反映和考核辅助生产成本计划的执行情况，便于考核和分析各受益单位的经济责任。但是，采用该方法辅助生产劳务的计划单位成本必须比较准确，否则会影响分配结果的准确性。

达标检测

一、简答题

1. 辅助生产费用核算的特点是什么？

2. 辅助生产费用归集的明细核算如何进行？

3. 辅助生产费用分配有哪几种方法？各种方法有哪些优缺点？

4. 请比较直接分配法与交互分配法的账务处理有什么不同？

5. 辅助生产费用分配方法中，代数分配法是最准确的，你同意吗？请说明理由。

二、单项选择题

1. ( )是指为基本生产车间和行政管理部门服务而进行的产品生产和劳务供应。

    A. 辅助生产　　　　　　　　　　B. 辅助生产费用

    C. 基本生产　　　　　　　　　　D. 基本生产费用

2. 辅助生产单位发生的费用，可以通过在( )账户中设置"辅助生产成本"二级账户来归集。

    A. 管理费用　　　　　　　　　　B. 生产成本

    C. 制造费用　　　　　　　　　　D. 基本生产成本

3. 在辅助生产车间规模很小，制造费用很少，而且辅助生产不对外提供商品，因而不需要按照规定的成本项目计算产品成本的情况下，为了简化核算工作，辅助生产的制造费用可以不通过( )明细账单独归集，而是直接记入"生产成本——辅助生产成本"明细账。

    A. 管理费用　　　　　　　　　　B. 生产成本

    C. 制造费用　　　　　　　　　　D. 基本生产成本

4. 在下列各种分配方法当中，属于辅助生产费用分配方法的是( )。

    A. 约当产量法　　　　　　　　　B. 按计划成本分配法

    C. 按定额成本分配法　　　　　　D. 生产工时比例分配法

5. 采用直接分配法分配辅助生产费用时，各辅助生产车间费用分配率计算公式中的分母数应是( )。

    A. 该辅助生产车间向基本生产车间提供的劳务总量

    B. 该辅助生产车间向行政管理部门提供的劳务总量

    C. 该辅助生产车间提供的劳务总量

    D. 该辅助生产车间向基本生产车间和行政管理部门提供的劳务总量

6. (　　)是辅助生产车间先进行一次相互分配，然后再将辅助生产费用对辅助生产车间外部各受益对象进行分配的一种辅助生产费用的分配方法。

    A. 直接分配法   B. 交互分配法

    C. 代数分配法   D. 计划成本分配法

7. 辅助生产费用的交互分配法，交互分配是在(　　)。

    A. 各受益单位间进行分配

    B. 受益的各辅助生产车间之间分配

    C. 辅助生产车间以外的受益单位之间分配

    D. 受益的各基本生产车间之间分配

8. 采用交互分配法分配辅助生产费用时，计算第二阶段直接分配率的分子数应是(　　)。

    A. 该辅助生产车间直接发生的费用

    B. 该辅助生产车间直接发生的费用加上分配转入的费用

    C. 该辅助生产车间直接发生的费用加上分配转入减去分配转出的费用

    D. 该辅助生产车间直接发生的费用减去分配转出的费用

9. 辅助生产费用的分配方法中，分配结果最为准确的方法是(　　)。

    A. 直接分配法   B. 交互分配法

    C. 代数分配法   D. 计划成本分配法

10. 下列辅助生产费用分配的方法中，在辅助生产车间之间分配费用的方法是(　　)。

    A. 直接分配法   B. 交互分配法

    C. 代数分配法   D. 计划成本分配法

11. 代数分配法运用了代数中多元一次方程的原理计算分配辅助生产成本，它是各种分配方法中(　　)。

    A. 计算最简单的一种方法   B. 最科学、分配结果最正确的方法

    C. 适用于各种企业的方法   D. 分配结果不一定准确的方法

12. (　　)是指辅助生产车间为各受益部门提供的产品和劳务，都按该产品和劳务的计划单位成本进行分配，辅助生产车间实际发生的成本与按计划单位成本分配转出的成本之间的差额，即辅助生产产品和劳务的成本差异，再分配给辅助生产以外的各受益对象负担。

    A. 直接分配法   B. 交互分配法

    C. 代数分配法   D. 计划成本分配法

13. 采用(　　)方法进行分配，辅助生产单位相互提供的劳务不相互分配费用，因此在计算费用分配率时，要剔除辅助生产单位相互提供的产品和劳务数量。

    A. 直接分配法   B. 交互分配法

    C. 代数分配法   D. 计划成本分配法

14. 采用计划成本分配法分配辅助生产费用时，实际成本与按计划成本分配的差额应于期末时列入(　　)。

    A. 制造费用   B. 管理费用

    C. 财务费用   D. 生产成本

15. 采用(   )方法，辅助生产劳务的计划单位成本必须比较准确，否则会影响分配结果的准确性。

    A. 直接分配法   B. 交互分配法

    C. 代数分配法   D. 计划成本分配法

三、多项选择题

1. 下列关于辅助生产费用的说法正确的是(   )。

    A. 辅助生产费用是辅助生产单位为基本生产车间、行政管理等其他部门提供在产品或劳务而发生的各项费用

    B. 辅助生产费用的高低及分配的合理与否，将会直接影响企业的产品成本和经营管理费用的水平高低

    C. 只有辅助生产产品和劳务成本分配后，才能进一步计算基本生产的产品成本

    D. 辅助生产费用分配的方法主要有四种

2. 辅助生产费用的核算，包括辅助生产费用的(   )。

    A. 归集   B. 分配   C. 生产   D. 处置

3. 辅助生产费用分配的方法有(   )。

    A. 直接分配法   B. 交互分配法

    C. 代数分配法   D. 计划成本分配法

4. 采用直接分配法进行分配，辅助生产单位相互提供的劳务一般(   )。

    A. 不相互分配费用

    B. 相互分配费用

    C. 计算费用分配率时，剔除辅助生产单位相互提供的产品和劳务数量

    D. 计算费用分配率时，无须剔除辅助生产单位相互提供的产品和劳务数量

5. 直接分配法的特点有(   )。

    A. 分配结转比较简单

    B. 分配结果不准确

    C. 辅助生产车间之间相互提供的劳务，不相互分配费用

    D. 适用于辅助车间之间相互提供劳务较少的企业

6. 在辅助生产费用分配方法中，考虑了辅助生产单位之间交互分配费用的方法有(   )。

    A. 直接分配法   B. 交互分配法

    C. 代数分配法   D. 计划成本分配法

7. 交互分配法分配辅助生产费用分两个步骤进行，分别是(   )。

    A. 对内进行交互分配

    B. 对外进行分配

    C. 在各辅助生产车间、部门之间进行分配

    D. 在辅助生产车间、部门以外的各受益产品、车间、部门之间进行分配

8. 采用代数分配法分配辅助生产车间费用时，分配结转辅助生产费用的会计分录中对应的借方科目主要有(　　)。

    A. 生产成本——辅助生产成本   B. 生产成本——基本生产成本

    C. 制造费用   D. 管理费用

9. 代数分配法分配的特点是(　　)。

    A. 解联立方程

    B. 若辅助生产车间较多时，未知数较多，计算复杂

    C. 适用于会计电算化企业

    D. 要考虑辅助生产车间之间相互提供的劳务

10. 采用计划成本分配法的特点是(　　)。

    A. 有计划单位成本的资料

    B. 不必单独计算费用分配率

    C. 便于考核和分析各受益单位的经济责任

    D. 计算的分配结果准确

四、判断题

1. 辅助生产单位发生的费用，可以通过在"生产成本"账户中设置"辅助生产成本"二级账户来归集。（　　）

2. 辅助生产费用是辅助生产单位为基本生产车间、行政管理等其他部门提供在产品或劳务而发生的各项费用。（　　）

3. 辅助生产费用的核算，包括辅助生产费用的归集和辅助生产费用的分配。（　　）

4. 在一般情况下，辅助生产车间的制造费用应先通过"制造费用——辅助生产车间"账户进行单独归集。（　　）

5. 对于不同类型的辅助生产车间，辅助生产费用在归集程序和分配方法上以及辅助生产成本计算的方法上都基本相同。（　　）

6. 分配辅助生产费用的方法很多，主要包括：直接分配法、交互分配法、定额成本分配法和计划成本分配法等。（　　）

7. 采用直接分配法，辅助生产车间之间相互提供的劳务，不相互分配费用。（　　）

8. 交互分配法一般适用于各辅助生产车间之间相互提供产品和劳务较多的企业。（　　）

9. 采用交互分配法，交互分配以后各辅助生产车间的待分配费用，应分配给全部受益对象。（　　）

10. 直接分配法是辅助生产费用分配方法中分配结果最为准确的方法。（　　）

11. 辅助生产车间的交互分配法，先进行辅助生产车间之间的交互分配，然后进行对外分配。（　　）

12. 代数分配法运用了代数中多元一次方程的原理计算分配辅助生产成本。（　　）

13. 采用计划成本分配法的前提是辅助生产劳务的计划单位成本必须比较准确，否则会影响分配结果的准确性。（　　）

14. 采用计划成本分配法，辅助生产的成本差异一般可以全部计入管理费用。（　　）

15. 按计划成本分配法是分配方法是最科学、分配结果最正确的方法。（　　）

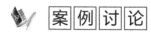 案例讨论

某企业设有供电和供水两个辅助生产车间，某月归集的费用和提供的劳务数量如表4-8所示。

表4-8 两个车间归集的费用和提供的劳务数量

辅助生产车间	待分配费用/元	计量单位	供电车间耗用	供水车间耗用	基本生产车间甲产品耗用	管理部门耗用	劳务数量合计
供电车间	9 840	度		5 640	38 760	4 800	49 200
供水车间	5 260	吨	6 560		37 910	8 130	52 600

要求：

(1) 请用直接分配法分配辅助生产车间的生产费用并做出相应的会计分录。

(2) 请用交互分配法分配辅助生产车间的生产费用并做出相应的会计分录。

(3) 设该厂按计划成本分配辅助生产车间费用，计划单位成本为：水每吨0.12元，电每度0.25元。请用计划成本分配法分配辅助生产车间的生产费用并做出相应的会计分录。

(4) 请用代数分配法分配辅助生产车间的生产费用并做出相应的会计分录。

项目五 归集与分配制造费用

🔍 学习目标

　　明确制造费用的内容；知道制造费用归集的账户设置；理解制造费用的归集与分配的基本程序。掌握制造费用的归集和分配；能熟练应用制造费用的分配方法。

🔍 能力目标

　　理解制造费用的归集与分配的基本程序；掌握制造费用的归集和分配及账务处理；能熟练应用制造费用的分配方法。

🔍 案例导入

　　平实厂下设一个基本生产车间(A车间)和一个辅助生产车间(机修车间)，基本生产车间生产121#、122#两种产品，为大批大量生产。期初在产品成本如表5-1所示。

表5-1　期初在产品成本明细表

成本项目	121#	122#
直接材料	40 800	18 000
直接人工	24 000	6 000
制造费用	32 762	9 254
合　　计	97 562	33 254

　　该厂2017年1月份发生下列经济业务：

　　(1)　A车间领用材料120 000元，其中直接用于121#产品的Ⅰ号材料30 000元，直接用于 122#产品的Ⅱ号材料 28 000 元,121#、122#产品共同耗用Ⅲ材料 62 000 元(121#产品定额消耗量为 6 000 千克,122#产品的定额消耗量为 4 000 千克),A 车间机物料消耗 8 000 元;辅助生产车间领用材料 13 000 元;厂部领用 9 000 元;共计 150 000 元。

(2) 本月工资总额 63 000 元,其中:A 车间生产工人工资 40 000 元(按 121#、122#产品耗用的生产工时比例分配,121#产品生产工时为 6 000 小时,122#产品生产工时为 2 000 小时),车间管理人员工资为 7 000 元;机修车间工人工资 12 000 元;厂部管理人员工资 4 000 元;共计 63 000 元。

(3) 按工资总额的 14%计提职工福利费用。

(4) 分配本月电费,根据电表记录:121#产品耗电 10 000 度,122#产品耗电 4 000 度,A 车间照明用电 100 度;厂部耗电 3 000 度;机修车间耗电 2 000 度。

(5) 分配本月固定资产折旧费用:A 车间为 3 000 元;机修车间为 1 000 元,厂部为 1 400 元。

(6) 本月机修车间完成修理工时 5 000 小时,其中为 A 车间提供 4 000 小时;为厂部提供 1 000 小时(采用直接分配法按修理工时比例分配)。

(7) A 车间的制造费用按甲、乙产品生产工时比例分配。

假如你是平实厂的成本会计,根据工厂的车间设置以及期初资料,如何归集制造费用,编制制造费用分配表,完成成本核算账簿?

任务一 归集与分配制造费用基础知识

一、制造费用概述

1. 制造费用的概念和内容

制造费用是指企业为生产产品(或提供劳务)而发生的各项间接费用,是在生产过程中发生的除了直接材料和直接人工以外的生产成本。主要包括各个生产单位为组织和管理生产而发生的各项费用、直接用于产品生产但未专设成本项目费用和间接用于产品生产的各项费用。

(1) 制造费用大部分是间接用于产品生产的费用,如机物料消耗,辅助生产工人的工资及福利费,车间房屋及建筑物的折旧费、修理费、保险费、租赁费,车间生产用的照明费、取暖费、劳动保护费以及季节性停工和生产用固定资产修理期间的停工损失等。制造费用中还有一部分直接用于产品生产的直接生产费用,但管理上不要求或者核算上不便于单独核算,因而没有专设成本项目,比如机器设备的折旧费、修理费、租赁费、保险费,生产工具摊销,设计制图费和试验检验费等。

(2) 制造费用还包括车间用于组织和管理生产的费用，这些费用的性质本属于管理费用，但由于它们是生产车间的管理费用，与生产车间的制造费用很难严格划分，为简化核算工作，也将它们作为制造费用进行核算。比如，生产车间管理人员工资及福利费，车间管理用房屋和设备的折旧费、修理费、租赁费、保险费，车间管理用具摊销，车间管理用的照明费、水费、取暖费、差旅费、办公费、电话费等。如果企业的组织机构分为车间、分厂和总厂等若干层次，企业的分厂与企业的生产车间相似，也是企业的生产单位，因而其发生的用于组织和管理生产的费用，也作为制造费用核算。

(3) 制造费用的内容比较复杂，为了减少费用项目，简化制造费用的核算工作，通常将上述费用相同性质的费用合并设立相应的费用项目。比如将生产工具和管理用具的摊销合并设立"低值易耗品摊销"项目，将辅助生产人员和管理人员工资及福利费合并设立"工资及福利费"项目，将车间用于生产的房屋租赁费与用于车间管理的房屋租赁费合并设立"租赁费"项目等等。一般，制造费用的项目包括机物消耗、工资及福利费、折旧费、修理费、租赁费(不包括融资租赁费)、保险费、低值易耗品摊销、水电费、取暖费、劳动保护费、设计制图费、试验检验费、差旅费、办公费和在产品盘亏、毁损和报废以及季节性及修理期间停工损失等。

制造费用项目可以根据企业自己的生产特点和管理上的要求进行调整，既可以合并或进一步细分，也可以另行设立制造费用项目。但是，制造费用项目一经确定，不应任意变更。

2. 制造费用的分配

如果一个车间只生产一种产品，所发生的制造费用直接计入该种产品的成本；如果一个车间生产多种产品，所发生的制造费用，应采用适当的分配方法分配计入各种生产产品的成本。在企业的组织机构分车间、分厂和总厂等若干层次的情况下，分厂发生的制造费用，也应比照车间发生的制造费用进行分配。

制造费用每月归集后在月末要在完工产品和未完工产品中进行分配，企业应当根据制造费用的性质，合理地选择制造费用分配方法，确定制造费用的分配方法，应使其具有以下特性：

(1) 共有性，即各应承担制造费用的对象都具有该分配标准的资料；

(2) 比例性，即分配标准与制造费用之间存在客观的因果比例关系，分配标准总量的变化对制造费用总额的多少有较密切的依存关系；

(3) 易得性，即各受益对象所耗用分配标准的资料较为容易地取得；

(4) 可计量性，即各受益对象所耗用标准的数量可以客观地进行计量；

(5) 稳定性，即使用的分配标准相对稳定，不宜经常变动，便于各期间的成本比较分配。

企业根据各生产单位制造费用的特性和生产特点选定分配标准后，就可进入具体的分配过程。

二、制造费用的核算账户

为了归集制造费用，控制制造费用总额，正确计算产品成本，企业应设置"制造费用"总分类账户。在制造费用总分类账户下，应当按照生产单位设置制造费用明细账，并按照制造费用项目设专栏组织制造费用的明细核算。"制造费用"借方归集某会计期间企业为生产产品和提供劳务而发生的各项间接费用，包括职工工资、折旧费、修理费、动力费、办公费、水电费、低值易耗品摊销、机物料消耗、劳动保护费、季节性和修理期间的停工损失等；贷方登记在会计报告期末分配计入各种产品成本的制造费用，期末一般无余额。制造费用明细账详见表 5-2。

表 5-2　制造费用明细账

车间名称：××车间　　　　　　　　　　　　　　　　　　　　　　　　　　　　　　　　　　单位：元

20××年		凭证号数	摘　　要	工资	材料费	燃料及动力	折旧费	办公费	水电费	其他	合计	转出	余额
月	日												
		略	原材料费用分配表										
			工资费用分配表										
			外购动力分配表										
			折旧计算表										
			辅助生产分配表										
			本月合计										
			分配转出										

任务二　归集制造费用

制造费用的归集，是在制造费用发生时，借记 "制造费用——××费用" 账户，贷记 "银行存款""原材料""累计折旧""应付职工薪酬""生产成本——辅助生产成本" 等科目。月末，"制造费用" 总账科目和所属明细账的借方为本月归集的制造费用数额，应按一定的方法将其分配计入各种产品的成本。

任务三　分配制造费用

一、制造费用分配的程序

通过制造费用的归集，企业在某一会计期间发生的制造费用都已归属到了制造费用的明细账内，在会计期末，为了正确计算产品的生产成本，还要将其合理地分配到有关产品成本中去。分配的原则是：在基本生产车间只生产一种产品的情况下，其归集的制造费用是直接计入该种产品的成本；在生产多种产品的情况下，则属于间接计入费用，应采用适当的分配方法，分配计入各产品的生产成本。

分配的计算公式为：

$$制造费用分配率 = \frac{制造费用总额}{各种产品所用分配标准之和}$$

某种产品应分配的制造费用 = 该种产品所用分配标准 × 制造费用分配率

分配制造费用需要选择一定的标准进行，常用的标准有生产工人工时、生产工人工资、机器工时和年度计划分配率等。由此产生了生产工人工时比例法、生产工人工资比例法、机器工时比例法和按年度计划分配率分配法等制造费用的分配方法。分配方法一经确定，不宜任意变更。

二、制造费用分配的方法

1. 生产工人工时比例法

生产工人工时比例法(简称生产工时比例法)，是一种按照各种产品所用生产工人实际工时的比例分配制造费用的方法。其计算公式为：

$$制造费用分配率 = \frac{该车间制造费用总额}{该车间生产工时总数}$$

某产品应分配的制造费用 = 该产品生产工时数 × 制造费用分配率

【例5-1】华实工厂基本生产车间生产甲、乙、丙三种产品，本月制造费用明细账汇集的费用总额为 26 860 元，该车间本月完成生产工时 6 000 小时，其中甲产品 1 500 小时，乙产品 2 500小时，丙产品 2 000 小时。要求采用生产工时比例法分配本月制造费用，完成"制造费用分配表"(见表 5-3)，并编制分配结转本月制造费用的会计分录。

(1) 计算制造费用分配率

制造费用分配率 = 26 860 ÷ 6 000 = 4.477(元/工时)

(2) 计算产品应分配的制造费用

甲产品应分配的制造费用 = 1 500 × 4.477 = 6 715.5(元)

乙产品应分配的制造费用 = 2 500 × 4.477 = 11 192.5(元)

丙产品应分配的制造费用 = 26 860 − 6 715.5 − 11 192.5 = 8 952(元)

表 5-3　制造费用分配表(生产工时比例法)

车间名称：××车间　　　　　　　　　　　　　　　　　　　　　　　　　　　单位：元

产品名称	生产工时	分配率	分配金额
甲产品	1 500		6 715.5
乙产品	2 500		11 192.5
丙产品	2 000		8 952
合　计	6 000	4.477	26 860

(3) 根据制造费用分配表，编制会计分录如下：

借：生产成本——基本生产成本(甲产品)　　　　　6 715.5

	——基本生产成本(乙产品)	11 192.5
	——基本生产成本(丙产品)	8 952
贷:	制造费用——××车间	26 860

按生产工人工时比例分配制造费用，能将劳动生产率与产品负担的制造费用结合起来，使分配结果比较合理。如果劳动生产率提高，则单位产品生产工时减少，所负担的制造费用也就降低，因此，它是一种比较好的分配方法，在实际工作中用得较多。

2. 生产工人工资比例法

生产工人工资比例法(简称生产工资比例法)，是按照计入各种产品成本的生产工人实际工资的比例分配制造费用的方法。其计算公式为：

$$制造费用分配率 = \frac{该车间制造费用总额}{该车间生产工人工资总额}$$

$$某产品应分配的制造费用 = 该产品生产工人工资数 \times 制造费用分配率$$

【例5-2】 华悦工厂基本生产车间生产甲、乙两种产品，本月制造费用明细账汇集的费用总额为210 000元，该车间本月生产工人工资200 000元，其中甲产品生产工人工资为120 000元，乙产品生产工人工资为80 000元。

要求：采用生产工人工资比例法分配本月制造费用，完成"制造费用分配表"(见表5-4)，并编制分配结转本月制造费用的会计分录。

解析：

(1) 计算制造费用分配率

制造费用分配率 = 210 000 ÷ 200 000 = 1.05

(2) 计算产品应分配的制造费用

甲产品应分配的制造费用 = 120 000 × 1.05 = 126 000(元)

乙产品应分配的制造费用 = 80 000 × 1.05 = 84 000(元)

表5-4 制造费用分配表(生产工资比例法)

车间名称：××车间　　　　　　　　　　　　　　　　　　　　　　　　　　　单位：元

产品名称	生产工人工资	分配率	分配金额
甲产品	120 000		126 000
乙产品	80 000		84 000
合　计	200 000	1.05	210 000

(3) 根据制造费用分配表，编制会计分录如下：

借: 生产成本——基本生产成本(甲产品)　　126 000

　　　　　——基本生产成本(乙产品)　　　84 000

　　贷: 制造费用——××车间　　　　　　　210 000

由于生产工人工资的资料比较容易取得，因而采用生产工人工资比例法分配制造费用，核算工作很简便。但是采用这种方法，各种产品的机械化程度应该差不多，否则会影响费用分配的合理性。

3. 机器工时比例法

机器工时比例法是按照各种产品生产所用机器设备运转时间的比例分配制造费用的一种方法。其计算公式为：

$$制造费用分配率 = \frac{该车间制造费用总额}{该车间机器工时总数}$$

某产品应分配的制造费用 = 该产品耗用的机器工时数 × 制造费用分配率

应当指出，当生产车间机器设备差别较大时，不同机器设备在同一运转时间内的费用差别也会较大。也就是说，被加工产品在较为高级精密或大型机器设备上加工一小时所应负担的费用，与在较小型机器设备上加工一小时所负担的费用，应当有所区别。上述公式分母为该车间各种产品实际机器工时之和，而当一个生产车间内存在使用和维修费用差别较大的机器设备时，应将机器设备按单位工时费用发生的多少合理分类，确定各类机器的工时换算系数。各种产品实际机器运转小时，应当按照机器设备的工时换算系数，换算成标准机器运转小时，将标准机器工时作为分配制造费用的依据，标准机器工时的计算公式如下：

某产品标准机器工时 = 该产品实际机器工时 × 机器设备的工时换算系数

【例5-3】 华达工厂基本生产车间使用A、B两类设备，生产甲、乙、丙三种产品，本月制造费用明细账汇集的费用总额为583 200元，该车间本月机器总工时为165 000小时，其中甲产品53 000小时，乙产品56 000小时，丙产品56 000小时；本月A类设备运转90 000小时，其中甲产品34 000小时，乙产品16 000小时，丙产品40 000小时，B类设备运转75 000小时，其中甲产品19 000小时，乙产品40 000小时，丙产品16 000小时。该车间A类设备为一般设备，工时系数定为1(标准设备系数)，B类设备为高级精密大型设备，按照设备使用和维修费用发生情况(与A类设备比较)，工时系数定为1.5。

要求：采用机器工时比例法分配本月制造费用，完成"制造费用分配表"(见表5-5)，并编制分配结转本月制造费用的会计分录。

解析：

(1) 计算制造费用分配率

制造费用分配率 = 583 200 ÷ 202 500 = 2.88(元/工时)

表5-5 制造费用分配表(机器工时比例法)

车间名称：××车间 　　　　　　　　　　　　　　　　　　　　　　　　　　单位：元

产品名称	标准机器工时			标准机器工时合计	费用分配率	分配金额
	A类设备标准工时	B类设备(系数1.5)				
		实际工时	标准工时			
甲产品	34 000	19 000	28 500	62 500		180 000
乙产品	16 000	40 000	60 000	76 000		218 880
丙产品	40 000	16 000	24 000	64 000		184 320
合 计	90 000	75 000	112 500	202 500	2.88	583 200

(2) 计算产品应分配的制造费用

甲产品应分配的制造费用 = (34 000 + 28 500) × 2.88 = 180 000(元)

乙产品应分配的制造费用 = (16 000 + 60 000) × 2.88 = 218 800(元)

丙产品应分配的制造费用 = (40 000 + 24 000) × 2.88 = 184 320(元)

(3) 根据制造费用分配表，编制会计分录

借：生产成本——基本生产成本(甲产品)　　180 000

　　　　　　——基本生产成本(乙产品)　　218 880

　　　　　　——基本生产成本(丙产品)　　184 320

　　贷：制造费用——××车间　　　　　　　　583 200

表 5-5 中，制造费用的分配因为考虑了设备的工时系数，在乙产品和丙产品机器工时同为 56 000 小时的情况下，由于乙产品在 B 类设备上加工的工时较多，乙产品多负担制造费用 34 560 元(218 880 – 184 320)，这样就比较合理。为了提高分配结果的合理性，企业还可以将制造费用加以分类，如分为与机器设备有关的费用和为组织、管理生产而发生的费用两类，分别采用适当的分配方法进行分配。例如，前者采用机器工时比例法分配，后者采用生产工时比例法分配。

采用机器工时比例法分配制造费用，适用于产品生产的机械化程度较高的车间，因为在这种车间的制造费用中，与机器设备使用有关的费用比重较大，而这一部分费用与机器设备运转的时间有着密切的联系。采用这种方法，必须具备各种产品所用机器工时的原始记录。

4. 按年度计划分配率分配法

按年度计划分配率分配法是按照年度开始前确定的全年度适用的计划分配率分配制造费用的一种方法。其计算公式为：

$$年度计划分配率 = \frac{年度计划制造费用总额}{年度各种产品计划产量的定额工时总数}$$

$$某产品某月应分配的制造费用 = 该产品该月实际产量的定额工时数 × 年度计划分配率$$

【例 5-4】 华军工厂基本生产车间生产甲、乙、丙三种产品，本年度制造费用预算总额为 510 000 元；三种产品本年计划产量分别为甲产品 2 200 件，乙产品 3 800 件，丙产品 2 200 件，单位产品定额工时分别为甲产品 20 小时，乙产品 10 小时，丙产品 40 小时。本年 12 月份基本生产车间生产甲产品 400 件，乙产品 500 件，丙产品 300 件；实际发生制造费用 60 000 元。经查 11 月末 "制造费用——基本生产成本" 明细账，本年借方累计发生额为 455 000 元，贷方累计发生额为 435 000 元，月末借方余额为 20 000 元。

要求：①计算基本车间本年度计划制造费用分配率；②编制 12 月份按年度计划费用分配率分配三种产品应负担制造费用的会计分录；③将全年制造费用的实际发生额与按年度计划费用分配率分配数额的差额，调整计入 12 月份产品成本，因三种产品在开工月份生产份额相差不多，按 12 月份实际完成本定额工时分配给甲、乙、丙三种产品，编制分配结转制造费用差额的会计分录；④登记基本生产车间制造费用明细账(见表 5-6)。

解析:

(1) 计算制造费用分配率

$$计划制造费用分配率 = \frac{510\,000}{2\,200 \times 20 + 3\,800 \times 10 + 2\,200 \times 40} = \frac{510\,000}{170\,000} = 3(元 / 小时)$$

(2) 计算12月份按年度计划费用分配率应分配的制造费用

甲产品应分配的制造费用 = 400 × 20 × 3 = 24 000(元)

乙产品应分配的制造费用 = 500 × 10 × 3 = 15 000(元)

丙产品应分配的制造费用 = 300 × 40 × 3 = 36 000(元)

按计划费用分配率分配结转制造费用的会计分录如下:

借: 生产成本——基本生产成本(甲产品) 24 000

　　　　　　——基本生产成本(乙产品) 15 000

　　　　　　——基本生产成本(丙产品) 36 000

　　贷: 制造费用——××车间 75 000

(3) 计算制造费用差额

制造费用差额 = 20 000 + 60 000 - 75 000 = 5 000(元)

$$制造费用分配率 = \frac{5\,000}{400 \times 20 + 500 \times 10 + 300 \times 40} = 0.20(元 / 工时)$$

甲产品应分配的制造费用差额 = 400 × 20 × 0.20 = 1 600(元)

乙产品应分配的制造费用差额 = 500 × 10 × 0.20 = 1 000(元)

丙产品应分配的制造费用差额 = 300 × 40 × 0.20 = 2 400(元)

按计划费用分配率分配结转制造费用差额的会计分录如下:

借: 生产成本——基本生产成本(甲产品) 1 600

　　　　　　——基本生产成本(乙产品) 1 000

　　　　　　——基本生产成本(丙产品) 2 400

　　贷: 制造费用——××车间 5 000

(4) 登记基本生产车间制造费用明细账(见表5-6)

表5-6 制造费用明细账

车间名称: ××车间　　　　　　　　　　　　　　　　　　　　　　　　　　　　　　　　单位: 元

20×× 年		凭证 号数	摘　要	借　方	贷　方	借或贷	余　额
月	日						
12	1	略	上月结转	455 000	435 000	借	20 000
12	31		本月发生费用	60 000		借	80 000
12	31		本月按计划费用分配率分配费用		75 000	借	5 000
12	31		年末分配结转制造费用差额		5 000	平	0
12	31		本月发生额合计	60 000	80 000		
			本年累计发生额	515 000	515 000		

采用这种方法,不管各月实际发生的制造费用是多少,每月各种产品中的制造费用都按年度计划分配率分配。当年度内发现全年的制造费用实际数和产品的实际产量与计划分配率计算的分配数之间发生差额时,一般就在年末调整计入 12 月份的产品成本中,借记"生产成本——基本生产成本"科目,贷记"制造费用"科目。如果实际发生额大于计划分配额,用蓝字补加,否则用红字冲减。在分配中如果发现年内分配的计划数与实际数差额较大,应及时调整计划分配率,以便使分配额相对准确。

此外,企业还可按耗用原材料的数量或成本、直接成本及产成品产量等来分配制造费用。企业具体选用哪种分配方法,由企业自行决定。分配方法一经确定,不得随意变更。如需变更,应当在会计报表附注中予以说明。

知识归纳

制造费用是指企业为生产产品(或提供劳务)而发生的各项间接费用,是在生产过程中发生的除了直接材料和直接人工以外的生产成本。为了归集制造费用,控制制造费用总额,正确计算产品成本,企业应设置"制造费用"总分类账户。

分配制造费用,需要选择一定的标准进行,常用的标准有生产工人工时比例法、生产工人工资比例法、机器工时比例法和年度计划分配率分配法等。分配方法一经确定,不宜任意变更。

生产工人工时比例法能将劳动生产率与产品负担的制造费用结合起来,使分配结果更加合理。如果劳动生产率提高,则单位产品生产工时减少,所负担的制造费用也就降低,因此,它是一种比较好的分配方法,在实际工作中用得较多。采用生产工人工资比例法时,由于生产工人工资的资料比较容易取得,因而采用生产工人工资比例法分配制造费用,核算工作很简便。但是采用这种方法,各种产品的机械化程度应该差不多,否则会影响费用分配的合理性。采用机器工时比例法分配制造费用,适用于产品生产的机械化程度较高的车间,因为在这种车间的制造费用中,与机器设备使用有关的费用比重较大,而这一部分费用与机器设备运转的时间有着密切的联系。因此,采用这种方法,必须具备各种产品所用机器工时的原始记录。按年度计划分配率分配法在使用中不管各月实际发生的制造费用是多少,每月各种产品中的制造费用都按年度计划分配率分配。当年度内发现全年的制造费用实际数和产品的实际产量与计划分配率计算的分配数之间发生差额时,一般就在年末调整计入 12 月份的产品成本中。企业具体选用哪种分配方法,由企业自行决定。分配方法一经确定,不得随意变更。如需变更,应当在会计报表附注中予以说明。

达标检测

一、简答题

1. 什么是制造费用?我国会计制度规定的制造费用包括哪些内容?

2. 怎样归集制造费用?其明细核算如何进行?

3. 简述制造费用各种分配方法的优缺点及适用性如何。

4. 采用机器工时分配法,为什么要考虑设备的工时换算系数?

二、单项选择题

1. 制造费用项目，可以根据企业自己的生产特点和管理上的要求进行调整，既可以合并或进一步细分，也可以另行设立制造费用项目。但是，制造费用项目一经确定，则(　　)。

A. 可以变更　　　　　　　　　　B. 不应任意变更

C. 在一定条件下可以变更　　　　D. 某些特殊生产企业可以变更

2. "制造费用"账户(　　)。

A. 一般有借方余额　　　　　　　B. 一般有贷方余额

C. 转入"本年利润"账户后，期末应无余额

D. 除季节性生产企业外，期末应无余额

3. (　　)是指企业为生产产品(或提供劳务)而发生的各项间接费用，是在生产过程中发生的除了直接材料和直接人工以外的生产成本。

A. 辅助生产　　　　　　　　　　B. 辅助生产费用

C. 基本生产　　　　　　　　　　D. 制造费用

4. 制造费用每月归集后在月末要在(　　)中分配，企业应当合理地选择制造费用分配方法。

A. 已完工的产品　　　　　　　　B. 未完工的产品

C. 完工产品和未完工产品　　　　D. 所有产品

5. (　　)是按照各种产品所用生产工人实际工时的比例分配制造费用的一种方法。

A. 生产工人工时比例法　　　　　B. 生产工人工资比例法

C. 机器工时比例法　　　　　　　D. 年度计划分配率分配法

6. 采用生产工时分配法分配制造费用，分配标准是(　　)。

A. 该生产车间生产工人工时　　　B. 该企业产品生产工人工时

C. 该生产车间单位产品生产工时　D. 该生产车间单位产品定额工时

7. 按生产工人工时比例分配制造费用，能将劳动生产率与产品负担的制造费用结合起来，使分配结果更加合理。它是一种在实际工作中使用(　　)的方法。

A. 基本不用　　　　　　　　　　B. 较少

C. 较多　　　　　　　　　　　　D. 非常多

8. (　　)是按照计入各种产品成本的生产工人实际工资的比例分配制造费用的方法。

A. 生产工人工时比例法　　　　　B. 生产工人工资比例法

C. 机器工时比例法　　　　　　　D. 按年度计划分配率分配法

9. 采用生产工人工资比例法分配制造费用时，下列说法错误的是(　　)。

A. 工人工资的资料比较容易取得　B. 核算工作很简便

C. 产品的机械化程度应该差不多　D. 必须具备各种产品所用机器工时的原始记录

10. 采用生产工人工资比例法分配制造费用时，各种产品的机械化程度应该(　　)，否则会影响费用分配的合理性。

A. 完全不同　　　　　　　　　　B. 完全相同

C. 基本相同　　　　　　　　　　D. 基本不同

11. 采用机器工时分配法分配制造费用时，当一个生产车间内存在使用和维修费用差别较大的机器设备时，应将机器设备按单位工时费用发生的多少合理分类，确定各类机器的(   )。

    A. 机器运转工时　　　　　　　　　　B. 标准机器运转小时

    C. 机器运转耗用人工数　　　　　　　D. 工时换算系数

12. 机器工时分配法的适用对象是(   )。

    A. 产品生产的机械化程度较高　　　　B. 产品生产的机械化程度较低

    C. 制造费用中管理人员工资比重较小

    D. 制造费用中管理人员工资比重较大

13. (   )是按照年度开始前确定的全年度适用的计划分配率分配制造费用的一种方法。

    A. 生产工人工时比例法　　　　　　　B. 生产工人工资比例法

    C. 机器工时比例法　　　　　　　　　D. 按年度计划分配率分配法

14. 采用年度计划分配率分配制造费用时，不管各月实际发生的制造费用是多少，每月各种产品中的制造费用都按(   )。

    A. 当月计划分配率分配　　　　　　　B. 上月计划分配率分配

    C. 各月计划分配率分配　　　　　　　D. 年度计划分配率分配

15. 采用年度计划分配率分配制造费用时，“制造费用”账户(   )。

    A. 应有借方余额　　　　　　　　　　B. 应有贷方余额

    C. 只有年末有借方余额　　　　　　　D. 年末差额分配结转后，应无余额

三、多项选择题

1. 制造费用主要包括(   )。

    A. 生产单位为组织生产而发生的各项费用

    B. 直接用于产品生产但未专设成本项目费用

    C. 间接用于产品生产的各项费用

    D. 生产单位为管理生产而发生的各项费用

2. 下列关于“制造费用”借方、贷方和期末余额的说法正确的是(   )。

    A. 借方归集某会计期间企业为生产产品和提供劳务而发生的各项间接费用

    B. 贷方登记在会计报告期末分配计入各种产品成本的制造费用

    C. 期末一般无余额

    D. 期末一般有余额

3. 制造费用发生时，借记 “制造费用”账户，贷记(   )等科目。

    A. 银行存款　　　　　　　　　　　　B. 原材料

    C. 累计折旧　　　　　　　　　　　　D. 应付职工薪酬

4. 合理地选择与确定制造费用分配方法，应使其具有(   )等特性。

    A. 共有性　　　　　　　　　　　　　B. 比例性

    C. 易得性　　　　　　　　　　　　　D. 稳定性

5. 制造费用的分配方法有( )。

    A. 生产工人工时比例法   B. 生产工人工资比例法

    C. 机器工时比例法   D. 按年度计划分配率分配法

6. 按生产工人工时比例分配制造费用的优点是( )。

    A. 能将劳动生产率与产品负担的制造费用结合

    B. 使分配结果比较合理

    C. 一种比较好的分配方法

    D. 在实际工作中用得比较多

7. 采用生产工人工资比例法分配制造费用的优点是( )。

    A. 生产工人工资的资料比较容易取得

    B. 核算工作很简便

    C. 采用这种方法时，一般各种产品的机械化程度应该差不多

    D. 费用分配比较合理

8. 采用机器工时比例法分配制造费用，要求( )。

    A. 产品生产的机械化程度较高

    B. 产品生产的机械化程度较低

    C. 必须具备各种产品所用机器工时的原始记录

    D. 无须具备各种产品所用机器工时的原始记录

9. 按年度计划分配率分配法分配制造费用需要注意( )。

    A. 每月各种产品中的制造费用都按年度计划分配率分配

    B. 制造费用实际数与计划分配率计算的分配数之间发生差额时，在年末调整

    C. 实际发生额大于计划分配额，用蓝字补加，否则用红字冲减

    D. 及时调整计划分配率，以便使分配额相对准确

10. 按年度计划分配率分配法分配制造费用后，"制造费用"科目月末( )。

    A. 可能有借方余额   B. 只有借方余额

    C. 可能有贷方余额   D. 只有贷方余额

四、判断题

1. 辅助生产费用是指企业为生产产品而发生的各项间接费用，是在生产过程中发生的除了直接材料和直接人工以外的生产成本。( )

2. 制造费用项目，可以根据企业自己的生产特点和管理上的要求进行调整，既可以合并或进一步细分，也可以另行设立制造费用项目。因此，制造费用项目确定后，可以适当变更。( )

3. 如果一个车间生产多种产品，所发生的制造费用，应采用适当的分配方法分配计入各种生产产品的成本。( )

4. 制造费用每月归集后在月末要在完工产品和未完工产品中分配，企业应当根据制造费用的性质，合理地选择和确定制造费用分配方法。( )

5. 企业制造费用分配的原则是：在基本生产车间只生产一种产品的情况下，其归集的制造费用直接计入该种产品的成本；在生产多种产品的情况下，则属于间接计入费用，应采用适当的分配方法，分配计入各产品的生产成本。 （　　）

6. 企业制造费用的方法一经确定，不得随意变更。 （　　）

7. 在制造费用总分类账户下，应当按照生产单位设置制造费用明细账，并按照制造费用项目设专栏组织制造费用的明细核算。 （　　）

8. 生产工人工时比例法是一种比较好的分配方法，但在实际工作中用得比较少。 （　　）

9. 按生产工人工时比例分配制造费用，能将劳动生产率与产品负担的制造费用结合起来，使分配结果更加合理。 （　　）

10. 采用生产工人工资比例法分配制造费用，核算工作很简便。但是采用这种方法，各种产品的机械化程度应该差不多，否则会影响费用分配的合理性。 （　　）

11. 采用机器工时比例法分配制造费用，被加工产品在较为高级精密或大型机器设备上加工一小时所应负担的费用，与在较小型机器设备上加工一小时所负担的费用，应当相同。

（　　）

12. 采用机器工时比例法分配制造费用，适用于产品生产的机械化程度较高的车间。

（　　）

13. 按年度计划分配率分配法，不管各月实际发生的制造费用是多少，每月各种产品中的制造费用都按年度计划分配率分配。 （　　）

14. 按年度计划分配率分配法是按照每月开始前确定的适用的计划分配率分配制造费用的方法。 （　　）

15. 企业具体选用哪种制造费用分配方法，由企业自行决定。分配方法一经确定，不得随意变更。如需变更，应当在会计报表附注中予以说明。 （　　）

案例讨论

1. 某企业某月基本生产车间生产甲、乙产品，甲产品生产工时为 1 500 小时，乙产品生产工时为 500 小时，本月发生制造费用为 8 000 元。请按生产工时比例法计算制造费用分配率及甲、乙产品应分配的制造费用，并编制制造费用分配表和有关会计分录。

2. 某企业基本生产车间全年制造费用计划为 307 200 元，全年各种产品的计划产量为：A 产品 7 000 件，B 产品 2 080 件。单件产品的工时定额为：A 产品 8 小时，B 产品 10 小时，本月份实际产量：A 产品 500 件，B 产品 220 件。该月实际制造费用为 22 060 元。请按年度计划分配率分配制造费用，并编制会计分录。

项目六　归集与分配损失性费用

学习目标

理解损失性费用的含义及内容；掌握废品的分类及废品损失的内容；掌握废品损失及停工损失的核算；重点掌握不可修复废品损失的计算及账务处理。

能力目标

能够熟练进行废品损失及停工损失的核算；能熟练进行不可修复废品损失的计算、归集、分配及账务处理。

案例导入

平实厂 121#产品本月完工 2 000 件，其中 100 件为不可修复废品，在验收入库时发现，废品残值 150 元，责任人赔偿 450 元。

假如你是平实厂的成本会计，根据生产费用的实际耗用情况，如何编制废品损失计算表，完成账务处理？

任务一　废品损失的核算

损失性费用是指企业在生产过程中由于生产工艺、生产的外部条件、原材料质量、生产工人的技术水平、生产组织和管理等各种原因的影响而造成的人力、物力上的损耗的货币表现。因此,在企业的生产过程中不可避免地会发生一定的损失性费用。如果损失性费用的金额较小,为了简化成本核算的工作量,可不进行核算,但若损失性费用的金额较大,就会产生较高的产品成本,进而降低企业的经济效益,因此,必须加强对损失性费用的控制,并进行相应的会计核算,以提高企业的管理水平,保证企业生产的正常进行。

损失性费用按其发生的原因主要分为废品损失和停工损失。

一、废品损失的概念和分类

1. 废品及其分类

废品是指不符合规定的技术标准,不能按照原定用途使用,或者需要加工修理才能使用的在产品、半成品或产成品。不论是在生产过程中发现的废品,还是在入库后发现的废品,都应包括在内。

企业在产品生产过程中,不可避免地会出现一些废品。为了准确核算产品成本,便于成本分析和成本考核,就应核算废品损失。废品的种类不同,废品损失的核算方法就不同。因此,要准确地核算废品损失,就有必要对废品进行分类。废品按其产生的原因,分为料废品和工废品。料废品是指由于材料质量、规格、性能不符合要求而产生的废品,其损失应由同种产品的产成品成本负担;工废品是指生产过程中由于加工工艺技术、工人操作方法、技术水平等方面的缺陷所产生的废品,其损失应由操作工人或相应的技术人员赔偿。按废品的废损程度和经济上是否具有修复价值,可将废品分为可修复废品和不可修复废品。可修复废品,是指经过修理可以使用,而且所花费的修复费用在经济上合算的废品;不可修复废品,则指不能修复,或者所花费的修复费用在经济上不合算的废品。

2. 废品损失

废品损失是指由于废品的产生而形成的损失性费用,包括在生产过程中发现的和入库后发现的不可修复废品的生产成本,以及可修复废品的修复费用,扣除回收的废品残料价值和应由过失单位或个人赔款以后的损失。这里所指的废品损失,仅指在生产过程中所产生的废品损失,该损失由同种产品的产成品成本负担,所以废品损失的发生会使产成品成本升高,因此,应正确核算废品损失。

以下三种情况发生的相关损失不属于废品损失:

(1) 经过质量检验部门鉴定不需要返修、可以降价出售的不合格品,在实际工作中称为"次品"。次品不包括在废品之内,次品的成本与合格品的成本相同,应与合格品一样计算成本。其降价损失,不应作为废品损失处理,而应在计算销售损益时体现,计入"销售费用"。

(2) 产成品入库后,由于保管不善等原因而损坏变质的损失,属于管理上的原因,也不作为废品损失处理,应作为"管理费用"处理。

(3) 实行包退、包修、包换("三包")的企业,在产品出售后发现的废品所发生的一切损失(包括修理费、退休或调换产品的运杂费,退回报废产品的实际成本减去残值后的净损失),不包括在废品损失内,应计入"销售费用"。

质量检验部门发现废品时,应该填制废品通知单,列明废品的种类、数量、生产废品的原因和过失人等。成本会计人员应该会同检验人员对废品通知单上所列废品生产的原因和过失人等项目加强审核。只有经过审核的废品通知单，才能作为废品损失核算的根据。

二、账户设置

对废品发生较少的企业可以不单独核算分配损失，也不设置"废品损失"账户；而对于废品发生较多、对生产成本影响较大的企业来说，为了单独核算生产过程中发生的废品损失，加强对废品损失的控制，企业应设置"废品损失"账户进行废品损失的归集与分配，这对于改进生产技术、提高产品质量、降低产品成本，都有着十分重要的意义。

"废品损失"科目是为了归集和分配废品损失而设立的。该科目应按车间设立明细账，账内按产品品种分设专户，并按成本项目分设专栏或专行，进行明细核算。具体分为以下几种情况。

(1) 不可修复废品的生产成本，应根据不可修复废品计算表：

借：废品损失

　　贷：生产成本

(2) 可修复废品的修复费用，应根据各种费用分配表：

借：废品损失

　　贷：原材料

　　　　应付职工薪酬

　　　　制造费用

(3) 废品残料的回收价值和应收的赔款，应从"废品损失"科目的贷方转出：

借：原材料(或其他应收款)

　　贷：废品损失

(4) "废品损失"科目上述借方发生额大于贷方发生额的差额，就是废品损失，分配转由本月同种产品的成本负担：

借：生产成本

　　贷：废品损失

通过上述归集和分配，"废品损失"科目月末没有余额。

废品损失

归集发生的废品损失	① 结转废品的残料残值
① 转入不可修复废品的成本	结转过失人的赔偿
② 归集可修复废品的修复费用	
包括：修复废品发生的：	
直接材料费用	② 将废品的净损失转入
直接人工费用	合格品成本
制造费用	
期末无余额	

三、废品损失的具体核算

废品损失的核算是指对发现的废品损失,进行归集、结转和分配的核算,包括可修复废品损失的核算和不可修复废品损失的核算。

1. 废品损失核算的凭证手续

为了保证产品质量,及时发现废品,避免更大损失的发生,企业各生产部门都应配置专职质量检验人员。在产品的检验过程当中,一旦发现废品,不论是在产品生产过程当中发现,还是在半成品、产成品入库后发现,产品质量检验人员或质监部门都应填制一式三联的"废品通知单"。"废品通知单"应列明废品的名称、种类、数量、产生的原因、工序、责任人等。"废品通知单"一联由生产单位存档,一联交质监部门,一联交财会部门核算废品损失。只有经过审核无误的"废品通知单",才能作为废品损失核算的凭证及依据。

由于对不可修复废品和可修复废品的处理不同,所以两者在废品损失的核算凭证方面也有所不同。对于送交仓库的不可修复废品,应另填"废品交库单",并注明废品残料的价值,作为核算残料入库的凭证;对于可修复废品,在返修过程中所用的各种材料和所耗用的工时等,应另填"领料单"和"工作通知单"等相关凭证,并注明"返修废品用"标记,作为核算可修复废品修理费用的凭证。

2. 可修复废品损失的核算

可修复废品返修以前发生的生产费用,不是废品损失,不必从产品成本相关账户转出。可修复废品返修发生的各种费用(包括材料费用、人工费用和制造费用等),应根据各种费用分配表,记入"废品损失"科目的借方。其回收的残料价值和应收的赔款,应从"废品损失"科目的贷方,转入"原材料"和"其他应收款"科目的借方。废品修复费用减去残料和赔款后的废品净损失,也应从"废品损失"科目的贷方转入"生产成本"科目的借方。

【例6-1】 A企业加工车间生产甲产品,验收入库时发现8件可修复废品,已修复入库。根据"材料费用汇总表"提供的资料,修复甲产品领用材料的实际成本为400元。根据"工资及福利费用分配汇总表"和"制造费用分配表"提供的资料,甲产品在修复过程中耗用64个工时,根据计算,每小时工资为10元,每小时制造费用为6元。由此可知,废品应负担的工资费为640元,福利费为89.6元,制造费用为384元。

根据上述资料,编制会计分录如下:

(1) 发生修理费用时

借:废品损失——甲产品	1 513.60
贷:原材料	400
应付职工薪酬——应付工资	640
应付职工薪酬——应付福利费	89.60
制造费用	384

(2) 结转废品净损失

借:生产成本——基本生产成本——甲产品(废品损失)	1 513.60
贷:废品损失——甲产品	1 513.60

在不单独核算废品损失的企业中，不设立"废品损失"账户，仅在"生产成本——基本生产成本"专设废品损失成本项目。那么，对于修复费用的归集，残料价值回收和应收账款的核算，应计入"生产成本——基本生产成本"及其所属明细账废品损失成本项目，而不是"废品损失"账户。最后一步净损失的结转则不需要做，因其已直接在废品损失成本项目中反映出来。

【例6-2】仍用例6-1的资料，所做的会计分录如下。

发生修理费用时：

借：生产成本——基本生产成本——甲产品(废品损失)　1 513.60

　　贷：原材料　　　　　　　　　　　　　　　　　400

　　　　应付职工薪酬——应付工资　　　　　　　　640

　　　　应付职工薪酬——应付福利费　　　　　　　89.60

　　　　制造费用　　　　　　　　　　　　　　　　384

3. 不可修复废品损失的核算

进行不可修复废品损失的核算，先应计算截至报废时已经发生的废品生产成本；然后扣除残值和应收赔款，算出废品损失。不可修复废品的生产成本，可按废品所耗定额费用计算，也可按废品所耗实际费用计算。

(1) 按废品所耗定额费用核算

【例6-3】某车间加工乙产品，2017年6月共完成合格品1 000件，废品50件，每件废品的定额成本为：直接材料20元，直接人工10元，制造费用8元。根据责任鉴定，应由责任人赔偿200元，回收残料价值100元。废品净损失由同种产品的合格成本负担，以下为本月的成本计算单(见表6-1)、废品损失明细账(见表6-2)及相关的会计分录。

表6-1　成本计算单

产品名称：乙产品　　　　　　　　　　2017年6月　　　　　　　　　　单位：元

摘　要	直接材料	直接人工	制造费用	废品损失	合　计
材料费用分配汇总表	23 100				23 100
工资及福利费用分配汇总表		8 500			8 500
制造费用分配表			7 350		7 350
转出不可修复品的生产成本	-1 000	-500	-400		-1 900
转入废品净损失				1 600	1 600

表6-2　废品损失明细表

产品名称：乙产品　　　　　　　　　　2017年6月　　　　　　　　　　单位：元

摘　要	直接材料	直接人工	制造费用	合　计
转入不可修复品的生产成本	1 000	500	400	1 900
回收残料价值	-100			-100
应收赔偿款		-200		-200
转出废品净损失	-900	-300	-400	-1 600

相关会计分录如下:

① 结转不可修复产品的生产成本:

借: 废品损失——乙产品 1 900
　贷: 生产成本——基本生产成本——乙产品 1 900

② 应收赔偿款:

借: 其他应收款——×× 200
　贷: 废品损失——乙产品 200

③ 收残料:

借: 原材料 100
　贷: 废品损失——乙产品 100

④ 结转废品净损失:

借: 生产成本——基本生产成本——乙产品(废品损失) 1 600
　贷: 废品损失——乙产品 1 600

(2) 按废品所耗实际费用核算

【例6-4】 某工业企业某车间于2017年7月生产甲产品100件,生产过程中发现1件不可修复废品。甲产品成本明细账归集的生产费用为: 直接材料125 000元,直接人工4 875元,制造费用24 375元,合计154 250元。原材料于生产开始时一次投入。生产工时为: 合格品1 505小时,废品120小时,合计1 625小时。废品回收的残料计价200元。

根据上述资料,应编制不可修复废品损失计算表并编制会计分录。

表6-3　不可修复废品损失计算表

车间: 某车间　　　　　　　　　　2017年7月　　　　　　　　　　产品: 甲产品

项　目	数量/件	直接材料	工　时	直接人工	制造费用	合　计
合格品和废品生产费用	100	125 000	1 625	4 875	24 375	154 250
费用分配率		1 250		3	15	
废品生产成本	1	1 250	120	360	1 800	3 410
减: 残料价值		200				
废品损失		1 050		360	1 800	3 210

① 转出不可修复废品的生产成本:

借: 废品损失——甲产品 3 410
　贷: 生产成本——基本生产成本——甲产品 3 410

② 回收废品残料价值:

借: 原材料 200
　贷: 废品损失——甲产品 200

③ 假定应受过失单位赔款300元:

借: 其他应收款——×× 300
　贷: 废品损失——甲产品 300

④ 结转废品净损失:

借: 生产成本——基本生产成本——甲产品(废品损失)　2 910

　　贷: 废品损失——甲产品　　　　　　　　　　　　　　　2 910

任务二　停工损失的核算

一、停工损失的含义

停工损失是指生产车间或车间内某个班组在停工期间发生的各项费用,包括停工期间发生的原材料费用、工资及福利费和制造费用等。应由过失单位或保险公司负担的赔款,应从停工损失中扣除。为了简化核算工作,停工不满一个工作日的,一般不计算停工损失。

停工期间发生的损失性费用,应根据停工发生的原因进行归集和结转。企业发生停工的原因很多,例如,电力中断、原材料供应不足、机器设备发生故障或进行大修理、发生自然灾害、产品滞销、计划减产等,都可能引起停工。企业中不是所有的停工都计入停工损失。由于自然灾害引起的非正常损失及计划减产造成全厂连续减产 10 天以上或主要生产车间连续停产 1 个月以上所发生的停工损失,应计入营业外支出;季节性、大修理期间停工损失及停工不满一个工作日的损失,应计入制造费用;辅助生产车间发生的停工损失,可直接计入辅助生产成本。基本生产车间由于计划减产(计入营业外支出的除外),或由于材料短缺、停电机器设备故障而停工所发生的停工损失记入"停工损失"科目。

二、停工损失的账务处理

停工损失的核算是指对发生的停工损失进行归集、结转和分配的核算。

1. 停工损失核算的凭证

"停工报告单"是停工损失核算的主要原始凭证。在停工时,应由生产单位有关人员填制停工报告单,报送厂部有关部门,积极查明原因,尽快恢复生产。在停工报告单内,应详细列明停工的时间、范围、原因、过失人员、停工损失的金额等项内容。只有审核无误的"停工报告单",才能作为停工损失核算的根据及凭证。

2. 停工损失的账户设置

为了单独核算停工损失,在会计科目中应增设"停工损失"科目;在成本项目中应增设"停工损失"项目。"停工损失"科目是为了归集和分配停工损失而设立的。该科目应按车间设立明细账,账内按成本项目分设专栏或专行,进行明细核算。

停工期间发生、应该计入停工损失的各种费用,都应在该科目的借方归集:借记"停工损失"科目,贷记"原材料""制造费用""应付职工薪酬"等科目。"停工损失"科目贷方登记应索赔的停工损失和分配结转的停工净损失。其明细账按生产单位设置。通过上述归集及分配，"停工损失"科目无期末余额。

停工损失

归集发生的停工损失	① 应索赔的停工损失 ② 结转停工净损失
期末无余额	

3. 停工损失的账务处理

停工期间发生的各项费用应根据各项费用分配表提供的资料归集，按照停工发生的原因进行分配结转。

停工期间发生的、应计入停工损失的各项费用：

借：停工损失

　　贷：原材料

　　　　应付职工薪酬

　　　　制造费用

应取得赔偿的停工损失：

借：其他应收款

　　贷：停工损失

由于自然灾害等引起的非生产停工损失，计入营业外支出：

借：营业外支出

　　贷：停工损失

应计入产品成本的停工损失，若停工车间生产多种产品，则应采用适当的分配方法，分配计入该车间各种产品成本明细账的"停工损失"成本项目。

借：生产成本

　　贷：停工损失

在不单独核算停工损失的企业中，不设立"停工损失"会计科目和成本项目。停工期间发生的属于停工损失的各种费用，直接计入"制造费用"和"营业外支出"等科目，分散反映。这样核算很简便，但对于停工损失的分析和控制会产生一定的不利影响。

知识归纳

损失性费用是指企业在生产过程中由于生产工艺、生产的外部条件、原材料质量、生产工人的技术水平、生产组织和管理等各种原因的影响而造成的人力、物力上的损耗的货币表现。损失性费用按其发生的原因主要分为废品损失和停工损失。

废品是指不符合规定的技术标准，不能按照原定用途使用，或者需要加工修理才能使用的在产品、半成品或产成品。不论是在生产过程中发现的废品，还是在入库后发现的废品都应包括在内。按废品的废损程度和经济上是否具有修复价值，可将废品分为可修复废品和不可修复废品。可修复废品是指经过修理可以使用，而且所花费的修复费用在经济上合算的废品；不可修复废品，则指不能修复，或者所花费的修复费用在经济上不合算的废品。

停工损失是指生产车间或车间内某个班组在停工期间发生的各项费用，包括停工期间发生的原材料费用、工资及福利费和制造费用等。应由过失单位或保险公司负担的赔款，应从停工损失中扣除。

为了单独核算停工损失，在会计科目中应增设"停工损失"科目；在成本项目中应增设"停工损失"项目。"停工损失"科目是为了归集和分配停工损失而设立的。该科目应按车间设立明细账，账内按成本项目分设专栏或专行，进行明细核算。

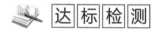 达标检测

一、简答题

1. 损失性费用包括哪些？

2. 什么是废品，如何进行分类？

3. 什么是废品损失，包括的范围有哪些？

4. 废品损失应如何进行账务处理？

5. 什么是停工损失？具体包括哪些内容？

二、单项选择题

1. 下列不属于废品损失的项目是(　　)。

　　A. 生产过程中发生的不可修复废品的净损失

　　B. 保管不善形成的产品变质损失

　　C. 产品出售后的返修损失

　　D. 出售不合格品的降价损失

2. 结转废品净损失时，应贷记(　　)科目。

　　A. 原材料　　　　　B. 生产成本　　　　　C. 制造费用　　　　　D. 废品损失

3. 某工人本月加工完成的产品数量为 100 件，其中合格品为 95 件，料废品 2 件，由本人过失造成的工废品为 3 件，计价单件为 10 元，据此计算该工人本月计件工资为(　　)。

　　A. 1 000 元　　　　B. 980 元　　　　　C. 970 元　　　　　D. 950 元

4. 可修复废品的废品损失是指(　　)。

　　A. 返修前发生的原材料费用

　　B. 返修前发生的制造费用

　　C. 返修前发生的原材料费用加上返修后发生的原材料费用

　　D. 返修过程中发生的各种费用

5. "废品损失"账户月末(　　)。

　　A. 可能有借方或贷方余额　　　　　　B. 一定没有余额

　　C. 如果有余额，余额一定在借方　　　D. 如果有余额，余额一定在贷方

6. 下列各项中，应计入产品成本的停工损失的是(　　)。

　　A. 非季节性停工损失

B. 固定资产修理期间的停工损失

C. 非正常原因发生的停工损失

D. 由于自然灾害引起的非正常损失

7. 生产车间固定资产修理期间发生的停工损失应记入(　　)科目。

  A. 废品损失   B. 生产成本   C. 停工损失   D. 营业外支出

8. 废品残料的回收价值，应从"废品损失"科目的(　　)转出。

  A. 借方   B. 贷方   C. 借方或贷方   D. 不结转

9. 企业由于计划减产，或停电、待料、机器设备故障而停工，在停工期间所发生的一切费用属于(　　)。

  A. 废品损失   B. 停工损失   C. 生产成本   D. 修复费用

10. 下列属于"废品损失"科目核算内容的项目是(　　)。

  A. 产品出售后的修理费用

  B. 出售不合格品的降价损失

  C. 生产过程中发生的可修复废品的生产成本

  D. 生产过程中发生的可修复废品的修复费用

11. "停工损失"账户月末(　　)。

  A. 如果有余额，余额一定在贷方   B. 如果有余额，余额一定在借方

  C. 一定没有余额   D. 可能有借方或贷方余额

12. 结转不可修复废品的生产成本时，应借记(　　)。

  A. 停工损失   B. 生产成本   C. 废品损失   D. 制造费用

13. 经过修理虽可以使用，但所花费的修理费用在经济上不合算的废品，应列入(　　)。

  A. 料废品   B. 不可修复废品   C. 工废品   D. 可修复废品

14. 因自然灾害而发生的停工损失应记入(　　)科目。

  A. 停工损失   B. 管理费用   C. 生产成本   D. 营业外支出

15. 应收赔偿款，应从"废品损失"科目的(　　)转出。

  A. 贷方   B. 借方   C. 不结转   D. 借方或贷方

三、多项选择题

1. 废品是指不符合规定的技术标准，不能按照原定用途使用，或者需要加工修理才能使用的(　　)。

  A. 半成品   B. 在产品   C. 产成品   D. 过失人

2. 废品损失包括(　　)。

  A. 不合格产品的降价损失   B. 产品保管不善的变坏变质损失

  C. 不可修复废品的报废损失   D. 可修复废品的修复费用

3. 下列损失性支出中，不应计入产品制造成本的有(　　)。

  A. 可修复废品的修复费用

  B. 季节性生产和大修理等原因造成的停工损失

C. 除季节性生产和大修理以外的其他停工损失

D. 不可修复废品的生产成品扣除残料价值后的净损失

4. 企业非正常停工的原因主要有(　　　)。

　A. 大修理停工 　　　　　　　　B. 季节性停工

　C. 机器设备故障停工 　　　　　D. 停电、待料停工

5. 计算不可修复废品的净损失,应包括(　　　)。

　A. 废品材料费 　　　　　　　　B. 应收的赔款

　C. 废品残料的价值 　　　　　　D. 不可修复废品的生产成本

6. 计入产品生产成本的损失性费用,主要有(　　　)。

　A. 废品损失 　　　　　　　　　B. 季节性生产和大修理停工的停工损失

　C. 在产品盘亏毁损损失 　　　　D. 非常损失

7. "废品损失"科目借方应反映(　　　)。

　A. 不可修复废品的生产成本 　　B. 可修复废品的生产成本

　C. 可修复废品的各项费用 　　　D. 废品残料的价值

8. 下列不属于废品损失的项目是(　　　)。

　A. 生产过程中发生的不可修复废品的净损失

　B. 保管不善形成的产品变质损失

　C. 产品出售后的返修损失 　　　D. 出售不合格品的降价损失

9. 可修复废品必须具备的条件包括(　　　)。

　A. 经过修复可以使用 　　　　　B. 经过修复仍不能使用

　C. 所花费的修理费用在经济上核算 　D. 经过修复可以使用,但经济上不合算

10. 不可修复废品的生产成本,可以按(　　　)。

　A. 废品售价计算 　　　　　　　B. 废品残值计算

　C. 废品所耗定额费用计算 　　　D. 废品所耗实际费用计算

四、判断题

1. 可修复废品是指经过修理可以使用,而且所花费的修复费用在经济上合算的废品。 (　　　)

2. 产成品入库后,由于保管不善等原因而损坏变质的损失,应作为废品损失处理。 (　　　)

3. "废品损失"账户应按车间设立明细账,账内按产品品种分设专户,并按费用项目分设专栏或专行进行明细核算。 (　　　)

4. "废品损失"账户是为了归集和分配废品损失而设立的,该账户期末应该有借方余额。 (　　　)

5. 停工损失是企业基本生产车间因停工发生的各种费用,这些费用通过"制造费用"账户归集。 (　　　)

6. 不可修复废品的生产成本,可按废品所耗实际费用计算,也可按废品所耗定额费用计算。 (　　　)

7. 在按废品所耗定额费用计算不可修复废品的生产成本时，废品的生产成本则按废品的数量和各项费用定额计算。（　　）

8. 废品损失包括可修复废品的修复费用和不可修复废品的净损失。（　　）

9. 废品损失是在生产过程中发现的和入库后发现的不可修复废品的生产成本，扣除回收的废品残料价值以后的损失。（　　）

10. 停工损失中季节性生产和大修理停工的损失列作制造费用计入产品成本，其他各种非正常停工的损失列作营业外支出。（　　）

11. 对非意外原因造成的在产品短缺与毁损，报经批准后计入企业当月的废品损失。（　　）

12. 企业无论在什么环节发现的废品，都应并入废品损失内核算。（　　）

13. 废品损失一般都由当月完工产成品成本负担。（　　）

14. 降价出售不合格品的降价损失是废品损失的一部分。（　　）

15. 次品是指产品虽然有缺陷，但仍可按原有用途使用的不合格品。次品的成本与合格品相同。（　　）

案例讨论

1. 黄海制造股份有限公司各种费用分配表所列乙产品可修复废品的修复费用为：直接材料 1 850 元，应付生产工人工资 650 元，提取的生产工人职工福利费 91 元，制造费用 749 元，合计 3 340 元。发现不可修复 10 废品件，按其所耗定额费用废品的生产成本。原材料定额费用为 50 元，已完成的定额工时 120 小时，每小时的费用定额为：直接人工 2 元，制造费用 2.2 元。回收废品残料 240 元，应由过失人赔款 150 元。废品净损失由本月同种合格品负担。

2. 黄海制造股份有限公司生产车间生产甲产品，本月投产 300 件，生产过程中发现 20 件不可修复废品。合格品生产工时为 8 400 小时，废品工时为 600 小时；甲产品成本明细表所列的全部生产费用为：直接材料 24 000 元，燃料及动力 21 600 元，直接人工费 25 200 元，制造费用 14 400 元。原材料在生产开始时一次投入，原材料费用按合格品数量和废品数量比例进行分配，其他费用按生产工时比例分配。废品残料入库作价 80 元。不可修复废品按其所耗实际费用计算。

要求：

根据案例 1 完成下列 1～3 项；根据案例 2 完成下列 4～5 项。

(1) 计算乙产品不可修复废品的生产成本。

(2) 计算乙产品可修复废品和不可修复废品的净损失。

(3) 编制归集乙产品可修复废品修复费用，以及结转乙产品不可修复废品成本、废品残值和废品净损失的会计分录。

(4) 编制甲产品不可修复废品损失计算表(见表 6-4)。

表 6-4 不可修复废品损失计算表

(按实际成本计算)

项　　目	数量/件	直接材料	生产工时/小时	燃料及动力	直接人工	制造费用	成本合计
合格品和废品生产费用							
费用分配率							
废品生产成本							
减：废品残值							
废品报废损失							

(5) 编制甲产品废品损失有关会计分录。

项目七 分配完工产品与在产品生产费用

学习目标

通过本章学习，了解完工产品、在产品的概念，掌握在产品盘盈盘亏的账务处理方法；理解在产品数量与产品成本计算的关系，明确在产品数量的确定方法；熟练掌握在产品成本计算方法的选择，产品成本在完工产品与在产品之间的分配方法，特别是其中的约当产量法、定额成本法和定额比例法。

能力目标

能够根据企业的实际情况选择不同的在产品和完工产品成本计算方法，为企业合理的产品定价提供真实可靠的依据。

案例导入

平实厂下设一个基本生产车间(A 车间)和一个辅助生产车间(机修车间)，基本生产车间生产 121#、122#两种产品，为大批大量生产。期初在产品成本如表 7-1 所示。

表 7-1　期初在产品成本明细表

成本项目	121#	122#
直接材料	40 800	18 000
直接人工	24 000	6 000

（续表）

成本项目	121#	122#
制造费用	32 762	9 254
合　　计	97 562	33 254

该厂 2017 年 1 月份发生下列经济业务:

(1) 121#产品本月完工 2 000 件(100 件为不可修复废品),月末在产品 1 000 件,完工率为 50%,原材料在生产开始时一次投入(采用约当产量法分配完工产品成本和月末在产品成本)。

(2) 122#产品本月完工 1 000 件,乙产品各月末在产品数量变化不大(采用固定成本计价法计算期末在产品成本)。

假如你是平实厂的成本会计,根据工厂的车间设置、期初资料、当期耗用情况结合月末生产,如何归集生产费用,编制 121#、122#产品成本计算单(明细账)?

任务一　生产费用在完工产品与在产品之间的核算

通过上述生产费用要素在各种产品之间横向的归集和分配,产品在生产过程中所发生的应由本期负担的各种生产费用已经计入"生产成本——基本生产成本"科目及其所属的各产品成本明细账中。各产品成本明细账中归集的本期生产费用加上期初结存的在产品成本,为生产费用合计。月末如果产品全部完工,则产品成本明细账中归集的全部生产费用就是该种完工产品的成本;如果产品全部未完工,则产品成本明细账中归集的全部生产费用就是该种在产品的成本;如果既有完工产品,又有在产品,产品成本明细账中归集的全部生产费用,还应在完工产品和月末在产品之间采用适当的分配方法进行分配,以计算完工产品和月末在产品的成本。

一、在产品数量的核算

1. 完工产品、在产品的含义

(1) 在产品的含义

广义的在产品是就整个企业而言的,是指没有完成全部生产过程、不能作为商品销售的产品,包括正在车间加工中的在产品、需要继续加工的半成品、等待验收入库的产品、正在返修和等待返修的废品。对外销售的自制半成品,属于商品产品,验收入库后不应列入在产品之内;

不可修复废品也不包括在在产品之内。

狭义的在产品是就某一个生产单位或某一个生产步骤而言的，仅指车间内部处于加工、检验、运输等过程中的产品。

(2) 完工产品的含义

完工产品亦称产成品，是指已经加工完成并验收入库的产品，也就是可供出售的产成品。

【例7-1】某企业分三个步骤采用连续加工的生产方式，第一步骤投入生产 100 件，完工 80 件，在产品 20 件；第二步骤对上一步骤完工的 80 件继续加工，完工 70 件，在产品 10 件；第三步骤继续加工，完工 55 件，在产品 15 件。

则：

狭义在产品：第一步骤：20 件；第二步骤：10 件；第三步骤：15 件。

广义在产品：20 + 10 + 15 = 45 件。

2. 在产品数量的核算

如何将生产费用在完工产品与月末在产品之间进行分配，即生产费用的纵向分配，是产品成本计算工作中重要而复杂的问题，正确组织在产品数量的核算是正确进行生产费用纵向分配的前提。

在产品结存的数量同其他材料物资结存的数量一样，应同时具备账面核算资料和实际盘点资料。企业一方面要做好在产品收发结存的日常核算工作，另一方面要做好在产品的清查工作。

(1) 在产品数量的日常核算工作

车间在产品收发结存的日常核算，通常是通过在产品收发结存账进行的(见表 7-2)。在实务工作中，即建立在产品台账，应分别车间并按照产品的品种和在产品名称设立，以便用来反映车间各种在产品的转入、转出和结存的数量。各车间应认真做好在产品的计量、验收和交接工作，并在此基础上根据领料凭证、在产品内部转移凭证、产成品检验凭证和产品交库凭证，及时完整地登记在产品收发结存账，该账簿由车间核算人员登记。根据各车间在产品收发结存账所转入、转出和结存的在产品数量，分别乘以在产品的定额成本，即可了解各车间在产品的资金动态和资金占用额。

表 7-2　在产品收发结存账

在产品名称：甲产品　　　　　车间名称：一车间　　　　　计量单位：件

| 年 | | 摘要 | 收　入 | | 转　出 | | | 结　存 | |
月	日		凭证号	数量	凭证号	合格品	废品	完工	未完工
6	1		6011	100	6021	120			200
6	2		6012	80	6022	60		20	180
...	...	...	...	...	...	...		...	...
6	30	合 计		...		...	...	...	...

(2) 在产品数量的清查工作

在产品的管理与其他存货一样，应该定期或不定期地进行清查，达到在产品账实相符，保障在产品的安全完整。将清查结果根据实际盘点数和账面资料编制在产品盘存表，列明在产品的账面数、实有数、盘盈盘亏数以及盘盈盘亏的原因和处理意见等，对于报废和毁损的产品还要登记残值。成本核算人员应对在产品盘存表进行认真审核，并报有关部门审批，同时对在产品盘盈、盘亏进行账务处理。

在产品发生盘盈时，盘盈在产品的成本，应按定额成本入账，借记"生产成本——基本生产成本"科目，并记入相应的生产成本明细账，贷记"待处理财产损溢——待处理流动资产损溢"科目；按管理权限经批准进行处理时，借记"待处理财产损溢——待处理流动资产损溢"科目，贷记"管理费用"科目。

在产品发生盘亏和毁损时，借记"待处理财产损溢——待处理流动资产损溢"科目，贷记"生产成本——基本生产成本"科目，并从相应的生产成本明细账中转出，冲减在产品成本；毁损在产品的残值，借记"原材料"科目，贷记"待处理财产损溢——待处理流动资产损溢"科目；盘亏在产品按管理权限报经批准进行处理时，应根据不同情况，借记"管理费用""其他应收款"等有关科目，贷记"待处理财产损溢——待处理流动资产损溢"科目。

(3) 在产品数量核算工作的意义

做好在产品数量的日常核算和清查工作，既可以从账面上随时掌握在产品的动态，又可以清查在产品的实际数量，对加强生产资金管理有着重要意义。

在产品数量的核算，同时具备账面核算资料和实地盘点资料，对保证在产品账实、相符，加强在产品实物管理、保障在产品的安全完整有着重要意义。

正确组织在产品数量的核算，是生产费用要素在完工产品和在产品之间进行分配不可缺少的重要条件之一，企业要根据生产过程的特点和在产品数量的多少、各月在产品数量变化情况采用适当的方法计算在产品成本。

二、生产费用在完工产品与在产品之间分配的思路

企业期末有在产品时，应根据企业的具体情况，选择一定的方法，将生产费用在完工产品和在产品之间进行分配，从而计算出完工产品和在产品的成本。

完工产品成本与在产品成本之间的关系可用公式表示为：

$$期初在产品成本 + 本期生产费用 = 本期完工产品成本 + 期末在产品成本$$

等式前两项是已知数，等式后两项是未知数，公式前两项费用之和，应当在完工产品与月末在产品之间采用一定的分配方法进行分配，分配思路有三种。

(1) 先确定月末在产品成本，然后确定完工产品成本。这种方法是指先采用一定的方法对月末在产品进行计价，然后将汇总的基本生产总成本减去月末在产品成本，就可以计算出完工产品成本。具体方法有：不计在产品成本法、在产品按年初数固定计算法、在产品按原材料费用计价法、在产品按完工产品成本计算法、在产品按定额成本计价法。

(2) 先确定完工产品成本，然后确定月末在产品成本。这种方法是先用历史成本、计划成本或定额成本对完工产品成本进行计算，然后根据汇总的基本生产总成本减去完工产品成本，倒算出月末在产品成本。该方法实务上很少采纳。

(3) 同时确定完工产品成本与月末在产品成本法。该方法是采用合适的分配标准,将完工产品成本与月末在产品成本进行划分,以便同时计算出完工产品成本与月末在产品成本,包括约当产量法和定额比例法。

任务二　生产费用在完工产品与在产品之间分配的方法

制造企业存在月末在产品的情况下,为了正确计算完工产品成本,必须将各个基本生产车间归集的生产费用在完工产品与月末在产品之间进行分配。确定本期完工产品成本的关键在于正确确定期末在产品成本,由于各个制造企业的生产规模、工艺流程、成本构成、管理水平、核算要求各不相同,月末在产品的数量也有多有少,因此,在产品成本的确定方法也比较多。目前常用的在产品成本计算方法包括不计在产品成本法、在产品成本按年初数固定计算法、在产品按原材料费用计价法、约当产量法、在产品按完工产品成本计算法、在产品按定额成本计价法和定额比例法(见图7-1)。

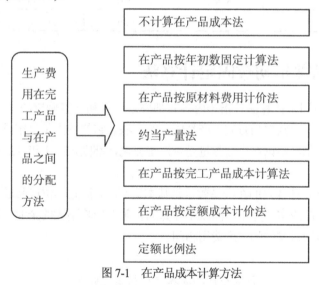

图 7-1　在产品成本计算方法

企业可以根据实际情况选择使用,在产品成本计算方法一经确定,不得随意变更,以保证产品成本资料的可比性。

一、不计算在产品成本法

不计算在产品成本法是指将本月发生的费用全部计入完工产品成本中,在产品不负担成本。它的特点是虽然有月末在产品,但根据成本核算的重要性原则,不计算其应负担的生产费用，而全部由完工产品成本负担。

该方法适用于企业月末在产品数量很少、价值很低，且各月在产品数量比较稳定的情况。

采用这种方法确定在产品成本，则本期完工产品总成本就是本期该产品所归集的生产费用。其公式为：

$$本期某完工产品总成本=该产品本期归集的全部生产费用$$

$$该完工产品单位成本=\frac{本期该产品总成本}{本期该产品完工数量}$$

【例7-2】某企业生产甲产品，每月末在产品的数量较少，不计算在产品成本。本月发生生产费用 10 000 元，其中：原材料 5 000 元；人工费用 3 000 元；制造费用 2 000 元。本月完工产品 100 件，月末在产品 1 件。

要求：计算甲产品完工产品的总成本和单位成本。

解析：

根据费用分配结果编制产品成本计算单(见表 7-3)。

表 7-3　产品成本计算单(不计算在产品成本法)

摘　　要	直接材料	直接人工	制造费用	合　　计
本月生产费用合计	5 000	3 000	2 000	10 000
本月完工产品成本	5 000	3 000	2 000	10 000
完工产品单位成本	50	30	20	100

二、在产品按年初数固定计算法

在产品按年初数固定计算法是指年内各月都固定以年初计算确定的在产品成本作为各月月末在产品成本，并以此确定当月完工产品成本的方法。它的特点是每年只在年末计算 12 月末在产品成本，在次年，不论在产品数量是否发生变化，都固定以上年 12 月末的在产品成本作为各月在产品成本。

这种方法适用于企业各月的在产品数量是基本均衡的，而且单位产品成本变化很小，按固定成本作为月末在产品成本对完工产品成本计算的正确性影响不大的企业。采用此方法，使当月完工产品总成本与当月发生的生产费用相同。

其公式为：

$$月末在产品成本=年初固定成本$$

$$本期某完工产品总成本=该产品本期归集的全部生产费用$$

$$该完工产品单位成本=\frac{本期该产品总成本}{本期该产品完工数量}$$

【例7-3】某企业生产乙产品，该产品每月数量变化不大，在产品成本按年初固定成本计价。乙产品固定成本为：原材料费用 8 500 元，人工费用 3 100 元，制造费用 880 元。本月生产共发生费：原材料 68 000 元，人工成本 25 000 元，制造费用 7 000 元。本月完工产品 80 件。

要求: 计算本月乙产品完工产品的总成本及单位成本。

解析:

根据费用分配结果编制产品成本计算单(见表7-4)。

表7-4 产品成本计算单(在产品按年初数固定计算法)

摘　要	直接材料	直接人工	制造费用	合　计
本月生产费用累计	68 000	25 000	7 000	100 000
本月完工产品成本	68 000	25 000	7 000	100 000
完工产品单位成本	850	312.5	87.5	1 250
月末在产品成本	8 500	3 100	880	12 480

三、在产品按原材料费用计价法

在产品按原材料费用计价法是指在确定月末在产品成本时,只计算在产品所消耗的材料费用,将人工费用与制造费用全部由当期完工产品负担的方法。它的特点是用月末在产品所消耗的材料费用来代替月末在产品成本。

这种方法适用于在产品的成本构成中,材料费用占绝大比重,不计算在产品应负担的人工费用与制造费用,对正确计算完工产品成本影响不大的企业。如酿酒、造纸、纺织企业可采用这种方法。

其公式为:

$$材料费用分配率 = \frac{该产品所耗材料费用总额(期初+本期)}{该产品完工数量+月末在产品数量}$$

$$月末在产品成本 = 月末在产品数量 \times 材料费用分配率$$

$$本期完工产品总成本 = 月初在产品成本 + 本期生产费用 - 月末在产品成本$$

【例7-4】某企业生产丙产品,原材料在生产开始时一次投入,月末在产品按所耗原材料费用计价。月初在产品费用为7 200元,本月发生生产费用:直接材料费用60 000元,人工费用4 000元,制造费用1 000元。本月完工产品100件,月末在产品20件。

要求: 计算丙产品完工产品成本及月末在产品成本。

解析:

根据费用分配结果编制产品成本计算单(见表7-5)。

表7-5 产品成本计算单(在产品按原材料费用计价法)

摘　要	直接材料	直接人工	制造费用	合　计
月初在产品成本	7 200			7 200
本月生产费用	60 000	4 000	1 000	65 000
生产费用累计	67 200	4 000	1 000	72 200
本月完工产品成本	56 000	4 000	1 000	61 000
月末在产品成本	11 200			11 200

材料费用分配率 = (7 200 + 60 000) ÷ (100 + 20) = 560
丙产品完工产品直接材料 = 100 × 560 = 56 000(元)
月末在产品成本 = 20 × 560 = 11 200(元)
丙产品完工产品成本 = 7 200 + 65 000 - 11 200 = 61 000(元)

采用在产品按原材料费用计价法计算在产品成本时,由于不同企业在投料方式、投料时间上的不一致,因此在计算月末在产品所消耗的材料费用时采用的方法也不同。若原材料是在开始生产时一次投入的,应按完工产品和在产品的数量比例分配材料费用;若原材料不是在开始生产时一次投入的,则应将在产品的数量折算为约当产量,将材料费用在完工产品和在产品之间按约当产量的比例进行分配。

四、约当产量法

约当产量是指将月末在产品数量按其完工程度折算为完工产品的数量。约当产量法是将月末在产品数量折合成完工产品数量参与生产费用的分配,同时确定月末在产品成本与本期完工产品成本的方法。它的特点是先把月末在产品数量按材料消耗比例或完工程度折合成完工产品数量,再将归集的生产费用在月末在产品约当产量和完工产品产量之间进行分配,分别确定其成本。

这种方法适用于期末在产品数量较多,各月月末的在产品数量变化较大,产品中各个成本项目所占比重相差不大的产品。

1. 约当产量法确定产品成本的程序及运用的计算公式

(1) 计算在产品约当产量:

在产品约当产量 = 月末在产品数量 × 月末在产品完工程度(或投料比例)

(2) 计算约当总产量:

约当总产量 = 本月完工产品数量 + 月末在产品约当产量

(3) 计算各项费用分配率:

$$某项费用分配率 = \frac{该项费用总额}{约当总产量}$$

(4) 计算月末在产品应负担的某项生产费用:

月末在产品应负担的某项生产费用 = 在产品约当产量 × 该项费用分配率

(5) 计算本期完工产品应负担的某项生产费用:

$$本期完工产品应负担的某项生产费用 = 该项费用总额 - 月末在产品应负担的该项费用额$$

(6) 计算本期完工产品总成本:

本期完工产品总成本 = $\sum$本期完工产品应负担的各项生产费用

(7) 计算本期完工某产品单位成本：

$$本期完工某产品单位成本=\frac{本期完工的该产品总成本}{本期完工的该产品产量}$$

2. 约当产量的计算

约当产量法的关键是确定完工程度或投料程度，在计算约当产量时，要注意在产品耗用的原材料和加工费用(直接工资、制造费用等)的情况是不一样的，通常应根据不同的成本项目确定完工程度或投料程度。

(1) 材料费用约当产量的计算

① 生产是单工序、单步骤，原材料在开始时一次投料，投料程度为100%，则：

在产品约当产量=在产品的实际数量

【例7-5】某产品本月完工250件，月末在产品50件，原材料在生产开始时一次性投入。应分配费用：月初和本月发生的原材料费用合计8 700元，则：

在产品的约当产量=50(件)

② 生产是多步骤、多工序的，原材料陆续投入，且投入量和加工进度一致，投料程度即为加工程度，则：

在产品约当产量=在产品完工程度×在产品数量

【例7-6】某产品本月完工250件，月末在产品50件，原材料陆续投入，且投入量和加工进度一致。月初和本月发生的原材料费用合计8 700元，在产品完工程度测定为80%。则：

在产品约当产量=80%×50=40(件)

③ 生产是多步骤、多工序的，原材料陆续投入，投入量和加工进度不一致，原材料的投料程度按每道工序的原材料投料定额计算，则：

某道工序在产品投料程度

$$=\frac{(上道工序累计单位原材料定额成本+该道工序单位原材料定额成本×50\%)}{完工产品投料定额}$$

在产品约当产量 = Σ (各工序在产品数量 × 各工序在产品投料程度)

【例7-7】某产品本月完工200件，由两道工序制成，原材料在生产过程中分工序陆续投入，投入量和加工进度不一致。各工序原材料消耗定额为：第一工序70千克，第二工序30千克，共计100千克。各工序月末在产品数量为：第一工序80件，第二工序60件。月初和本月发生的原材料费用为10 200元。

则：

$$第一工序在产品投料程度=\frac{(70×50\%)}{100}=35\%$$

$$第二工序在产品投料程度=\frac{(70+30×50\%)}{100}=85\%$$

在产品约当产量 =80×35%+60×85%=79(件)

④ 生产是多步骤、多工序的，原材料在各工序是一次性投入，则各工序在产品耗用的原材料同完工产品到本工序为止耗用的原材料是一样的。

则：

$$某道工序在产品投料程度=\frac{(上道工序累计单位原材料定额成本+该道工序单位原材料定额成本)}{完工产品投料定额}$$

$$在产品约当产量=\Sigma(各工序在产品数量\times各工序在产品投料程度)$$

【例7-8】某产品本月完工 200 件，由两道工序制成，原材料分别在各道工序生产开始时一次投入。各工序原材料消耗定额为：第一工序 70 千克，第二工序 30 千克，共计 100 千克。各工序月末在产品数量为：第一工序 80 件，第二工序 60 件。月初和本月发生的原材料费用为 10 200 元。

则：第一工序在产品投料程度 $=\dfrac{70}{100}=70\%$

第二工序在产品投料程度 $=\dfrac{(70+30)}{100}=100\%$

在产品约当产量 $=80\times70\%+60\times100\%=116(件)$

(2) 其他费用(人工费用、制造费用)约当产量的计算

月末在产品应负担的其他费用与产品的完工程度相关。产品完工程度是指某产品已消耗工时占生产该产品所需全部工时的比例。

① 单步骤均衡生产的产品，月末在产品会均衡地分布在生产线上，因此月末在产品的平均完工程度通常为 50%。则：

$$月末在产品约当产量=月末在产品数量\times完工程度(通常为50\%)$$

② 多步骤连续生产的产品，由于各工序所耗工时不一定相同，使各道工序的月末在产品的完工程度也不同，则：

$$某工序月末在产品完工程度=\frac{前面各工序已耗工时+本工序消耗工时\times50\%}{该产品应消耗总工时}\times100\%$$

$$月末在产品约当产量=\Sigma(各工序月末在产品数量\times该工序完工程度)$$

【例7-9】某车间生产丙产品须经两道工序，本月共发生人工费用 19 125 元。第一道工序定额工时为 10 小时，第二道工序定额工时为 30 小时。月末完工产品 70 件，第一道工序在产品 80 件，第二道工序在产品 50 件。

则：第一道工序完工程度 $=(10\times50\%)\div40\times100\%=12.5\%$

第二道工序完工程度 $=(10+30\times50\%)\div40\times100\%=62.5\%$

月末在产品的约当产量 $=80\times12.5\%+50\times62.5\%=10+31.25=41.25(件)$

3. 运用约当产量法分配完工产品和期末在产品成本

确定在产品约当产量后，再以月末在产品约当产量和完工产品产量为分配依据，计算出完工产品和期末在产品成本。

【例7-10】某企业生产丙产品，3月份初在产品成本为：直接材料2 800元，直接人工1 520元，制造费用1 100元。本月生产费用为：直接材料50 000元，直接人工58 960元，制造费用22 300元。本月完工产品240件，月末在产品200件，在产品的完工程度为60%，材料在生产开始时一次全部投入。

要求：运用约当产量法分配完工产品和期末在产品成本。

(1) 直接材料费用的分配：

直接材料费用分配率 = (2 800 + 50 000)/(240 + 200) = 120

完工产品应负担的直接材料费用 = 240×120 = 28 800(元)

月末在产品应负担的直接材料费用 = 200×120 = 24 000(元)

(2) 直接人工费用的分配：

月末在产品约当产量 = 200×60% = 120(件)

直接人工费用分配率 = (1 520 + 58 960)/(240 + 120) = 168

完工产品应负担的直接人工费用 = 240×168 = 40 320(元)

月末在产品应负担的直接人工费用 = 120×168 = 20 160(元)

(3) 制造费用的分配：

月末在产品约当产量 = 200×60% = 120(件)

制造费用分配率 = (1 100 + 22 300)/(240 + 120) = 65

完工产品应负担的直接人工费用 = 240×65 = 15 600(元)

月末在产品应负担的直接人工费用 = 120×65 = 7 800(元)

(4) 计算完工产品成本和月末在产品成本：

完工产品成本 = 28 800 + 40 320 + 15 600 = 84 720(元)

月末在产品成本 = 24 000 + 20 160 + 7 800 = 51 960(元)

根据计算结果编制产品成本计算单(见表7-6)。

表7-6　产品成本计算单(约当产量法)

摘　　要	直接材料	直接人工	制造费用	合　　计
月初在产品成本	2 800	1 520	1 100	5 420
本月生产费用	50 000	58 960	22 300	131 260
生产费用累计	52 800	60 480	23 400	136 680
费用分配率	120	168	65	
完工产品成本	28 800	40 320	15 600	84 720
月末在产品成本	24 000	20 160	7 800	51 960

五、在产品按完工产品成本计算法

在产品按完工产品成本计算法指月末在产品视同完工产品参与生产费用的分配。其特点是一件在产品与一件完工产品承担相同的生产费用。

这种方法适用于月末在产品已基本完工，只是尚未包装入库的产品，可按完工产品与月末在产品数量的比例分配生产费用。

其公式为：

$$费用分配率 = \frac{该产品所耗费用总额(期初+本期)}{该产品完工数量+月末在产品数量}$$

$$月末在产品成本 = \Sigma (月末在产品数量 \times 各费用分配率)$$
$$本期完工产品总成本 = 月初在产品成本 + 本期生产费用 - 月末在产品成本$$

【例7-11】某企业甲产品5月初在产品费用为：原材料30 000元，人工费用15 000元，制造费用13 000元，合计58 000元；本月生产费用为：原材料费用60 000元，人工费用31 000元，制造费用29 000元，合计120 000元；本月完工产品900件，月末在产品100件。月末在产品都已完工，尚未验收入库。

要求：用在产品按完工产品计算法分配各项费用。

解析：

根据费用分配结果编制产品成本计算单(见表7-7)。

表7-7 产品成本计算单(在产品按完工产品成本计算法)

摘　　要	直接材料	直接人工	制造费用	合　　计
月初在产品成本	30 000	15 000	13 000	58 000
本月生产费用	60 000	31 000	29 000	120 000
生产费用累计	90 000	46 000	42 000	178 000
费用分配率	90	46	42	178
完工产品成本(900件)	81 000	41 400	37 800	160 200
月末在产品成本(100件)	9 000	4 600	4 200	17 800

六、在产品按定额成本计价法

在产品按定额成本计价法，是指根据月末在产品数量和单位定额成本计算月末在产品成本，倒挤确定本期完工产品成本的方法。其特点是在产品只按定额成本计算，月末在产品的实际成本与定额成本之间的差额由本期完工产品负担。

这种方法适用于在产品定额成本比较准确，消耗定额相对比较稳定，各期末在产品数量变化不大的产品。

其公式即：

$$月末在产品定额成本 = 月末在产品数量 \times 单位定额成本$$

$$本期完工产品总成本 = 月初在产品定额成本 + 本期生产费用 - 月末在产品定额成本$$

$$\frac{本期完工产}{品单位成本} = \frac{本期完工产品总成本}{本期完工产品数量}$$

上述计算公式中，月末在产品的单位定额成本通常是按产品成本项目确定的，因此在具体计算月末在产品定额成本时，要按不同的定额标准分别计算月末在产品各个成本项目的定额成本，再加总确定月末在产品定额成本。

【例7-12】某企业生产的乙产品月初在产品定额成本为：直接材料105 296元，直接人工25 684元，制造费用13 250元，合计144 230元；本月发生的生产费用：直接材料826 994元，直接人工294 612元，制造费用167 350元，合计1 288 956元。乙产品本月完工450件，月末在产品390件，其中第一工序160件，第二工序120件，第三工序110件。原材料分工序投入，单位在产品直接材料费用定额为第一工序375元，第二工序410元，第三工序670元。乙产品单位工时定额为70小时，其中，第一工序20小时，第二工序32小时，第三工序18小时，月末在产品在各工序的完工程度为50%。产品定额工时人工费用分配率为2，定额工时制造费用分配率1.5。

要求：按定额成本计算法计算月末在产品成本。

解析：

(1) 计算在产品定额工时：

第一道工序累计定额工时：$20 \times 50\% \times 160 = 1\,600$(工时)

第二道工序累计定额工时：$(20 + 32 \times 50\%) \times 120 = 4\,320$(工时)

第三道工序累计定额工时：$(20 + 32 + 18 \times 50\%) \times 110 = 6\,710$(工时)

定额工时总和 $= 1\,600 + 4\,320 + 6\,710 = 12\,630$(工时)

(2) 计算在产品定额成本：

直接材料：$160 \times 375 + 120 \times 410 + 110 \times 670 = 182\,900$(元)

直接人工：$12\,630 \times 2 = 25\,260$(元)

制造费用：$12\,630 \times 1.5 = 18\,945$(元)

定额成本合计：$182\,900 + 25\,260 + 18\,945 = 227\,105$(元)

将结果填入月末在产品定额成本计算表(见表7-8)。

表7-8 月末在产品定额成本计算表

工序	在产品数量/件	单位原材料定额费用	原材料定额费用总额	各工序定额工时	累计定额工时	人工费用(单位工时定额2元)	制造费用(单位工时定额1.5元)	定额成本合计
1	160	375	60 000	20	1 600			
2	120	410	49 200	32	4 320			
3	110	670	73 700	18	6 710			
合计			182 900		12 630	25 260	18 945	227 105

(3) 计算完工产品实际成本：

本月完工产品直接材料费：$932\,290 - 182\,900 = 749\,390$(元)

本月完工产品直接人工费用：320 296－25 260＝295 036(元)

本月完工产品制造费用：180 600－18 945=161 655(元)

完工产品实际成本合计：749 390＋295 036＋161 655＝1 206 081(元)

完工产品单位成本：1 206 081÷450＝2 680.18(元)

根据计算结果编制产品成本计算单(见表7-9)。

表7-9　产品成本计算单(在产品按定额成本计价法)

摘　　要	直接材料	直接人工	制造费用	合　　计
月初在产品成本	105 296	25 684	13 250	144 230
本月生产费用	826 994	294 612	167 350	1 288 956
生产费用累计	932 290	320 296	180 600	1 433 186
完工产品成本	749 390	295 036	161 655	1206 081
月末在产品成本	182 900	25 260	18 945	227 105

七、定额比例法

定额比例法是按照定额消耗量或定额费用的比例分配完工产品和月末在产品成本的一种方法。其特点是生产费用按月末在产品和本期完工产品的定额成本比例进行分配，确定完工产品与在产品各自应负担的生产费用。

这种方法适用于定额管理基础比较好，各项消耗定额或费用定额比较准确、稳定且月末在产品数量变化较大的情况。克服了定额计算法中将在产品实际成本与定额成本之间的差额计入完工产品成本，可能造成完工产品成本计算不够正确的问题。

采用定额比例法计算在产品成本的程序及相关公式如下。

(1) 计算月末在产品与本期完工产品的定额成本：

$$\genfrac{}{}{0pt}{}{月末在产品成}{本项目定额成本} = \genfrac{}{}{0pt}{}{月末在产}{品数量} \times \genfrac{}{}{0pt}{}{单位在产品定额原材料}{(人工、制造)费用}$$

$$\genfrac{}{}{0pt}{}{本期完工产品成}{本项目定额成本} = \genfrac{}{}{0pt}{}{本期完工}{产品数量} \times \genfrac{}{}{0pt}{}{单位产品定额原材料}{(人工、制造)费用}$$

(2) 计算定额成本分配率：

$$\genfrac{}{}{0pt}{}{原材料(人工、制造)}{费用定额成本分配率} = \frac{\genfrac{}{}{0pt}{}{月初在产品原材料}{(人工、制造)费用} + \genfrac{}{}{0pt}{}{本期发生的原材料}{(人工、制造)费用}}{\genfrac{}{}{0pt}{}{月末在产品原材料}{(人工、制造)费用定额成本} + \genfrac{}{}{0pt}{}{本期完工产品原材料}{(人工、制造)费用定额成本}}$$

(3) 计算月末在产品实际成本：

$$月末在产品实际成本 = \genfrac{}{}{0pt}{}{月末在产品各成本}{项目额额成本} \times \genfrac{}{}{0pt}{}{原材料(人工、制造)}{费用定额分配率}$$

$$月末在产品 \atop 的实际成本 = 月末在产品 \atop 的材料费用 + 月末在产品 \atop 的人工费用 + 月末在产品 \atop 的制造费用$$

(4) 计算本期完工产品的实际总成本和单位成本：

$$本期完工产品各成 \atop 本项目实际成本 = 本期完工产品各成本 \atop 项目定额成本 \times 原材料(人工、制造) \atop 费用定额分配率$$

或

$$= 月初在产品的原材料 \atop (人工、制造)费用 + 本期发生的原料 \atop (人工、制造)费用 - 月末在产品负担的原材 \atop 料(人工、制造)费用$$

$$本期完工产品 \atop 实际总成本 = 本期完工产品 \atop 应负材料费用 + 本期完工产品 \atop 应负人工费用 + 本期完工产品 \atop 应负制造费用$$

$$本期完工产品单位成本 = \frac{本期完工产品的实际总成本}{本期完工产品数量}$$

【例7-13】某企业生产甲产品，月初在产品直接材料5 500元，直接人工4 500元，制造费用6 000元，本月发生直接材料18 500元，直接工资16 300元，制造费用26 500元。完工产品直接材料定额费用16 000元，在产品定额费用4 000元，完工产品定额工时11 000小时，在产品定额工时2 000小时。

要求：采用定额比例法计算完工产品和在产品成本。

解析：

根据计算结果编制产品成本计算单(见表7-10)。

$$原材料定额分配率 = \frac{5\,500 + 18\,500}{16\,000 + 4\,000} \times 100\% = 1.2$$

$$直接人工定额分配率 = \frac{4\,500 + 16\,300}{11\,000 + 2\,000} \times 100\% = 1.6$$

$$制造费用定额分配率 = \frac{6\,000 + 26\,500}{11\,000 + 2\,000} \times 100\% = 2.5$$

月末在产品实际成本 = 4 000 × 1.2 + 2 000 × 1.6 + 2000 × 2.5 = 13 000(元)

本期完工产品实际成本 = 16 000 × 1.2 + 11 000 × 1.6 + 11 000 × 2.5 = 64 300(元)

表7-10　产品成本计算单

项　　目	直接材料	直接工资	制造费用	合　　计
月初在产品成本	5 500	4 500	6 000	16 000
本月生产费用	18 500	16 300	26 500	61 300
费用合计	24 000	20 800	32 500	77 300
费用分配率	1.2	1.6	2.5	—

（续表）

项　目		直接材料	直接工资	制造费用	合　计
完工产品费用	定额	16 000	11 000	11 000	—
	实际	19 200	17 600	27 500	64 300
月末在产品费用	定额	4 000	2 000	2 000	—
	实际	4 800	3 200	5 000	13 000

任务三　完工产品成本结转的核算

生产费用完成了在各产品之间以及在完工产品和月末在产品之间横向与纵向的分配和归集之后，完工产品的单位成本已计算出来，可据以结转入库完工产品成本。

工业企业的完工产品，包括产成品、自制材料、工具和模具等。完工产品经产成品仓库验收入库以后，其成本应从"生产成本——基本生产成本"科目和各种产品成本明细账的贷方转入到各有关科目的借方。

一、账户设置

为了反映完工产品入库情况，需要设置"库存商品"账户进行核算。"库存商品"账户是资产类账户，用来核算企业自行生产完工并入库的完工产品和从企业外部购进直接用于对外销售的商品。在制造企业中，该账户的借方登记验收入库的外购商品或完工入库的完工产品的实际成本，贷方登记结转的商品销售成本和其他原因付出商品的实际成本，余额为借方，表示企业在库商品的实际成本。企业应当按照商品的品名、规格分户设置"库存商品数量金额明细账"，对库存商品进行明细分类核算。

二、会计处理

无论采用何种方法确定月末在产品成本，在计算出本期完工产品的总成本和单位成本后，都要根据编制的产品生产费用分配表或产品成本计算表，结合产品入库单进行产品成本的会计处理(见表7-11)。

表 7-11　产品成本汇总表

应借科目	产品名称	产量	成本	直接材料	燃料和动力	直接人工	制造费用	成本合计
库存产品			总成本					
			单位成本					
			总成本					
			单位成本					
总成本合计								

118

其中，完工入库产成品的成本，应转入"库存商品"科目；完工自制材料、工具、模具等的成本，应分别转入"原材料"和"低值易耗品"等科目。""生产成本——基本生产成本"总账科目的月末余额，就是企业在产品的成本，也就是占用在基本生产过程中的生产资金，应与所属各种产品成本明细账中月末在产品成本之和核对相符。

根据产品成本汇总表，编制下列会计分录：

借：库存商品

　　贷：生产成本——基本生产成本

知识归纳

通过生产费用要素在各种产品之间横向的归集和分配，产品在生产过程中所发生的各种生产费用已经记入"生产成本——基本生产成本"科目及其所属的各产品成本明细账中。任何产品的生产，都要经历在产品的过程，存在月末在产品的制造企业，所归集的生产费用应当在本期完工产品与月末在产品之间进行分配。

将生产费用在完工产品与月末在产品之间进行分配，即生产费用的纵向分配，是产品成本计算工作中重要而复杂的问题。正确组织在产品数量的核算，是正确进行生产费用纵向分配的前提，企业一方面要做好在产品收发结存的日常核算工作，另一方面要做好在产品的清查工作。

广义的在产品是就整个企业而言的，是指没有完成全部生产过程、不能作为商品销售的产品；狭义的在产品是就某一个生产单位或某一个生产步骤而言的，仅指车间内部处于加工、检验、运输等过程中的产品。

在选择企业在产品成本计算方法时，应根据企业自身的特点综合考虑企业月末在产品数量的多少、在产品占用的金额的多少、在产品成本各月份变化的情况、企业定额资料是否健全等。

生产费用在完工产品与在产品之间分配的方法主要有：①不计算在产品成本法；②在产品按年初数固定计算法；③在产品按原材料费用计价法；④约当产量法；⑤在产品按完工产品成本计算法；⑥在产品按定额成本计价法；⑦定额比例法。企业可以根据实际情况选择使用，在产品成本计算方法一经确定，不得随意变更，以保证产品成本资料的可比性。

无论采用何种方法，在确定完工产品的总成本与单位产品成本后，都要编制完工产品成本计算表，结合产品入库单，进行会计核算，借记"库存商品"，贷记"生产成本"等。

达标检测

一、简答题

1. 在产品成本的计算方法有几种？在选择在产品成本计算方法时应考虑哪些因素？

2. 约当产量法适用于什么条件下采用？应注意哪些问题？

3. 在不同的投料方式下，如何确定在产品的投料比例？

4. 多步骤生产过程中，如何确定在产品的完工程度？

5. 按定额比例计算在产品成本法的基本程序和有关公式是怎样的？

二、单项选择题

1. 在计算完工产品成本时，如果不计算在产品成本，必须具备的条件是(　　)。
　　A. 月末在产品数量很少　　　　　　B. 月末在产品数量较少
　　C. 月末在产品数量较稳定　　　　　D. 定额管理基础较好

2. 按完工产品和月末在产品数量比例分配计算完工产品和月末在产品的原材料费用，必须具备的条件是(　　)。
　　A. 原材料随生产进度陆续投入　　　B. 原材料在生产开始时一次投入
　　C. 原材料消耗定额比较准确稳定　　D. 产品成本中原材料费用比重较大

3. 按完工产品和月末在产品数量比例分配计算完工产品和月末在产品的成本，必须具备的条件是(　　)。
　　A. 在产品已接近完工　　　　　　　B. 原材料在生产开始时一次投入
　　C. 产品成本中原材料费用比重较大　D. 各项消耗定额比较准确稳定

4. 原材料在每道工序开始时一次投料的情况下，计算在产品的投料程度，是下列哪一项目于完工产品原材料消耗定额的比率(　　)。
　　A. 在产品所在工序原材料消耗定额　B. 在产品所在工序原材料消耗定额之半
　　C. 在产品所在工序原材料累计消耗定额　D. 在产品所在工序原材料累计消耗定额之半

5. 某种产品在产品数量较少，或者数量虽多但各月之间在产品数量变化不大，月初、月末在产品成本之间的差额对完工产品成本的影响不大，为了简化核算工作，应采用(　　)。
　　A. 不计算在产品成本法　　　　　　B. 在产品按所耗原材料费用计价法
　　C. 按年初数固定计算在产品成本法　D. 在产品成本按定额比例计算法

6. 如果企业定额管理基础较好，能够制定比较准确、稳定的消耗定额，且各月末在产品的数量变化较大，则月末在产品成本的计算应采用(　　)。
　　A. 定额比例法　　　　　　　　　　B. 在产品按定额成本计价法
　　C. 在产品按所耗原材料费用计价法　D. 固定成本计价法

7. 月末在产品成本按所耗原材料费用计价法，适用于(　　)的情况。
　　A. 月末在产品数量很多　　　　　　B. 月末在产品数量变化较大
　　C. 原材料费用在产品成本中所占的比重较大　D. 以上三个条件同时具备

8. 如果某产品所耗原材料费用在生产开始时一次投料，则完工产品与月末在产品应负担的原材料费用可按(　　)计算分配。
　　A. 所耗原材料数量　　　　　　　　B. 在产品约当产量
　　C. 在产品数量折半　　　　　　　　D. 完工产品产量与在产品数量

9. 采用不计在产品成本法的适用范围是(　　)。
　　A. 月末无在产品　　　　　　　　　B. 月末在产品数量很少
　　C. 月末在产品数量较多　　　　　　D. 月末在产品数量均衡

10. A产品要经历三道工序完成，各工序的投料比例分别为50%、35%和15%，材料在生产开始时一次投入，则第二步在产品的投料比例是(　　)。
　　A. 100%　　　　B. 50%　　　　C. 85%　　　　D. 35%

11. A产品要经历三道工序完成，各工序的投料比例分别为50%、35%和15%，材料在每道工序生产开始时一次投入，则第二步在产品的投料比例是(　　)。

    A. 100%　　　　　B. 50%　　　　　C. 85%　　　　　D. 35%

12. A产品要经历三道工序完成，各工序的定额工时分别为30小时、10小时和10小时，则第二工序的在产品完工程度是(　　)。

    A. 50%　　　　　B. 70%　　　　　C. 80%　　　　　D. 90%

13. B产品要经历三道工序完成，各工序在产品的完工程度分别为30%、65%和85%，若该产品的定额工时为50小时，则第三工序的定额工时为(　　)小时。

    A. 10　　　　　B. 15　　　　　C. 20　　　　　D. 25

14. B产品要经历三道工序完成，各工序的月末在产品数量分别为100件、120件和150件，各工序在产品的完工程度分别为30%、60%和80%，则月末在产品的约当产量为(　　)件。

    A. 370　　　　　B. 185　　　　　C. 200　　　　　D. 222

15. 某车间月生产D产品10 000件，月末在产品数量通常在50件左右，且成本构成比较稳定，则对在产品成本宜采用(　　)。

    A. 不计在产品成本法　　　　　　　　　B. 按固定成本计算在产品成本法
    C. 按约当产量计算在产品成本法　　　　D. 按定额比例计算在产品成本法

三、多项选择题

1. 采用约当产量计算在产品成本法时，需要按完工程度确定在产品约当产量进行分配的生产费用有(　　)。

    A. 材料费用　　　　　　　　　　　　　B. 人工费用
    C. 动力费用　　　　　　　　　　　　　D. 制造费用
    E. 燃料费用

2. 需要应用到费用定额来计算月末在产品成本的方法有(　　)。

    A. 不计成本法　　　　　　　　　　　　B. 固定成本法
    C. 定额成本法　　　　　　　　　　　　D. 约当产量法
    E. 定额比例法

3. 按约当产量计算在产品成本法的适用条件是(　　)。

    A. 期初在产品数量较多　　　　　　　　B. 月末在产品数量较多
    C. 各项在产品数量变化大　　　　　　　D. 各个成本项目所占比重相差不大
    E. 各个成本项目所占比重相差大

4. 定额成本计算在产品成本法下，本期完工产品成本中包括(　　)。

    A. 本期完工产品实际成本　　　　　　　B. 期初在产品实际成本与定额成本差异
    C. 期初在产品成本　　　　　　　　　　D. 月末在产品实际成本与定额成本差异
    E. 月末在产品的定额成本

5. 采用定额成本法计算在产品成本的适用条件是(　　)。

    A. 各项在产品数量较多　　　　　　　　B. 各项在产品数量较少

C. 定额成本较准确   D. 消耗定额相对较稳定

E. 产品成本构成较稳定

6. 在定额比例计算在产品成本法下，本期完工产品成本中包括(　　)。

A. 本期完工产品定额成本   B. 期初在产品实际成本与定额成本差异

C. 期末在产品定额成本   D. 完工产品实际成本与定额成本差异

E. 月末在产品实际成本与定额成本差异

7. 计算在产品约当产量时，要考虑的因素有(　　)。

A. 原材料投料方式   B. 月末各工序在产品数量

C. 在产品的完工程度   D. 完工产品数量

E. 月初各工序在产品数量

8. 结转完工产品成本时，涉及的会计科目有(　　)。

A. 生产成本   B. 基本生产成本

C. 辅助生产成本   D. 制造费用

E. 库存商品

9. 广义在产品包括(　　)。

A. 正在加工中的产品   B. 入库的半成品

C. 外购半成品   D. 修理用备件

E. 入库的完工产品

10. 不需要每月计算在产品成本的在产品成本计算方法有(　　)。

A. 不计成本法   B. 固定成本法

C. 约当产量法   D. 完工产品法

E. 只计材料法

四、判断题

1. 为了反映完工产品成本构成情况，分配生产费用时，应按成本项目分别计算。　　(　　)

2. 按定额比例法计算月末在产品成本，一般以原材料定额消耗量作为分配标准。　　(　　)

3. 在产品数量的日常核算，可以通过设置"在产品台账"来进行。　　(　　)

4. 任何企业都可用定额成本法在期末完工产品与在产品之间分配生产费用。　　(　　)

5. 将在产品按其完工程度折合为完工产品的产量称为约当产量。　　(　　)

6. 原材料在生产过程中分次投入时，应当根据该工序在产品累计已投入的材料费用占完工产品应投入的材料费用的比重来计算在产品的投料程度。　　(　　)

7. 约当产量法适用于本月末在产品数量大，各月末在产品数量变化也较大，其原材料费用在成本中所占比重较大的产品。　　(　　)

8. 由于完工程度不同，完工产品与月末在产品的各项加工费用均不能按照它们的数量比例来分配计算，而应按约当产量比例分配计算。　　(　　)

9. 采用定额比例法和定额成本法计算在产品成本，其计算结果应当是一致的。　　(　　)

10. 月末在产品未完工时，则月末在产品可按年初数计算。　　(　　)

11. 在产品只计算材料成本时，本月完工产品成本总是小于本月发生的生产费用。（ ）

12. 在产品约当产量是指期末在产品折合为完工产品的数量。（ ）

13. 采用约当产量法时，当各道工序的在产品数量和在产品加工量比较均衡时，全部在产品的平均完工程度不同可按 50% 计算。（ ）

14. 在月末计算产品成本时，如果某种产品已经全部完工，或者该产品全部没有完工，那么其他成本明细账中归集的生产费用之和就不必在完工产品与月末在产品之间进行生产费用的分配。（ ）

15. 报废、毁损的产品的残值，一般直接冲减"生产成本"账户。（ ）

案例讨论

王皓是北方财经大学会计学院在校本科生，暑假期间为巩固所学的会计理论知识，来到了妈妈所在的工厂实习，妈妈是该厂的一名成本核算员，她先给王皓介绍了自己工厂的生产特点。妈妈告诉王皓：该企业生产甲产品，各项产品消耗定额健全、准确、稳定，但月末在产品数量变化较大，该产品经过两道工序连续加工制成，本月完工 752 件，原材料在生产开始时一次投入。单件产品原材料费用定额为 93 元，工时定额 10 小时。每工时直接人工费用定额 4.9 元，制造费用定额 1.7 元。各工序工时定额及在产品数量如表 7-12 所示。

表 7-12 各工序工时定额及在产品数量汇总

工 序	在产品数量/件	工时定额/小时
1	100	6
2	80	4
合 计	180	10

各工序月末在产品平均加工程度为 50%。月初及本月生产费用合计为 150 333.60 元，其中直接材料 95 343.60 元，直接人工 42 300 元，制造费用 12 690 元。企业采用在产品按定额成本计价法计算完工甲产品和期末在产品的价值。

妈妈让王皓解决如下问题：

(1) 该企业在产品成本计算方法是否正确，应该采用什么方法？

(2) 用合理的在产品计算方法分配计算完工产品成本和月末在产品成本。

项目八　认识产品成本核算方法

任务一　成本核算的方法

一、成本核算方法概述

成本核算是生产经营过程中发生的各种费用，以一定的成本核算对象为依据，分配和归集生产费用并计算其总成本和单位成本的过程。针对不同的企业，不同的成本核算，企业采用的不同的成本核算方法进行成本核算。以不同的成本核算对象为主要标志，形成了企业成本核算的各种方法。成本核算方法可分为基本方法和辅助方法两大类。

二、成本核算的基本方法

成本核算的基本方法是指核算产品实际成本必不可少的方法。根据不同的企业，以不同的成本核算对象为主要标志的产品的成本核算基本方法有三种：品种法、分批法和分步法。

1. 品种法

以产品品种为成本核算对象，归集和分配生产费用，核算出各种产品的实际总成本和单位成本的成本核算方法，称为品种法。该方法一般适用于大量大批的单步骤生产，如发电、采掘等；也可以用于管理上不要求分步骤核算成本的多步骤的大量大批生产，如小型造纸厂、水泥厂等。

品种法成本核算具有三方面的特点：第一，以产品品种为成本核算对象；第二，成本计算期与会计报告期一致，与生产周期不一致，成本核算定期按月进行；第三，月末需要在完工产品和在产品之间分配生产费用。

品种法有典型品种法和简单品种法两种。典型品种法是指月末有在产品，并需要在完工产品和月末在产品之间分配生产费用。简单品种法是指月末无在产品，不需要在完工产品和月末在产品之间分配生产费用。

2. 分批法

以产品批别为成本核算对象，归集和分配生产费用，核算出各种产品的实际总成本和单位成本的成本核算方法，称为分批法。该方法一般适用于单件小批的单步骤生产或管理上不要求分步骤核算成本的多步骤生产，如修理作业、专用工具的模具制造、重型机器制造、船舶制造等。

分批法成本核算具有三方面的特点：第一，以产品批量为成本核算对象；第二，成本计算期与会计报告期不一致，与生产周期一致，分批法下，要等到该批订单产品全部完工后才能核算其成本；第三，月末一般不需要在完工产品和在产品之间分配生产费用。

分批法有典型分批法和简化分批法两种。典型分批法是指企业每月发生的间接生产费用需要按月在各批产品之间分配。简化分批法是指企业同时生产的批别较多，但是跨越陆续完工的批别不多，管理上不需要了解月末未完工批次的在产品，可以不分配未完工批次应分配的间接生产费用，只分配当月已完工批次的间接生产费用。

3. 分步法

以产品生产步骤为成本核算对象，归集和分配生产费用，核算出各种产品的实际总成本和单位成本的成本核算方法，称为分步法。该方法一般适用于大量大批管理上要求分步骤核算成本的多步骤生产，如纺织、冶金、机械制造等。

分步法成本核算具有三方面的特点：第一，以产品生产步骤为成本核算对象；第二，成本计算期与会计报告期一致，与生产周期不一致，成本核算定期按月进行；第三，月末一般需要在完工产品和在产品之间分配生产费用。

分步法有典型分步批法和简化分步法两种。典型分步法是指需要计算出每个生产步骤的完工半成品成本，然后逐步结转下一个生产步骤，直至计算出最后一个生产步骤的完工产成品成本，因此也称为逐步结转分步法、计算半成品成本的分步法。简化分步法是指不需要计算出每个生产步骤的完工半成品成本，只需要计算出每个生产步骤归集的生产费用需要计入最终完工产成品成本的份额，因此也称为平行结转分步法、不计算半成品成本的分步法。

这三种方法之所以称为成本核算的基本方法，是因为这三种方法与不同生产类型的特点有着直接联系，而且涉及成本核算对象的确定，因而是核算产品实际成本必不可少的方法。以上三种成本核算方法的适用范围及比较见表8-1。

表8-1 成本核算方法的适用范围及比较

成本核算方法	生产组织	生产工艺过程和管理要求	成本计算期	适用企业类型
品种法	大量大批生产	单步骤生产或管理上不要求分步骤核算成本的多步骤生产	按月计算	发电、采煤、钢铁、食品、造纸等
分批法	小批单件生产	单步骤生产或管理上不要求分步骤核算成本的多步骤生产	按生产周期计算	船舶、重型机械等
分步法	大量大批生产	管理上要求分步骤核算成本的多步骤生产	按月计算	冶金、纺织、汽车等

三、成本核算的辅助方法

在实际工作中，除了上述三种基本方法外，还有一些辅助方法。成本核算的辅助方法主要有分类法、定额法、标准成本法和变动成本法四种。

1. 分类法

分类法是以产品类别作为成本核算对象，归集生产费用，计算出各类产品的总成本，并在此基础上，选择合适的标准在各类产品内部进行分配计算确定各品种、规格产品成本的一种方法。其特点是按产品类别作为成本核算对象；成本计算期取决于相关的产品成本计算的基本方法；月末通常要核算在产品成本。分类法一般适用于产品品种、规格繁多的企业。

采用分类法核算产品成本，可以减少成本核算对象的个数，简化成本核算手续。既可以反映各种产品的成本，还可以提供各类产品的成本资料，有利于企业从不同角度考核分析产品成本。

采用分类法计算产品成本，原始凭证和原始记录只按产品类别填列，各种费用只按产品类别分配，产品成本明细账只按产品类别开立，从而能简化成本计算工作。

2. 定额法

定额法是将产品成本计划、控制、分析与核算有机结合起来，以产品定额为基础，结合产品实际成本脱离定额的差异和产品成本定额变动差异等，来核算产品实际成本的方法，是一种成本核算与成本管理紧密结合的方法。其主要优点是通过生产耗费及其脱离定额和计划的差异的日常核算，能在各项耗费发生的当时反映和监督脱离定额(或计划)的差异，以便及时有效地节约生产耗费，降低产品成本；对产品的实际成本按定额成本和各种差异分别反映，便于对各项生产耗费和产品成本进行定期分析，有利于挖掘降低成本的潜力；通过脱离定额差异和定额变动差异的核算，有利于提高成本的定额管理和计划管理水平；利用现有的定额成本资料，能够比较合理、简便地解决完工产品和月末在产品之间分配费用(分配各种成本差异)的问题。

但采用定额法核算产品成本，必须制定定额成本，单独核算脱离定额差异，在定额变动时还必须修订定额成本资料，因此核算工作量较大。

定额法的产生不是为了解决成本计算对象问题而产生的，它与产品的生产类型没有直接的联系，因此定额法适用于各种类型的生产。定额法作为产品成本核算的辅助方法，不能单独应用，而必须与确定产品成本计算对象的各种基本方法结合起来应用。

3. 标准成本法

标准成本法，是指以预先制定的标准成本为基础，用标准成本与实际成本进行比较，核算和分析成本差异的一种产品成本核算方法，也是加强成本控制、评价经济业绩的一种成本控制制度。它的核心是按标准成本记录和反映产品成本的形成过程和结果，并借以实现对成本的控制。

标准成本法的主要内容包括标准成本的制定、成本差异的计算和分析、成本差异的账务处理。其中标准成本的制定是采用标准成本法的前提和关键，据此可以达到成本事前控制的目的；成本差异计算和分析是标准成本法的重点，借此可以促成成本控制目标的实现，并据以进行经济业绩考评。

4. 变动成本法

变动成本法是指在组织常规的成本核算过程中，以成本性态分析为前提条件，只将变动生产成本作为产品成本的构成内容，而将固定生产成本作为期间成本，并按贡献式损益确定程序计算损益的一种成本核算方法。

需要指出的是成本核算的基本方法和辅助方法的划分，是从核算产品实际成本的角度考虑的，并不是因为辅助方法不重要。相反，有的辅助方法，如定额法，对于控制生产费用、降低产品成本具有重要作用。

任务二　生产特点和管理要求对成本核算的影响

为了完成产品成本核算任务，充分发挥产品成本核算作用，成本核算中还要适应企业生产特点和管理要求，采用适当的成本核算方法。成本核算要将成本核算一般程序与工业生产特点和管理要求结合起来，具体确定产品的成本核算方法。

一、生产类型的分类

所谓生产类型，就是产品生产特点，是指按产品生产工艺过程的特点和产品生产组织两方面所做的分类。产品生产的特点不同，成本核算的组织方式和成本核算的方法也就不同。

1. 按照生产工艺过程分类

生产按照生产工艺过程可以分为单步骤生产和多步骤生产两类。

(1) 单步骤生产

单步骤生产，也称简单生产，是指生产过程在工艺上不能间断，不可能或不需要划分为几个生产步骤的生产，如发电、采掘、玻璃制品的溶质、燃气生产及铸件等。单步骤产品生产周期一般较短，正常情况下生产过程中间没有自制的半成品产出，通常只能由一个企业整体完成，而不能由一个企业的几个车间或几个企业协作生产。

(2) 多步骤生产

多步骤生产也称复杂生产，是指生产过程在工艺上可以间断，由几个生产步骤组成的生产，如纺织、钢铁、机械、造纸、服装等。按劳动对象的加工程序可以划分为连续加工式生产和装配式生产。连续加工式生产是指企业投入的原材料经过前后各步骤连续加工，最后加工成产成品的生产。连续加工式生产的特点是：除最后一个生产步骤完工的产成品外，其他各个步骤生产完成的都是半成品，而且在会计期末，这些中间生产步骤都有本步骤的库存半成品，如纺织企业从棉花到棉纱再到棉布的生产，钢铁企业从铁矿石到铁锭再到钢产品的生产等。装配式生产是指先将投入的原材料分别加工成各种零、部件，再将各种零、部件组装成产成品的生产。装配式生产的各个步骤的生产是同时或平行进行的，其各个生产步骤在会计期末都将有在产品，如自行车、汽车、船舶、服装等。

2. 按照生产组织方式分类

生产组织方式，是指企业生产的专业化程度，即在一定时间内生产产品品种的多寡，同种类产品的数量及其生产的重复程度。生产按其组织方式分为大量生产、成批生产和单件生产三种。

(1) 大量生产

大量生产是指企业某一会计期间内大量重复生产某一种或几种特定产品的生产。这种企业生产的产品品种往往比较少，但每种产品的产量都比较大，而且每种产品的规格都比较单一，这类企业的专业化水平比较高，如采掘、钢铁、纺织、造纸、面粉、化肥等的生产。

(2) 成批生产

成批生产是指按规定的规格和数量，每隔一定时期重复生产某种产品的生产。这种企业生产的产品品种较多，生产呈周期性重复，不同品种的产品具有不同的规格，各种产品数量多少不等，有的产品产量可能比较大，而有的可能就少。成批生产按产品批量的大小，又可以分为大批生产、中批生产和小批生产。大批产品性质与大量生产接近，小批产品性质与单件生产接近。如服装、木器制造、机械制造等的生产属于成批生产。

(3) 单件生产

单件生产是指根据订单所提出的特定规格和数量而进行的产品生产。这种企业一般是按照客户要求的规格和数量来组织生产，由于不同客户对产品的规格要求不同，使得生产的产品种类繁多，每种产品的产量很少，而且很少重复生产。重型机械制造、船舶制造、新产品试制等都属于单件生产。

一般来说，单步骤生产和连续加工式的多步骤生产的组织方式多为大量生产。装配式的多步骤生产的生产组织可能为大量生产、成批生产或单件生产。

二、生产特点和管理要求对成本核算方法的影响

生产类型不同，对成本进行管理的要求也不同，而生产特点和管理要求又必然对成本核算产生影响。

1. 生产特点对成本核算方法的影响

生产特点对成本核算方法的影响主要表现在成本核算对象、成本计算期以及生产费用在完工产品与在产品之间的分配三个方面。

(1) 成本核算对象的影响

从生产工艺过程特点看，单步骤生产由于工艺过程不能间断，必须以产品为成本核算对象，按产品品种分别计算成本；多步骤连续加工式生产，需要以生产步骤为成本核算对象，既按步骤又按品种核算各步骤半成品成本和产品成本；多步骤装配式加工生产，不需要按步骤计算半成品成本，而以产品品种为成本核算对象。

从产品生产组织特点看，在大量生产情况下，只能按产品品种为成本核算对象核算产品成本；大批生产，不能按产品批别核算成本，而只能按产品品种为成本核算对象核算产品成本；如果大批生产的零件、部件按产品批别投产，也可按批别或件别为成本核算对象核算产品成本；小批、单件生产，由于产品批量小，一批产品一般可以同时完工，可按产品批别为成本计算对象核算产品成本。

(2) 成本计算期的影响

在不同生产类型中，产品成本计算期也不同。在大量、大批生产中，由于生产连续不断地进行，每月都有大量的完工产品，产品的生产周期较短，由于随时有完工产品，因此不能在产品完工的同时，就计算它的成本，而是要定期在每月末进行，这时产品的计算期与会计结算期

一致，而与产品的生产周期不一致。在小批、单件生产中，产品成本只能在某批、某件产品完工以后计算，因而成本计算是不定期进行的，与产品的生产周期一致，而与会计结算期不一致。

(3) 在完工产品与在产品之间分配费用的影响

生产特点还影响到月末在进行成本核算时，有没有在产品，是否需要在完工产品和在产品之间分配费用。在单步骤生产中，生产费用不必在完工产品与在产品之间进行分配。在多步骤生产中，是否需要在完工产品与在产品之间分配费用，很大程度上取决于生产组织的特点。在大量、大批生产中，由于生产不间断进行，而且经常有在产品，因而在计算成本时，就需要采用适当的方法，将生产费用在完工产品与在产品之间进行分配。在小批、单件生产中，如果成本计算期与生产周期一致，在每批、每件产品完工前，产品成本明细账中所登记的生产费用就是月末在产品的成本；完工后，所登记的费用就是完工产品的成本，因而不存在完工产品与在产品之间分配费用的问题。

上述三方面是相互联系、相互影响的，其中生产类型对成本计算对象的影响是主要的。不同的成本计算对象决定了不同的成本计算期和生产费用在完工产品与在产品之间的分配。因此，成本计算对象的确定，是正确计算产品成本的前提，也是区别各种成本计算方法的主要标志。具体来说包括以下三种：以产品品种为成本计算对象；以产品批别为成本计算对象；以产品生产步骤为成本计算对象。

2. 管理要求对成本核算方法的影响

一个企业究竟采用什么方法核算成本，除了受生产特点的影响外，还必须根据企业成本的管理要求来选择适合于本企业的成本核算方法。

管理要求对成本核算方法的影响主要体现为：单步骤生产或管理上不要求分步骤核算成本的多步骤生产，以品种或批别为成本计算对象，采用品种法或分批法；管理上要求分步骤计算成本的多步骤生产，以生产步骤为成本核算对象，采用分步法；在产品品种、规格繁多的企业，管理上要求尽快提供成本资料，简化成本核算工作，可采用分类法核算产品成本；在定额管理基础较好的企业，为加强定额管理工作，可采用定额法。因此，企业选择哪种成本核算方法，除了要考虑生产特点外，还要考虑成本管理的要求。

综上所述，生产特点和管理要求对成本核算的影响，主要表现在成本核算对象的确定上，还对成本计算期、完工产品与在产品之间分配费用等问题产生影响。

📚 知 识 归 纳

成本核算是生产经营过程中发生的各种费用，以一定的成本核算对象为依据，分配和归集生产费用并计算其总成本和单位成本的过程。不同的企业，采用的成本核算方法也不尽相同。以不同的成本核算对象为主要标志，形成了企业成本核算的各种方法。成本核算方法可分为基本方法和辅助方法两大类。

成本核算的基本方法是指核算产品实际成本必不可少的方法。根据不同的企业，以不同的成本核算对象为主要标志的产品的成本核算基本方法有三种：品种法、分批法和分步法。以产品品种为成本核算对象，归集和分配生产费用，核算出各种产品的实际总成本和单位成本的成本核算核算方法，称为品种法，该方法一般适用于大量大批的单步骤生产，也可以用于管理上不要求分步骤核算成本的多步骤的大量大批生产。以产品批别为成本核算对象，归集和分配生产费用，核算出各种产品的实际总成本和单位成本的成本核算核算方法，称为分批法，该方法一般适用于单件小批的单步骤生产或管理上不要求分步骤核算成本的多步骤生产。以产品生产步骤为成本核算对象，归集和分配生产费用，核算出各种产品的实际总成本和单位成本的成本核算核算方法，称为分步法，该方法一般适用于大量大批管理上要求分步骤核算成本的多步骤生产。

成本核算的辅助方法主要有分类法、定额法、标准成本法和变动成本法四种。产品成本核算的辅助方法，不能单独应用，而必须与确定产品成本计算对象的各种基本方法结合起来应用。

所谓生产类型，就是产品生产特点，是指按产品生产工艺过程的特点和产品生产组织两方面所做的分类。产品生产的特点不同，成本核算的组织方式和成本核算的方法也就不同。生产按照生产工艺过程可以分为单步骤生产和多步骤生产两类。生产按其组织方式分为大量生产、成批生产和单件生产三种。

生产类型不同，对成本进行管理的要求也不同。而生产特点和管理要求又必然对成本核算产生影响。生产特点和管理要求对成本核算的影响，主要表现在成本核算对象的确定上，还对成本计算期、完工产品与在产品之间分配费用等问题产生影响。

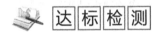 达标检测

一、简答题

1. 成本核算的基本方法有哪些？其适用的范围包括哪些？

2. 成本核算的辅助方法有哪些？

3. 按企业生产工艺的特点分类，生产有哪几种类型？

4. 按企业生产组织方式分类，生产有哪几种类型？

5. 生产特点和管理要求对成本核算的方法有哪些影响？

二、单项选择题

1. 成本核算的基本方法有(　　)。

 A. 分批法、分步法、定额法   B. 分批法、品种法、分类法

 C. 品种法、分批法、分步法   D. 分批法、分步法、分类法

2. 工业企业的生产按工艺技术过程的不同可分为(　　)。

 A. 大量大批生产和单件生产   B. 大量大批生产和多步骤生产

 C. 单步骤生产和多步骤生产   D. 连续式生产和装配式生产

3. 分批法生产的成本计算期通常(　　)。

 A. 与会计报告期一致   B. 与生产周期一致

 C. 与日历年度   D. 与生产费用发生期不一致

4. 工业企业的生产按组织方式不同，可分为(　　)。
    A. 连续式生产和装配式生产　　　　　　B. 大量大批生产和单件小批生产
    C. 单步骤生产和多步骤生产　　　　　　D. 大量生产、成批生产和单件生产

5. 从生产工艺过程看，纺织、钢铁企业属于(　　)。
    A. 单步骤生产　　　B. 多步骤生产　　　C. 大量生产　　　D. 成批生产

6. 区别不同成本核算方法的主要标志是(　　)。
    A. 成本核算对象　　　　　　　　　　　B. 成本计算期
    C. 生产费用在完工产品和在产品之间的分配方法
    D. 成本计算单

7. 小批单件生产宜用(　　)计算产品成本。
    A. 分类法　　　B. 分步法　　　C. 分批法　　　D. 品种法

8. 生产费用在完工产品和在产品之间分配取决于(　　)。
    A. 成本核算对象　　　　　　　　　　　B. 成本计算期
    C. 生产组织特点　　　　　　　　　　　D. 生产工艺技术过程

9. 冶金、纺织、造纸、服装等企业的年生产属于(　　)。
    A. 单步骤生产　　　　　　　　　　　　B. 简单生产
    C. 装配式多步骤生产　　　　　　　　　D. 连续式多步骤生产

10. 在大量大批的单步骤生产的企业里，产品成本计算的方法可采用(　　)。
    A. 分批法　　　B. 分步法　　　C. 定额法　　　D. 品种法

11. 一般来说，简单生产和连续式复杂生产往往是(　　)。
    A. 单件生产　　　　　　　　　　　　　B. 成批的生产
    C. 大量大批生产　　　　　　　　　　　D. 大量生产

12. 在大量大批的多步骤生产的企业里，如果成本管理上不要求计算半成品的成本，其成本计算可采用(　　)。
    A. 品种法　　　B. 分批法　　　C. 分步法　　　D. 分类法

13. 下列方法中属于产品成本核算的辅助方法是(　　)。
    A. 分步法　　　B. 分批法　　　C. 品种法　　　D. 定额法

14. 某企业为了分步计算半成品成本，因此其成本计算应采用(　　)。
    A. 分批法　　　　　　　　　　　　　　B. 品种法
    C. 平行结转分步法　　　　　　　　　　D. 逐步结转分步法

15. 分批法适用于(　　)。
    A. 大量大批的生产　　　　　　　　　　B. 大量大批的多步骤生产
    C. 大量大批的单步骤生产　　　　　　　D. 单件小批的单步骤生产

三、多项选择题

1. 下列(　　)适用分步法。
    A. 发电厂　　　B. 采掘企业　　　C. 冶金企业　　　D. 纺织企业

2. 工业企业的生产按工艺技术过程的不同可分为(　　)。

    A. 简单生产和复杂生产　　　　　　　　B. 大量大批生产和多步骤生产

    C. 单步骤生产和多步骤生产　　　　　　D. 大量大批生产和单件生产

3. 标准成本法的特点是(　　)。

    A. 核算产品的实际成本　　　　　　　　B. 核算产品的标准成本

    C. 实际生产费用脱离标准的差异计入当期损益

    D. 不核算产品的实际成本

4. 工业企业的生产按组织方式不同，可分为(　　)。

    A. 大量生产　　　　　　　　　　　　　B. 成批生产

    C. 单件生产　　　　　　　　　　　　　D. 连续式生产和装配式生产

5. 下列哪些成本核算法中，成本的计算期与生产周期一致(　　)。

    A. 小批单件法　　　B. 分批法　　　　　C. 分步法　　　　　　　D. 品种法

6. 生产特点和管理要求对成本核算的影响，主要表现在(　　)。

    A. 成本核算对象

    B. 成本计算期

    C. 生产费用在完工产品和在产品之间的分配方法

    D. 成本计算单

7. 品种法适用于(　　)。

    A. 发电企业　　　　B. 采掘企业　　　C. 玻璃制品生产企业　　D. 水泥生产企业

8. 产品成本核算的辅助方法有(　　)。

    A. 分类法　　　　　B. 定额法　　　　C. 标准成本法　　　　　D. 变动成本法

9. 产品成本核算的基本方法是(　　)。

    A. 品种法　　　　　　　　　　　　　　B. 分批法

    C. 分步法　　　　　　　　　　　　　　D. 分类法和定额法

10. 不适于采用分批法的企业为(　　)。

    A. 船舶制造企业　　　　　　　　　　　B. 重型机械制造企业

    C. 钢铁企业　　　　　　　　　　　　　D. 纺织企业

四、判断题

1. 产品成本核算方法的选择要根据产品生产工艺的特点、生产组织特点以及管理上的要求而定。　　　　　　　　　　　　　　　　　　　　　　　　　　　　　　　　(　　)

2. 企业产品的生产按照工艺技术过程可分为大量生产、成批生产和单件生产。　(　　)

3. 按照生产组织的特点，企业的生产可以分为连续式生产和装配式生产两种。　(　　)

4. 单步骤生产是只有一个生产步骤的生产。　　　　　　　　　　　　　　　　(　　)

5. 品种法和分步法的成本计算期和生产周期不一致。　　　　　　　　　　　　(　　)

6. 发电、采掘企业属于大量大批的多步骤生产。　　　　　　　　　　　　　　(　　)

7. 分类法等辅助成本核算方法可以单独使用。　　　　　　　　　　　　　　　(　　)

8. 各种产品成本计算方法的主要区别在于成本计算期不同。　　　　（　　）

9. 一个企业只能采用一种成本核算方法。　　　　　　　　　　　（　　）

10. 大量大批单步骤生产的企业里，没有在产品，所以不存在生产费用在完工产品和在产品之间分配的问题。　　　　　　　　　　　　　　　　　（　　）

11. 生产特点和管理要求对成本核算的影响主要体现在成本计算期的确定。　（　　）

12. 大量大批的多步骤生产的企业里，产品成本计算必须采用分步法。　（　　）

13. 品种法是最基本的成本核算方法。　　　　　　　　　　　　　（　　）

14. 分批法是以产品的批别作为成本计算对象，若一批产品的数量只有一件，则成本计算对象就是该产品。　　　　　　　　　　　　　　　　　（　　）

15. 产品成本核算的品种法只适用于大量大批的单步骤生产。　　　（　　）

案例讨论

1. 玉龙印刷厂是一家从事印刷生产的单位。批量生产的印刷品包括：图书、杂志、报纸、图片、账册、信封、日历等。该厂根据印刷品的生产技术程序，设置了电脑排版车间、胶印车间和装订车间，另外设置了一些辅助部门，如机修车间、仓库等。

要求：

分析该企业的生产工艺特点和组织形式，并作为选择成本核算方法的依据。

2. 浩特火力发电厂除生产电能外还生产一部分热能。生产技术过程不能间断，没有在产品和半成品。火力发电是利用燃料燃烧时所产生的热量，使锅炉里的水变成水蒸气，推动汽轮机迅速旋转，借以带动发电机转动，产生电能。因而火力发电厂一般设有下列基本生产车间：①燃料车间；②锅炉车间；③汽机车间；④电气车间。由于产电兼供热，汽机车间划分为两个部分，即电力化部分和热力化部分。此外还设有机械修配等辅助生产车间和企业管理部门。

某钢铁厂设有炼铁、炼钢和轧钢三个基本生产车间。炼铁车间生产三种生铁：炼钢生铁、铸造生铁和锰铁。其中，炼钢生铁全部供本厂炼钢耗用，铸造生铁和锰铁全部外销。炼钢车间生产高碳镇静和低碳镇静两种钢锭，全部供本厂轧钢车间轧制钢材使用，高碳钢全部用于轧制盘条，低碳钢用于轧制圆钢。此外，该厂还设有供水、供电等辅助生产车间和企业管理部门。

要求：

(1) 结合上述两厂的情况，分析两厂的生产特点和管理要求，并说明两厂在成本核算中应采取的成本核算方法。

(2) 两厂在生产成本明细账的设置上将有何不同？

项目九　产品成本核算的品种法

学习目标

了解品种法的适用范围和特点；熟悉品种法的特点；掌握品种法的计算程序和应用。

能力目标

根据企业实际情况掌握成本计算的品种法。

案例导入

全开火力发电厂只生产电力一种产品。该厂属于大量单步骤生产，下设有燃料、锅炉、汽机、电机四个基本生产车间，另设一个修理辅助生产车间和若干管理科室。该厂生产电力产品除本厂使用外，全部对外供应。

请问：该厂应采用什么方法计算电力产品的成本？依据是什么？计算电力产品成本时应设置哪些账户？如何计算电力产品的成本？

任务一　认识品种法

前面各章讲述了成本核算的要求以及生产费用和经营管理费用进行归集、分配的一般程序，说明产品成本计算的过程。但是，并不是每一个企业都是用同一种方法进行成本计算的。

在产品成本计算过程中，如何满足成本管理对成本资料的需要，在很大程度上受企业生产特点和管理要求的影响。不同的生产特点，成本管理的需要以及提供的成本资料不同，就有不同的成本计算方法。因此每一个工业企业或车间，在计算产品成本时，都应根据生产的特点和管理要求来确定具体的成本计算方法。

一、品种法的概念及分类

1. 品种法的含义

品种法是按产品品种归集生产费用，计算产品成本的一种方法，是企业产品成本计算的最基本方法。主要适用于大量大批单步骤生产和管理上不要求分步计算产品成本的大量大批多步骤生产企业。例如，发电、供水、原煤原油的开采等这类生产往往品种单一，封闭式生产，月末一般没有在产品存在。即使有在产品，数量也很少，所以一般不需要将生产费用在完工产品与在产品之间进行划分，当期发生的生产费用总和就是该种完工产品的总成本。除以产量，就可以计算出产品的单位成本。在简单法下，生产中发生的一切费用都属于直接费用，可以直接计入该种产品成本。

2. 品种法的分类

品种法按成本计算对象数量分类，可分为单品种的品种法和多品种的品种法。采用单品种的品种法的企业，只生产一种产品，产品单一，只把生产过程中发生的费用汇总，即为该产品的生产成本。采用多品种的品种法的企业，生产多种产品，生产过程中的费用，需要按产品品种进行分配，计算各种产品的成本。

二、品种法的特点

1. 成本计算对象：产品品种

品种法的成本计算对象是各种产品，因此，在采用品种法计算产品成本的企业或车间里，如果只生产一种产品，在进行产品成本计算时，只需要为这一种产品开设产品成本明细账即可，账内按照产品的成本项目设立栏目，而不需要在各成本计算对象之间分配费用。这种情况下，发生的生产费用全部都是直接费用，可以直接计入各该产品的成本明细账中。如果生产的产品是两种或两种以上，就需要按照各产品的品种分别开设成本明细账，对发生的直接费用直接计入各该成本明细账中，对间接费用则需要采用一定的分配方法，在各成本计算对象之间进行分配，然后分别计入各自的成本明细账中。

2. 成本计算期：按月定期计算产品成本

品种法适用于大量大批单步骤生产企业。由于大量大批单步骤生产企业大量地重复生产一种或者是几种产品，完工产品源源不断地被生产出来，使得企业很难在产品制造完工时就立即计算出每一种产品的成本。因此，品种法一般都定期在每个月的月末计算产品的生产成本。

3. 生产费用在完工产品和在产品之间的分配

月末计算产品成本时，如果没有在产品或在产品数量很少，且在产品成本的数额不大，也可以不计算在产品成本。不计算在产品成本的情况下，各产品成本明细账中按照成本项目归集的生产费用，就应该是各该产品的完工产品总成本，各该完工产品的总成本除以其产量，就得到了各该产品的单位成本。

在一些生产规模较小，而管理上又不要求按照生产步骤计算成本的大量大批多步骤企业中，月末一般都有在产品，而且数量较多，这种情况下，就需要将产品成本明细账中归集的生产费用，选择适当的分配方法，在完工产品和在产品之间进行分配。经过费用分配后，再来计算确定完工产品成本和月末在产品成本。生产费用在完工产品和月末在产品之间的分配：在简单品种法下，不存在在完工产品和月末在产品之间分配费用的问题(本月产品成本明细账中归集的全部费用，就是该产品本月完工产品的总成本，总成本除以产量，即为该产品平均单位成本；在采用品种法的其他企业，如果月末在产品数量很少，也可不必计算在产品成本，以简化成本计算，如果在产品数量较多，就需要采用适当的方法，在完工产品与月末在产品之间分配生产费用，以计算完工产品成本和月末在产品成本)；在典型品种法下，则需根据月末在产品的数量等，确定是否需要分配生产费用。

三、品种法的适用范围

(1) 主要适用于大量大批的单步骤生产的企业。具体说，发电、采掘、供水、供汽、磨粉、铸造等企业都不需要分批分步计算产品成本，可以直接用品种法计算一种或几种产品的成本。

(2) 在大量大批多步骤生产的企业中，如果企业生产规模较小，而且成本管理上又不要求提供各步骤的成本资料时，也可以采用品种法计算产品成本。

(3) 企业的辅助生产(如供水、供电、供汽等)车间也可以采用品种法计算其劳务的成本。企业内的供水、供电、供汽等辅助生产车间计算提供基本生产车间与其他辅助生产车间使用的水、电、汽的劳务成本。

任务二 品种法的成本计算程序

品种法是产品成本计算中的最基本的方法，它的计算程序体现着产品成本计算的一般程序。归纳起来，以及其成本计算程序大致如下。

一、设置有关成本费用明细账和成本计算单

按品种设置基本生产成本明细账和成本计算单，按车间设置辅助生产成本明细账和制造费用明细账，以及其他与成本计算无关的费用明细账，如管理费用明细账等，此略。

二、要素费用的分配

根据各项生产费用发生的原始凭证和其他有关资料，编制各项要素费用分配表，分配各项

要素费用。

(1) 分配材料费用。其中：生产甲、乙两种产品共同耗用材料按甲、乙两种产品直接耗用原材料的比例分配，分配结果见表 9-1、表 9-2。

表 9-1　甲、乙产品共同耗用材料分配表
2017 年 8 月　　　　　　　　　　　　　单位：元

产品名称	直接耗用原材料	分配率	分配共耗材料
甲产品	800 000		16 000
乙产品	600 000		12 000
合　计	1 400 000	0.02	28 000

表 9-2　材料费用分配表
2017 年 8 月　　　　　　　　　　　　　单位：元

会计科目	明细科目	原材料	包装物	低值易耗品	合　计
基本生产成本	甲产品	816 000	10 000		826 000
	乙产品	612 000	4 000		616 000
	小计	1 428 000	14 000		1 442 000
辅助生产成本	供电车间	1 000			1 000
	机修车间	1 200			1 200
	小计	2 200			2 200
制造费用	基本生产车间	2 000		100	2 100
管理费用	修理费	1 200		400	1 600
合　计		1 433 400	14 000	500	1 447 900

根据材料费用汇总表，编制发出材料的会计分录如下：

```
借：基本生产成本——甲产品            826 000
              ——乙产品            616 000
    辅助生产成本——供电车间          1 000
              ——机修车间          1 200
    制造费用——基本生产车间          2 100
    管理费用——修理费              1 600
    贷：原材料                          1 433 400
        包装物                          14 000
        低值易耗品                        500
```

(2) 分配工资及福利费用。其中：甲、乙两种产品应分配的工资及福利费按甲、乙两种产品的实际生产工时比例分配。分配结果见表 9-3。

表 9-3 工资及福利费用分配表

2017 年 8 月

单位：元

分配对象		工 资			福利费	
会计科目	明细科目	分配标准	分配率	分配额	分配率	分配额
基本生产成本	甲产品	100 000		280 000		39 200
	乙产品	50 000		140 000		19 600
	小计	150 000	2.80	420 000	0.392	58 800
辅助生产成本	供电车间			8 000		1 120
	机修车间			7 000		980
	小计			15 000		2 100
制造费用	基本生产车间			20 000		2 800
管理费用	工资、福利费			40 000		5 600
合 计				495 000		69 300

根据工资及福利费用分配表，编制工资及福利费分配业务的会计分录如下：

借：基本生产成本——甲产品　　　　　　280 000
　　　　　　　　　——乙产品　　　　　　140 000
　　辅助生产成本——供电车间　　　　　　 8 000
　　　　　　　　　——机修车间　　　　　　 7 000
　　制造费用——基本生产车间　　　　　　 20 000
　　管理费用——修理费　　　　　　　　　 40 000
　　　贷：应付职工薪酬——应付工资　　　　　　 495 000
借：基本生产成本——甲产品　　　　　　 39 200
　　　　　　　　　——乙产品　　　　　　 19 600
　　辅助生产成本——供电车间　　　　　　 1 120
　　　　　　　　　——机修车间　　　　　　　 980
　　制造费用——基本生产车间　　　　　　 2 800
　　管理费用——修理费　　　　　　　　　 5 600
　　　贷：应付职工薪酬——应付福利费　　　　　　 69 300

(3) 计提固定资产折旧费用及摊销待摊费用。分配结果见表 9-4、表 9-5。

表 9-4 折旧费用计算表

2017 年 8 月

单位：元

会计科目	明细科目	费用项目	分配金额
制造费用	基本生产车间	折旧费	10 000
辅助生产成本	供电车间	折旧费	2 000
	机修车间	折旧费	4 000
管理费用		折旧费	6 000
合 计			22 000

根据折旧费用计算表，编制计提折旧的会计分录如下：

借：制造费用——基本生产车间　　　　10 000

　　辅助生产成本——供电车间　　　　 2 000

　　　　　　　　——机修车间　　　　 4 000

　　管理费用——折旧费　　　　　　　 6 000

　　　贷：累计折旧　　　　　　　　　22 000

表 9-5　待摊费用(财产保险费)分配表

2017 年 8 月　　　　　　　　　　　　　　单位：元

会计科目	明细科目	费用项目	分配金额
制造费用	基本生产车间	保险费	1 195
辅助生产成本	供电车间	保险费	800
	机修车间	保险费	600
管理费用		保险费	600
合　计			3 195

根据待摊费用分配表，编制摊销财产保险费的会计分录如下：

借：制造费用——基本生产车间　　　　1 195

　　辅助生产成本——供电车间　　　　 800

　　　　　　　　——机修车间　　　　 600

　　管理费用——财产保险费　　　　　 600

　　　贷：待摊费用——财产保险费　　　　　3 195

(4) 分配本月现金和银行存款支付费用，分配结果见表 9-6。

表 9-6　其他费用分配表

2017 年 8 月　　　　　　　　　　　　　　单位：元

会计科目	明细科目	现金支付	银行存款支付	合　计
制造费用	基本生产车间	315	7 000	7 315
辅助生产成本	供电车间	145	2 300	2 445
	机修车间	480	400	880
管理费用		1 560	5 000	6 560
合　计		2 500	14 700	17 200

根据其他费用分配表，编制会计分录如下：

借：制造费用——基本生产车间　　　　7 315

　　辅助生产成本——供电车间　　　　2 445

　　　　　　　　——机修车间　　　　 880

　　管理费用　　　　　　　　　　　　6 560

　　　贷：现金　　　　　　　　　　　　　 2 500

　　　　　银行存款　　　　　　　　　　　14 700

(5) 根据各项要素费用分配表及编制的会计分录,登记有关基本生产成本明细账(见表9-7、表9-8)、辅助生产成本明细账(见表9-9、表9-10)和制造费用明细账(见表9-11)。

表9-7 基本生产成本明细账

产品名称:甲产品 单位:元

2017年		凭证 字号	摘 要	直接 材料	直接 人工	制造 费用	合 计
月	日						
7	31		月末在产品成本	164 000	32 470	3 675	200 145
8	31	略	材料费用分配表	826 000			826 000
	31		工资福利费分配表		319 200		319 200
	31		生产用电分配表	6 120			6 120
	31		制造费用分配表			37 300	37 300
	31		本月生产费用合计	832 120	319 200	37 300	1 188 620
	31		本月累计	996 120	351 670	40 975	1 388 765
	31		结转完工入库产品成本	-830 100	-319 700	-37 250	-1 187 050
	31		月末在产品成本	166 020	31 970	3 725	201 715

表9-8 基本生产成本明细账

产品名称:乙产品 单位:元

2017年		凭证 字号	摘 要	直接 材料	直接 人工	制造 费用	合 计
月	日						
7	31		月末在产品成本	123 740	16 400	3 350	143 490
8	31	略	材料费用分配表	616 000			616 000
	31		工资福利费分配表		159 600		159 600
	31		生产用电分配表	3 060			3 060
	31		制造费用分配表			18 650	18 650
	31		本月生产费用合计	619 060	159 600	18 650	797 310
	31		本月累计	742 800	176 000	22 000	940 800
	31		结转完工入库产品成本	-619 000	-160 000	-20 000	-799 000
	31		月末在产品成本	123 800	16 000	2 000	141 800

表9-9 辅助生产成本明细账

车间名称:供电车间 单位:元

2017年		凭证 字号	摘 要	直接 材料	直接 人工	制造 费用	合 计
月	日						
8	1	略	材料费用分配表	1 000			1 000
	31		工资福利费分配表		9 120		9 120
	31		计提折旧费			2 000	2 000
	31		分摊财产保险费			800	800
	31		其他费用			2 445	2 445
	31		本月合计	1 000	9 120	5 245	15 365
	31		结转各受益部门	-1 000	-9 120	-5 245	-15 365

表9-10　辅助生产成本明细账

车间名称：机修车间　　　　　　　　　　　　　　　　　　　　　　　　　　　　　　单位：元

2017年		凭证字号	摘　　要	直接材料	直接人工	制造费用	合　　计
月	日						
8	31	略	材料费用分配表	1 200			1 200
	31		工资及福利费分配表		7 980		7 980
	31		计提折旧费			4 000	4 000
	31		分摊财产保险费			600	600
	31		其他费用			880	880
	31		本月合计	1 200	7 980	5 480	14 660
	31		结转各受益部门	-1 200	-7 980	-5 480	-14 660

表9-11　制造费用明细账

车间名称：基本生产车间　　　　　　　　　　　　　　　　　　　　　　　　　　　　单位：元

2017年		凭证字号	摘　　要	材料费	人工费	折旧费	修理费	水电费	保险费	其他	合计
月	日										
8	31	略	材料费用分配表	2 100							2 100
	31		工资及福利费分配表		22 800						22 800
	31		折旧费用计算表			10 000					10 000
	31		待摊费用分配表						1 195		1 195
	31		其他费用分配表							7 315	7 315
	31		辅助生产分配表				10 500	2 040			12 540
	31		本月合计	2 100	22 800	10 000	10 500	2 040	1 195	7315	55 950
	31		结转制造费用	-2 100	-22 800	-10 000	-10 500	-2 040	-1 195	-7 315	-55 950

三、分配辅助生产费用

(1) 根据各辅助生产车间制造费用明细账汇集的制造费用总额，分别转入该车间辅助生产成本明细账。本例题供电和机修车间提供单一产品或服务，未单独设置制造费用明细账，车间发生的间接费用直接记入各车间辅助生产成本明细账。

(2) 根据辅助生产成本明细账归集的待分配辅助生产费用和辅助生产车间本月劳务供应量，采用计划成本分配法分配辅助生产费用(见表9-13)，并据以登记有关生产成本明细账或成本计算单和有关费用明细账。

本月供电和机修车间提供的劳务量见表9-12。

每度电的计划成本为0.34元，每小时机修费的计划成本为3.50元；成本差异全部由管理费用负担。按车间生产甲、乙两种产品的生产工时比例分配，其中：甲产品的生产工时为100 000小时；乙产品的生产工时为50 000小时。分配记入产品成本计算单中"直接材料"成本项目，分配结果见表9-14。

表9-12　供电和机修车间提供的劳务量表

受益部门	供电车间/度	机修车间/小时
供电车间		400
机修车间	3 000	
基本生产车间	27 000	
一般耗费	6 000	3 000
厂部管理部门	10 000	1 100
合　计	46 000	4 500

表9-13　辅助生产费用分配表

2017 年 8 月　　　　　　　　　　　　　　　　　单位：元

受益部门	供电(单位成本 0.34 元)		机修(单位成本 3.50 元)	
	用电度数	计划成本	机修工时	计划成本
供电车间			400	1 400
机修车间	3 000	1 020		
基本生产车间	27 000	9 180		
一般耗费	6 000	2 040	3 000	10 500
厂部管理部门	10 000	3 400	1 100	3 850
合　计	46 000	15 640	4 500	15 750
实际成本		16 765		15 680
成本差异		1 125		-70

表9-14　产品生产用电分配表

2017 年 8 月　　　　　　　　　　　　　　　　　单位：元

产　品	生产工时/小时	分配率	分配金额
甲产品	100 000		6 120
乙产品	50 000		3 060
合　计	150 000	0.0612	9 180

根据辅助生产费用分配表，编制会计分录如下：

(1) 结转辅助生产计划成本

借：辅助生产成本——供电车间　　　　　　1 400

　　　　　　　　　——机修车间　　　　　　1 020

　　基本生产成本——甲产品　　　　　　　　6 120

　　　　　　　　　——乙产品　　　　　　　　3 060

　　制造费用——基本生产车间　　　　　　 12 540

　　管理费用　　　　　　　　　　　　　　　　7 250

　　贷：辅助生产成本——供电车间　　　　　15 640

　　　　　　　　　　——机修车间　　　　　15 750

(2) 结转辅助生产成本差异

为了简化成本计算工作，成本差异全部计入管理费用。

借：管理费用   1 055

    贷：辅助生产成本——供电车间   1 125

                  ——机修车间   −70

四、分配制造费用

根据基本生产车间制造费用明细账归集的制造费用总额，编制制造费用分配表，并登记基本生产成本明细账和有关成本计算单。

本例题按甲、乙两种产品的生产工时比例分配制造费用，分配结果见表9-15。

表9-15　制造费用分配表

车间名称：基本生产车间   单位：元

产　品	生产工时	分配率	分配金额
甲产品	100 000		37 300
乙产品	50 000		18 650
合　计	150 000	0.373	55 950

根据制造费用分配表，编制会计分录如下：

借：基本生产成本——甲产品   37 300

                 ——乙产品   18 650

    贷：制造费用——基本生产车间   55 950

五、在完工产品与在产品之间分配生产费用

根据各产品成本计算单归集的生产费用合计数和有关生产数量记录，在完工产品和月末在产品之间分配生产费用。

该企业本月甲产品完工入库500件，月末在产品100件；乙产品完工入库200件，月末在产品40件。按约当产量法分别计算甲、乙两种产品的完工产品成本和月末在产品成本。月末在产品约当产量计算情况见表9-16、表9-17。

表9-16　在产品约当产量计算表(甲产品)

产品名称：甲产品   单位：件

成本项目	在产品数量	投料程度(加工程度)	约当产量
直接材料	100	100%	100
直接人工	100	50%	50
制造费用	100	50%	50

表9-17　在产品约当产量计算表(乙产品)

产品名称：乙产品　　　　　　　　　　　　　　　　　　　　　　　　　　单位：件

成本项目	在产品数量	投料程度(加工程度)	约当产量
直接材料	40	100%	40
直接人工	40	50%	20
制造费用	40	50%	20

　　根据甲、乙两种产品的月末在产品约当产量，采用约当产量法在甲乙两种产品的完工产品与月末在产品之间分配生产费用。编制成本计算单见表9-18、表9-19。

表9-18　产品成本计算单

产品名称：甲产品　　　　　　　　　产成品：500件　　　　　　　　在产品：100件

摘　要	直接材料	直接人工	制造费用	合　计
月初在产品成本	164 000	32 470	3 675	200 145
本月发生生产费用	832 120	319 200	37 300	1 188 620
生产费用合计	996 120	351 670	40 975	1 388 765
完工产品数量	500	500	500	
在产品约当量	100	50	50	
总约当产量	600	550	550	
分配率(单位成本)	1 660.20	639.40	74.50	2 374.10
完工产品总成本	830 100	319 700	37 250	1 187 050
月末在产品成本	166 020	31 970	3 725	201 715

表9-19　产品成本计算单

产品名称：乙产品　　　　　　　　　产成品：200件　　　　　　　　在产品：40件

摘　要	直接材料	直接人工	制造费用	合　计
月初在产品成本	123 740	16 400	3 350	143 490
本月发生生产费用	619 060	159 600	18 650	797 310
生产费用合计	742 800	176 000	22 000	940 800
完工产品数量	200	200	200	
在产品约当量	40	20	20	
总约当产量	240	220	220	
分配率(单位成本)	3 095	800	100	
完工产品总成本	619 000	160 000	20 000	799 000
月末在产品成本	123 800	16 000	2 000	141 800

六、编制完工产品成本汇总表

　　根据表9-18、表9-19中的分配结果，编制完工产品成本汇总表(见表9-20)，并据以结转完工产品成本。

表 9-20　完工产品成本汇总表

2017 年 8 月

单位：元

成本项目	甲产品(500 件)		乙产品(200 件)	
	总成本	单位成本	总成本	单位成本
直接材料	830 100	1 660.20	619 000	3 095
直接人工	319 700	639.40	160 000	800
制造费用	37 250	74.50	20 000	100
合　计	1 187 050	2 374.10	799 000	3 995

　　根据完工产品成本汇总表或成本计算单及成品入库单，结转完工入库产品的生产成本。编制会计分录如下：

```
借：库存商品——甲产品              1 187 050
          ——乙产品                799 000
    贷：基本生产成本——甲产品          1 187 050
                  ——乙产品          799 000
```

任务三　简单品种法

一、简单品种法的特点

　　简单品种法适用于单步骤生产企业，月末一般不存在在产品的成本的计算，如发电、采掘企业。

二、简单品种法实例

　　资料：某发电厂以煤燃料进行火力发电，只生产电力一种产品，工厂设有燃料、锅炉、汽机、电机四个基本生产车间，另外还设有一个修理辅助生产车间和若干个管理科室。有关资料如表 9-21、表 9-22、表 9-23 所示。

　　分析：该厂属于单步骤的大量生产企业，整个工艺过程不能间断，只生产一种产品，因而选择简单品种法计算电力产品成本。

　　成本计算程序如下。

　　(1) 设置成本计算单：设置"生产成本"总账科目，并以成本项目为专栏设置"生产成本明细账"和"电力产品成本计算单"，具体成本项目可以结合生产费用的经济性质和经济用途进行设置。

　　(2) 审核、归集和分配生产过程中发生的各项费用：燃料费、修理费、折旧费等。

表 9-21　燃料费用分配表

燃料名称	数 量	单 价	金 额
埠新原煤	800	300	240 000
大同原煤	500	280	140 000
合 计	1 300		380 000

表 9-22　材料费用分配表

车 间	材料名称	数 量	单 价	金 额
燃料车间	A 材料	300	60	18 000
锅炉车间	B 材料	100	30	3 000
汽机车间	C 材料	220	50	11 000
电机车间	D 材料	80	35	2 800
修理车间	E 材料	270	20	5 400
合 计				40 200

表 9-23　工资及福利费用分配表

车 间	工 资	福利费	合 计
燃料车间	20 000	2 800	22 800
锅炉车间	15 000	2 100	17 100
汽机车间	18 000	2 520	20 520
电机车间	10 000	1 400	11 400
修理车间	8 000	1 120	9 120
合 计	71 000	9 940	80 940

其他有关资料:

本月应付水费 28 600 元,其中生产用水费 27 000 元,各车间公共用水费 1 600 元。

根据固定资产折旧表,各车间本月计提折旧费 53 000 元。

提取的本月修理费用 35 000 元。

本月负担的低值易耗品摊销额 2 200 元(采用分期摊销法)。

结转本月应由生产车间负担的车间财产保险费用 3 100 元。

(3) 登记生产成本明细账(见表 9-24)。

表 9-24　生产成本明细账

摘 要	燃料费	生产用水费	材料费	工资及福利费	折旧费	修理费	其他费用	合 计
分配燃料费	380 000							380 000
分配材料费			40 200					40 200
分配工资及福利费				80 940				80 940
分配水费		27 000					1 600	28 600

(续表)

摘　要	燃料费	生产用水费	材料费	工资及福利费	折旧费	修理费	其他费用	合　计
分配折旧费					53 000			53 000
分配修理费						35 000		35 000
分配低值易耗品							2 200	2 200
分配保险费							3 100	3 100
本月合计	380 000	27 000	40 200	80 940	53 000	35 000	6 900	623 040
本月转出	380 000	27 000	40 200	80 940	53 000	35 000	6 900	623 040

(4) 登记电力产品计算单(略)。

任务四　典型品种法

一、典型品种法的特点

典型品种法适用于小型多步骤生产企业,月末一般存在在产品,所以需要将归集的生产费用在完工产品和月末在产品之间进行分配,如砖瓦厂、造纸厂、小型水泥厂。

二、典型品种法实例

资料:某小型工业企业设有一个基本生产车间和供电、锅炉两个辅助生产车间。基本生产车间经过两个基本步骤大量生产甲、乙两种产品,产品成本包括"直接材料""燃料及动力""直接人工""制造费用"四个成本项目。供电、锅炉两个辅助生产车间向企业基本生产车间和管理部门提供电、汽等劳务。该企业实行厂部一级成本核算体制。

分析:因生产规模比较小,管理上不要求计算步骤成本,确定采用品种法计算甲、乙产品成本。

产品核算程序如下。

(1) 设置产品成本计算单:设置甲产品和乙产品两种产品成本计算单,并按照"直接材料""燃料及动力""直接人工""制造费用"设置专栏。

(2) 审核、归集和分配生产过程中发生的各种费用:包括"材料费""工资及福利费""折旧费""其他费用"等费用项目。

对于典型品种法的应用,我们看一个综合案例。

同庆工厂为大量大批单步骤生产类型的小型企业,设有一个基本生产车间,生产甲、乙两种产品。另有一个机修车间,该辅助生产车间的各项制造费用不通过"制造费用"账户核算,其发生额直接归集在"辅助生产成本"账户中。该厂根据产品的生产特点和成本管理的要求，采用品种法计算产品生产成本，并设置直接材料、直接人工、动力费用及制造费用四个成本项目。2017 年 8 月份有关成本计算资料如表 9-25～表 9-28 所示。

表 9-25 产量资料

单位：件

项 目	甲产品	乙产品
月初在产品	1 200	600
本月投产	8 800	7 000
本月完工	8 400	6 800
月末在产品	1 600	800

表 9-26 月初在产品

产 品	直接材料	直接人工	动力费用	制造费用	合 计
甲产品	5 400	2 760	2 160	2 520	12 840
乙产品	3 900	1 930	1 560	1 860	9 250

表 9-27 消耗定额及生产工时、修理工时记录

产 品	定额消耗量/千克	生产工时/小时	部 门	修理工时/小时
甲产品	8 800	25 200	基本生产车间	700
乙产品	12 600	29 200	管理部门	100
合 计	21 400	54 400		800

表 9-28 本月发生各项资料费用

项 目	甲乙产品共同	基本生产车间一般耗用	辅助生产车间耗用	企业管理部门耗用	合 计
材料	86 028	5 200	6 800	3 200	101 228
工资	40 800	6 800	7 700	14 500	69 800
福利费	5 712	952	1 078	2 030	9 772
外购动力	24 480	2 620	5 700	3 000	35 800
折旧费		11 000	3 000	4 000	18 000
待摊及预提费用		4 800 待摊	2 800 待摊	2 400 待摊	10 000
其他费用		11 000	3 000		14 000

以下是成本计算程序及有关账务处理。

(1) 按材料用途编制材料费用分配表，如表 9-29 所示。

表 9-29　材料费用分配表

2017 年 8 月

单位：元

分配对象		发生额	共同耗用分配			耗用合计
			定额消耗	分配率	分配额	
基本生产车间	甲乙产品共用	86 028	21 400	4.02		86 028
	甲产品		8 800		35 376	35 376
	乙产品		12 600		50 652	50 652
	一般费用	5 200				5 200
辅助生产车间		6 800				6 800
管理部门		3 200				3 200
合　　计		101 228				101 228

根据材料费用分配表，编制会计分录如下：

借：基本生产成本——甲产品　　　　　35 376

　　　　　　　　——乙产品　　　　　50 652

　　制造费用　　　　　　　　　　　　 5 200

　　辅助生产成本——机修车间　　　　 6 800

　　管理费用　　　　　　　　　　　　 3 200

　　贷：原材料　　　　　　　　　　　101 228

(2) 根据各车间、部门的工资计算单及规定的福利费计提比例，编制职工薪酬分配表，如表 9-30 所示。

表 9-30　职工薪酬分配表

2017 年 8 月

单位：元

分配对象	工资费用	共同耗用分配			工资分配额	福利费(14%)
		生产工时	分配率	分配额		
甲乙产品共用	40 800	54 400			40 800	5 712
甲产品		25 200	0.75	18 900	18 900	2 646
乙产品		29 200		21 900	21 900	3 066
基本生产车间	6 800				6 800	952
辅助生产车间	7 700				7 700	1 078
管理部门	14 500				14 500	2 030
合　　计	69 800				69 800	9 772

根据工资及福利费分配表，编制会计分录如下：

借：基本生产成本——甲产品　　　　　18 900

　　　　　　　　——乙产品　　　　　21 900

　　制造费用　　　　　　　　　　　　 6 800

　　辅助生产成本——机修车间　　　　 7 700

　　管理费用　　　　　　　　　　　　14 500

　　贷：应付职工薪酬——应付工资　　 69 800

借: 基本生产成本——甲产品   2 646

           ——乙产品   3 066

    制造费用   952

    辅助生产成本——机修车间   1 078

    管理费用   2 030

  贷: 应付职工薪酬——应付福利费   9 772

(3) 将归集在辅助生产成本明细账上的费用,按修理工时进行分配,并从该明细账中转出,如表 9-31 所示。

表 9-31 辅助生产成本明细账

受益部门	修理工时/小时	分配率	分配金额
基本生产车间	700		26 320
管理部门	100		3 758
合　计	800	37.6	30 078

根据辅助生产费用分配表,编制会计分录如下:

借: 制造费用   26 320

    管理费用   3 758

  贷: 辅助生产成本——机修车间   30 078

(4) 根据上列各种费用分配表和有关资料,归集制造费用,如表 9-32 所示。

表 9-32 制造费用明细账

摘　要	机物料	职工薪酬	水电费	折旧费	大修理费	维修费	其　他	合　计
根据材料分配表	5 200							5 200
根据职工薪酬分配表		7 752						7 752
根据动力费用分配表			2 620					2620
根据折旧费用分配表				11 000				11 000
根据待摊费用分配表					4 800			4 800
根据其他费用分配表							11 000	11 000
根据辅助生产费用分配表						26 320		26 320
月末合计	5 200	7 752	2 620	11 000	4 800	26 320	11 000	68 692
月末转出	5 200	7 752	2 620	11 000	4 800	26 320	11 000	68 692

(5) 将所归集在制造费用明细账上的费用，按产品生产工时进行分配，并从该明细账中转出，如表 9-33 所示。

表 9-33　制造费用分配表

受益部门	生产工时/小时	分配率	分配金额
甲产品	25 200		31 752
乙产品	29 200		36 940
合　计	54 400	1.26	68 692

根据制造费用分配表，编制会计分录如下：

借：基本生产成本——甲产品　　　　　31 752
　　　　　　　　——乙产品　　　　　36 940
　　贷：制造费用　　　　　　　　　　68 692

(6) 根据各种费用分配表及成本计算单，按产品分别登记基本生产成本明细账，如表 9-34、表 9-35 所示。

表 9-34　基本生产成本明细账(甲产品)

摘　要	直接材料	直接人工	动力费用	制造费用	合　计
期初在产品	5 400	2 760	2 160	2 520	12 840
根据材料费用分配表	35 376				35 376
根据职工薪酬分配表		21 546			21 546
根据动力费用分配表			11 340		11 340
根据制造费用分配表				31 752	31 752
生产费用合计	40 776	24 306	13 500	34 272	112 854
结转完工产品	34 252	22 193	12 326	31 292	100 063
期末在产品成本	6 524	2 113	1 174	2 980	12 791

表 9-35　基本生产成本明细账(乙产品)

摘　要	直接材料	直接人工	动力费用	制造费用	合　计
期初在产品	3 900	1 980	1 560	1 860	9 300
根据材料费用分配表	50 652				50 652
根据职工薪酬分配表		24 966			24 652
根据动力费用分配表			13 140		13 140
根据制造费用分配表				36 940	36 940
生产费用合计	54 552	26 946	14 700	38 800	134 998
结转完工产品	48 810	25 449	13 884	36 645	124 789
期末在产品成本	5 742	1 497	816	2 155	10 210

(7) 根据基本生产成本明细账，按产品分别计算产品成本(原材料在生产开始时一次投入，在产品完工程度为 50%)。如表 9-36、表 9-37 所示。

表 9-36 产品成本明细账(甲产品)

项　　目		直接材料	直接人工	动力费用	制造费用	合　　计
期初在产品成本		5 400	2 760	2 160	2 520	12 840
本月生产费用		35 376	21 546	11 340	31 752	100 014
生产费用合计		40 776	24 306	13 500	34 272	112 854
分配率		4.077 6	2.642	1.467 4	3.725 2	
分配额	总成本	34 252	22 193	12 326	31 292	100 063
	单位成本	4.08	2.64	1.47	3.72	11.91
期末在产品成本		6 524	2 113	1 174	2 980	12 791

表 9-36 分配率以及分配额计算如下：

直接材料分配率 = 40 776/(8 400+1 600) = 4.077 6

完工产品直接材料 = 8 400 × 4.077 6 = 34 252(元)

期末在产品直接材料 = 40 776 - 34 252 = 6 542(元)

直接人工分配率 = 24 306/(8 400 + 1 600 × 50%) = 2.642

完工产品直接人工 = 8 400 × 2.642 = 22 193(元)

期末在产品直接人工 = 24 306 - 22 193 = 2 113(元)

动力费用分配率 = 13 500/(8 400 + 1 600 × 50%) = 1.467 4

完工产品动力费用 = 8 400 × 1.467 4 = 12 326(元)

期末在产品动力费用 = 13 500 - 12 326 = 1 174(元)

制造费用分配率 = 34 272/(8 400 + 1 600 × 50%) = 3.725 2

完工产品制造费用 = 8 400 × 3.725 2 = 31 292(元)

期末在产品制造费用 = 34 272 - 31 292 = 2 980(元)

表 9-37 产品成本明细账(乙产品)

项　　目		直接材料	直接人工	动力费用	制造费用	合　　计
期初在产品成本		3 900	1 980	1 560	1 860	9 300
本月生产费用		50 652	24 966	13 140	36 940	125 698
生产费用合计		54 552	26 946	14 700	38 800	134 998
分配率		7.177 9	3.742 5	2.041 7	75.388 9	
分配额	总成本	48 810	25 449	13 884	36 645	124 788
	单位成本	7.18	3.74	2.04	5.39	18.35
期末在产品成本		5 742	1 497	816	2 155	10 210

根据甲、乙产品成本计算单，结转完工产品成本，编制会计分录如下：

借：库存商品——甲产品　　　　　　100 063

　　贷：基本生产成本——甲产品　　　　　100 063

借：库存商品——乙产品　　　　　　124 788

　　贷：基本生产成本——乙产品　　　　　124 788

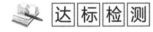

知识归纳

生产特点和管理要求对产品成本计算有着重要的影响。不同的生产特点和管理要求，会导致产品成本计算方法不同。

工业企业的生产按生产组织划分，有大量生产、成批生产和单件生产三种类型；按产品生产工艺繁简程度划分，有单步骤生产和多步骤生产两种类型。因此大量大批的单步骤生产以及不要求分步骤计算成本的多步骤生产，应按产品的品种计算成本；小批单件的单步骤生产以及不要求分步骤计算成本的多步骤生产，应按产品的批号(批别)计算成本；只有大量大批的多步骤生产以及管理上又要求分步骤计算成本的，应按生产步骤计算成本。

产品成本计算的基本方法有：以产品品种为成本计算对象的品种法；以产品批别为成本计算对象的分批法；以产品生产步骤为成本计算对象的分步法。分类法、定额法、标准成本法等是产品成本计算的辅助方法。

品种法是产品成本计算的最基本方法。它是以产品品种作为成本对象，并按不同的产品品种设置产品成本明细账，按产品品种分配和归集生产费用的一种成本计算方法。品种法的成本计算程序就是成本计算的一般程序，应结合实例学会和掌握品种法。

达标检测

一、简答题

1. 简述品种法的概念、适用范围及其成本计算程序。

2. 简述品种法的特点。

3. 简要说明品种法成本计算程序。

4. 试述简单品种法和典型品种法的特点。

5. 简要说明简单品种法和典型品种法的区别。

二、单项选择题

1. 产品成本计算方法中，最基本的方法是(　　)。

　　A. 品种法　　　　　B. 分批法　　　　　　　C. 分步法　　　　　　　　D. 定额法

2. 品种法适用于(　　)。

　　A. 大量大批单步骤生产

　　B. 小批单件单步骤生产

　　C. 管理上不要求分步骤计算产品成本的大量大批多步骤生产

　　D. 管理上不要求分步骤计算产品成本的小批单件多步骤生产

3. 品种法的成本计算期与( )是不一致的，一般是按月进行的。

    A. 生产周期　　　　B. 会计核算期　　　　C. 会计分期　　　　D. 生产日期

4. 简单品种法与典型品种法的主要区别在于( )。

    A. 简单品种法没有间接费用

    B. 简单品种法主要适用于单件小批生产

    C. 典型品种法没有间接费用

    D. 典型品种法需要在不同产品之间分配生产费用

5. ( )是以产品品种为成本计算对象的产品成本计算方法。

    A. 品种法　　　　B. 分批法　　　　C. 分步法　　　　D. 定额法

6. 适合汽车修理企业采用的成本计算方法是( )。

    A. 品种法　　　　　　　　　　B. 分批法

    C. 逐步结转分步法　　　　　　D. 平行结转分步法

7. 以每一种产品为成本计算对象的成本核算方法是( )。

    A. 分批法　　　　B. 品种法　　　　C. 订单法　　　　D. 分步法

8. 产品单步骤、大批量生产，应采用的成本计算方法是( )。

    A. 品种法　　　　B. 分步法　　　　C. 分批法　　　　D. 分类法

9. 按照产品的品种计算产品成本的方法称为( )。

    A. 作业成本法　　　B. 品种法　　　　C. 分批法　　　　D. 分步法

10. 食品厂在生产一些时令、节令食品时，应采用( )核算法。

    A. 分批法　　　　B. 分步法　　　　C. 品种法　　　　D. 定额法

11. 企业对于所试制的新产品的成本计算方法应采用( )。

    A. 品种法　　　　B. 分批法　　　　C. 分步法　　　　D. 分类法

12. 采用品种法，生产成本明细账应当按照( )分别开设。

    A. 生产车间　　　B. 生产步骤　　　C. 产品品种　　　D. 订货单

13. 关于品种法下列说法正确的是( )。

    A. 品种法是所有生产企业都采用的一种成本计算方法

    B. 品种法是按月定期计算产品成本

    C. 成本计算对象要根据管理要求确定

    D. 会计报告期末一般没有在产品

14. 应用品种法计算成本的企业( )。

    A. 定期(月末)计算产品的成本　　　B. 每季计算产品的成本

    C. 每月末无须计算产品的成本　　　D. 随时计算产品成本

15. 下列企业中，最常采用品种法计算产品成本的是( )。

    A. 纺织厂　　　　B. 发电厂　　　　C. 制衣厂　　　　D. 钢铁厂

三、多项选择题

1. 下列属于品种法成本计算主要特点的是( )。

    A. 成本计算对象是产品品种

    B. 一般每月月末定期计算产品成本

    C. 一般月末要将生产费用在完工产品和在产品之间进行分配

    D. 成本计算期与产品生产周期一致

2. 品种法的适用范围是( )。

    A. 大量生产   B. 大批生产   C. 单步骤生产   D. 多步骤生产

    E. 管理上不要求分步骤计算成本的多步骤生产

3. 品种法一般适用于大量大批单步骤生产，如( )等的生产。

    A. 小型造纸   B. 水泥   C. 发电

    D. 玻璃制品   E. 采掘

4. 品种法不是一种独立的成本计算方法，往往要( )成本计算方法结合使用。

    A. 分步法   B. 分批法   C. 分类法

5. 关于品种法，下列说法正确的是( )。

    A. 如果企业生产的产品属于多步骤，则应采用品种法计算产品成本

    B. 如果是单步骤、大量生产的企业，则应采用品种法计算产品成本

    C. 品种法是指以产品品种作为成本计算对象，归集和分配生产费用，计算产品成本的一种方法

    D. 品种法下一般每月月末计算产品成本

6. 品种法也可用于不需要分步骤计算成本的大量大批多步骤生产，如( )等的生产。

    A. 小型造纸   B. 水泥   C. 发电   D. 专用工具、模具   E. 采掘

7. 品种法的计算程序包括( )。

    A. 按产品品种设立产品明细账

    B. 将发生的直接费用计入产品成本明细账

    C. 将发生的间接费用采用适当的方法在产品之间分配

    D. 将生产费用在完工产品和在产品之间进行分配

    E. 计算完工产品总成本和单位成本

8. 在多步骤生产的企业里，为了计算各生产步骤的成本，加强各个生产步骤的生产管理，一般要求按照( )。

    A. 产品的品种计算成本   B. 产品的批别计算成本

    C. 产品的类别计算成本   D. 产品的生产步骤计算成本

    E. 产品的件别计算成本

9. 简化的品种法适用于以下( )情况。

    A. 产品单一   B. 没有或很少有在产品

    C. 大量大批生产   D. 多品种小批量

10. 品种法与分批法的主要区别在于( )不同。

    A. 直接费用的核算　　　　　　　　B. 间接费用的核算

    C. 成本计算对象　　　　　　　　　D. 成本计算期

四、判断题

1. 品种法一般适用于大量、大批的单步骤生产企业。　　　　　　　　　　( )

2. 品种法通常按月计算产品成本。　　　　　　　　　　　　　　　　　( )

3. 小批单件生产的企业，其成本计算方法应采用品种法。　　　　　　　( )

4. 在简单品种法和典型品种法这两种方法下，生产费用归集与分配程序的繁简程度有所不同。　　　　　　　　　　　　　　　　　　　　　　　　　　　　( )

5. 企业的供水、供电等辅助生产的产品或劳务生产的成本计算，也可以采用品种法。

　　　　　　　　　　　　　　　　　　　　　　　　　　　　　　　　( )

6. 单步骤生产由于生产工艺不能间断，因而只能按产品的品种计算成本。　( )

7. 一般情况下成本品种法的计算期与生产周期是一致的。　　　　　　　( )

8. 由于每个工业企业最终都必须按照产品品种计算产品成本，因此，品种法是成本计算方法中最基本的方法。　　　　　　　　　　　　　　　　　　　　　　( )

9. 品种法成本计算期与会计报告期一致，按照月定期计算产品成本。　　( )

10. 品种法、分步法和分类法是产品成本计算的三种基本方法。　　　　( )

11. 采用品种法，既不要求按照产品批别计算成本，也不要求按照产品生产步骤计算成本，而只要求按照产品的品种计算产品成本。　　　　　　　　　　　　　　( )

12. 品种法下，应按产品品种开设产品成本明细账或成本计算单，并按费用项目设置专栏。

　　　　　　　　　　　　　　　　　　　　　　　　　　　　　　　　( )

13. 品种法下，应开设"辅助生产成本明细账"(按生产车间或品种)和"制造费用明细账"(按生产车间)，账内按成本项目或费用项目设置专栏。　　　　　　　　　　　( )

14. 多步骤生产在某些情况下也可以采用品种法计算产品成本。　　　　( )

15. 品种法不是成本计算的基本方法。　　　　　　　　　　　　　　　( )

案例讨论

某企业设有一个基本生产车间，大量生产A、B两种产品，其生产工艺属单步骤生产。根据生产特点和管理要求，企业采用品种法计算产品成本。该企业还设有供水和供电两个辅助生产车间，同时为基本生产提供水和电。企业成本核算程序如下。

1. 设置产品成本明细账

企业按照产品的品种设置产品成本明细账，在明细账内按照成本项目设置专栏，并归集生产费用，将月初在产品成本计入产品成本明细账中。

2. 编制生产费用分配表，登记总账和明细账

根据本月份各项要素费用的发生额，编制要素费用分配表，将各项要素费用分别计入所设置的"基本生产成本明细账"和"产品成本明细账"中，并汇总计入有关的总账账户中。各种

要素费用分配表的编制如下。

(1) 材料费用分配表

"材料费用分配表"是月末根据各种领料凭证，按照材料发生的不同地点和用途等编制的。详见表 9-38。

表 9-38　材料费用分配表

单位：元

应借科目		原料及主要材料	辅助材料	燃料及动力费	合　计
基本生产成本	A 产品	20 000	2 200	4 000	26 200
	B 产品	16 000	1 800	3 500	21 300
	小　计	36 000	4 000	7 500	47 500
辅助生产成本	供水车间	3 000	860	1 000	4 860
	供电车间	1 000	380	600	1 980
	小　计	4 000	1 240	1 600	6 840
制造费用		1 500	1 000	2 310	4 810
合　计		41 500	6 240	11 410	59 150

(2) 工资及福利费用分配表见表 9-39。

表 9-39　工资及福利费用分配表

单位：元

应借科目		应付工资	应付福利费	合　计
基本生产成本	A 产品	98 000	13 720	111 720
	B 产品	88 600	12 404	101 004
	小计	186 600	26 124	212 724
辅助生产成本	供水车间	16 400	2 296	18 696
	供电车间	22 000	3 080	25 080
	小计	38 400	5 376	43 776
制造费用	基本车间	26 000	3 640	29 640
管理费用		57 700	8 078	65 778
合　计		308 700	43 218	351 918

(3) 固定资产折旧计算表见表 9-40。

表 9-40　固定资产折旧计算表

单位：元

部　门		上月计提的折旧额	上月增加固定资产应计提的折旧额	上月减少固定资产应计提的折旧额	本月应计提的折旧额
基本车间		156 000	5 680	6 200	155 480
辅助车间	供水	26 200	2 100	1 800	26 500
	供电	15 400	1 680	2 220	14 860
	小计	41 600	3 780	4 020	41 360
管理费用		12 800	2 186	3 500	11 486
合　计		210 400	11 646	13 720	208 326

其他费用分配表见表9-41。

表9-41　其他费用分配表

单位：元

部　门		办公费	差旅费	劳动保护费	修理费	其他支出	合计
基本车间		3 200	5 600	5 100	8 000	2 500	24 400
辅助车间	供水	2 300	2 600	3 250	4 200	2 300	14 650
	供电	2 400	1 800	4 100	3 500	2 400	14 200
	小计	4 700	4 400	7 350	7 700	4 700	28 850
管理费用		4 500	4 300	1 100	2 320	3 100	15 320
合　计		12 400	14 300	13 550	18 020	10 300	68 570

(4) 待摊费用和预提费用分配表见表9-42。

表9-42　待摊费用和预提费用分配表

单位：元

项　目		待摊费用				预提费用		
		低值易耗品摊销	租赁费	保险费	合计	修理费	租赁费	合计
基本车间		8 200	6 530	4 600	19 330	5 800	4 000	9 800
辅助车间	供水	3 000	2 000	3 500	8 500	2 000	3 100	5 100
	供电	2 500	2 800	1 600	6 900	2 400	2 800	5 200
	小计	5 500	4 800	5 100	15 400	4 400	5 900	10 300
厂部管理部门		3 800	4 200	1 500	9 500	2 800	1 200	4 000
合　计		17 500	15 530	11 200	44 230	13 000	11 100	24 100

3. 归集和分配辅助生产费用

(1) 月末，根据上述各种费用分配表，登记辅助生产费用明细账(见表9-43)。

表9-43　辅助生产费用明细账

车间名称：供水　　　　　　　　　　　　　　　　　　　　　　　　　　　　单位：元

月	日	摘　要	材料费	燃料及动力费	工资及福利费	折旧费	其他	合计
略		材料费用分配表	1 368	600				1 968
		工资及福利费分配表			25 080			25 080
		折旧费用计算表				14 860		14 860
		其他费用分配表					14 200	14 200
		待摊费用和预提费用分配表					12 100	12 100
		月　计	1 368	600	25 080	14 860	26 300	68 208
		本月转出	1 368	600	25 080	14 860	26 300	68 208

(2) 采用适当的方法分配辅助生产费用。

假定上述企业采用直接分配法分配辅助生产费用，本月供水车间供水 17 800 吨，其中为供电车间供水 1 140 吨；供电车间供电 63 200 度，其中为供水车间供电 6 360 度。辅助生产费用分配表见表 9-44。

表 9-44　辅助生产费用分配表(直接分配)

车间	分配费用	分配数量	分配率	分配金额					
				基本生产成本		制造费用		管理费用	
				数量	金额/元	数量	金额/元	数量	金额/元
供水	68 306	16 660	4.1	10 000	41 000	4 600	18 860	2 060	8 446
供电	68 208	56 840	1.2	41 000	49 200	11 000	13 200	4 840	5 808
合计	136 514	—	—	—	90 200	—	32 060	—	14 254

分配给基本生产车间的辅助生产费用，还应在其所生产的各种产品之间采用适当的方法进行分配。分配可采用费用分配表的形式进行。

供水费用的分配见表 9-45。

表 9-45　动力费用分配表(供水)

产品名称	分配标准/实际工时	分配率	分配金额/元
A 产品	86 000		21 500
B 产品	78 000		19 500
合　计	164 000	0.25	41 000

供电费用的分配见表 9-46。

表 9-46　动力费用分配表(供电)

产品名称	分配标准/实际工时	分配率	分配金额/元
A 产品	86 000		25 800
B 产品	78 000		23 400
合　计	164 000	0.30	49 200

4. 归集和分配制造费用

月末，根据各种费用分配表，将有关各项费用登记到"制造费用明细账"中。"制造费用明细账"如表 9-47 所示。

表 9-47　制造费用明细账

单位：元

摘　要	材料费	水电费	工资及福利费	折旧费	办公费	差旅费	劳动保护费	修理费	其他	合计
材料费用分配表	4 810									4 810

(续表)

摘　要	材料费	水电费	工资及福利费	折旧费	办公费	差旅费	劳动保护费	修理费	其他	合计
工资及福利费分配表			29 640							29 640
折旧计算表				155 480						155 480
其他费用分配表					3 200	5 600	5 100	8 000	2 500	24 400
待摊费用和预提费用分配表									29 130	29 130
动力费用分配表		32 060								32 060
本月转出	4 810	32 060	29 640	155 480	3 200	5 600	5 100	8 000	31 630	275 520
月末余额	—	—	—	—	—	—	—	—	—	—

月末，通过编制"制造费用分配表"(见表9-48)将归集在"制造费用明细账"中的制造费用在A、B两种产品之间进行分配。

表9-48　制造费用分配表

分配对象	分配标准/实际工时	分配率	分配金额/元
A产品	86 000		144 480
B产品	78 000		131 040
合　计	164 000	1.68	275 520

5. 登记"产品成本明细账"，计算产品成本

月末，根据上述各种费用分配表，登记"产品成本明细账"，归集A、B两种产品的生产费用，计算A、B两种产品的完工产品成本和月末在产品成本。

(1) A产品的"产品成本明细账"登记及完工产品成本和在产品成本计算。

假定该企业A产品的原材料在生产开始时一次性投入，在产品采用约当产量法计算。在产品完工程度为50%，本月完工1 000件，在产品448件。

填写"月末在产品成本计算表"(见表9-49)。

表9-49　月末在产品成本计算表

产品名称：A　　　　　　　　　　年　月

成本项目	直接材料	直接工资	其他直接支出	制造费用	合　计
生产费用合计					
费用分配率					

（续表）

成本项目		直接材料	直接工资	其他直接支出	制造费用	合　计
完工产品	数量					
	费用					
月末在产品	约当产量					
	费用					

　　月末，将完工产品费用和在产品费用计入产品成本明细账(见表9-50)中，即可确定本月完工产品和月末在产品成本。

表 9-50　产品成本明细账

产品名称：A　　　　　　　　　　　　　　年　月　　　　　　　　　　　产量：1 000 件

日期	摘　　要		直接材料	直接工资	其他直接支出	制造费用	合　计
	月初在产品成本						
	分配材料费用						
	分配工资费用						
	分配福利及动力费						
	分配制造费用						
	月计						
	累计						
	完工产品成本	总成本					
		单位成本					
	月末在产品成本						

　　(2) B 产品的"产品成本明细账"登记及完工产品成本和在产品成本计算。

　　假定该企业 B 产品的在产品成本采用定额成本法计算，B 产品本月完工 500 件，月末在产品 100 件。"月末在产品定额成本计算表"和"产品成本明细账"分别见表 9-51、表 9-52。

表 9-51　月末在产品定额成本计算表

产品名称：B 产品　　　　　　　　　　　　年　月

在产品 数量	直接材料		定额 工时	直接工资 (9 元/小时)	其他直接支出 (11 元/小时)	制造成本 (20 元/小时)	定额成本 合计
	费用 定额	定额 费用					
100	60	6 000	800	7 200	8 800	16 000	38 000

　　月末，将计算出的在产品定额成本记入产品成本明细账中，将其作为月末在产品成本，并从明细账的累计费用中减去月末在产品成本，累计费用减去月末在产品成本后的余额即是本月完工产品成本。

表 9-52　产品成本明细账

产品名称：B 产品　　　　　　　　　　　年　　月

日期	摘　　要	直接材料	直接工资	其他直接支出	制造费用	合计
	月初在产品成本	8 000	10 000	4 600	20 000	42 600
	分配材料费用	21 300				21 300
	分配工资费用		88 600			88 600
	分配福利费及动力费			55 304		55 304
	分配制造费用				131 040	131 040
	月计	21 300	88 600	55 304	131 040	296 244
	累计	29 300	98 600	59 904	151 040	338 844
	减：月末在产品成本	6 000	7 200	8 800	16 000	38 000
	完工产品成本	23 300	91 400	51 104	135 040	300 844
	单位成本	46.60	182.80	102.21	270.08	601.69

6. 编制完工产品成本汇总表

根据 A、B 两种产品成本明细账编制完工产品成本汇总表(见表 9-53)，结转完工产品成本。

表 9-53　完工产品成本汇总表

产品名称	产量/件	直接材料	直接工资	其他直接支出	制造费用	合　计	单位成本
A 产品							
B 产品							
合　计							

项目十 产品成本核算的分批法

○ 学习目标

　　了解分批法的适用范围和特点；熟悉简化分批法的特点；掌握简化分批法的计算程序及其应用。

○ 能力目标

　　根据企业实际情况掌握成本计算的分批法。

○ 案例导入

　　辉煌高端服装定制公司，专门针对客户订单组织产品生产。2017年9月继续加工上月投产的8批产品，本月投产6批产品，月末完工4批产品。问：公司应采用的成本计算方法是什么？应设置几个产品成本计算单？根据本厂的特点，能否采用简化分批法计算产品成本？

任务一　认识分批法

　　不同的生产类型和管理要求，产品成本计算方法不同。在小批单件的单步骤生产或管理上要求分步骤计算成本的多步骤生产中，产品本计算一般可采用分批法。如前所述，产品成本计算分批法，就是按照产品批别计算产品成本的一种方法。

一、分批法的含义

成本计算分批法，是按产品的批别归集生产费用，计算产品成本的一种方法，简称分批法。

二、分批法的适用范围

分批法适用于单件小批生产企业。这类企业产品的生产一般是根据购货单位的订单组织，如船舶制造、重型机器制造、铁路机车制造等。分批法也适用于一般工业企业中的新产品试制或实验、工业性修理作业及专项工程等，新产品的试制和机器设备的修理以及辅助生产的工具模具制造等。由于各批产品耗用的原材料和半成品相同，所以在填列领料单、记录生产工时、进行在产品转移核算时，都应分清批别，以防"串批"。

三、分批法的特点

分批法的成本计算对象：是产品的批次或购货者的订单。当购货者的一份订单中只有一种产品且要求同时交货时，就将该订单作为成本计算对象；当购货者一份订单中有几种产品或虽只一种产品但数量较多而且要求分批交货时，就要由企业生产计划部门按批别开立"内部订单"，以此组织生产，并作为成本计算对象；另外，如果不同购买者的订单要求生产同一种产品时，也可以合并开设"内部订单"。"内部订单"亦称"生产通知单"，主要内容有：拟制造产品的品种、规格、样式；开工日期、交货日期；生产数量；产品所用的原材料、工艺流程及其他与产品制造有关的资料。

在实际工作中，企业按产品批别组织生产时，生产计划部门要下达生产通知单给车间，在生产通知单重要对该批产品生产任务进行编号，称为产品批号(或生产令号、工作令号)，成本核算时，则根据产品批号，即产品批别，设立成本计算单。

由于按照产品品种计算成本是对成本计算的普遍要求，如果某一张订单包括几种不同品种的产品，为了考核和分析各种产品成本计划的执行情况，并便于进行生产管理，应按产品品种划分批别，组织生产，计算成本；如一种产品订货数量较大，而用户要求分批交货时，也可分为数批组织生产；如果同一时期的几张订单中规定有相同的产品，交货期也相近，为了更加经济地组织生产，也可将相同产品合并为一批进行生产，计算成本。因此，称为分批法比称为订单法更确切、更全面。

(1) 间接费用的分配方法：分批法下，间接费用在各订单或各批次之间分配时，可以采用"当月分配法"，也可采用"累计分配法"。

(2) 成本计算期：分批法的成本计算期与会计报告期不一致，而与生产周期一致。产品完工月份，计算该批产品自开工以来所发生的总成本、单位成本，结转产成品成本。

(3) 生产费用在完工产品和月末在产品之间的分配：分批法下，通常不存在批内完工产品与月末在产品分配生产费用问题。各订单或批次的产品在未完工以前，成本明细账中归集的费用累计数就是在产品成本；当该订单或批次的产品全部完工时，成本明细账中归集的费用就是完工产品总成本。但是，当一份订单或同一批次的产品跨月陆续完工并分期陆续交货，但完工产品数量不多时，或者当若干份订单或若干批次的产品中完工订单或批次不多时，可以按计划成本、定额成本或近期实际成本计算完工产品成本；如果一份订单内或同一批次内产品跨月完工数量较多，或者若干份订单或若干批次的产品中跨月完工的订单或批次较多时，则应采用适当的方法在完工产品和月末在产品之间分配费用，以便确定和报告完工产品成本和月末在产品成本。

为使同一批产品尽量同时完工，避免跨越陆续完工的情况，减少在完工产品与月末在产品之间分配费用的工作，在合理组织生产的前提下，可以适当缩小产品的批量。

任务二　分批法的成本计算程序

分批法的特点决定了该法产品成本的计算应该按照以下程序进行。

一、分批法的计算程序

(1) 按批别生产通知单批号开设产品成本明细账采用分批法计算产品成本的企业，产品成本明细账要按照产品批别或生产通知单批号设置，即按每一批别或每一生产通知单批号设置一张产品成本明细账，并按成本项目分设专栏，归集所发生的各项生产费用。

(2) 按批别归集分配生产费用

采用分批法计算产品成本的企业，应按生产通知单的批号组织生产，领用原材料，计算工资、支付费用，能够直接计入各批别产品成本明细账的直接材料、直接人工以及其他费用，应直接计入生产成本明细账；有些领用的原材料、支付人工费用难以明确用于某一批别，而是几批共用的，财会部门应按一定的分配标准(如耗用工时等) 分配到有关批别的产品成本明细账。无论是直接费用还是间接费用，都必须按月将费用归集到有关账户中。

(3) 完工产品成本结转

本月全部完工的批次，要根据产品成本明细账所归集的全部费用。计算该批完工产品的总成本和单位成本，并做结转会计分录。本月末完工的批次，作为在产品成本保留在该批次产品成本明细账中，也不需要做结转成本的会计分录。对于跨月或跨年度生产的批次产品，部分产品如先行完工，交货销售，可先按计划成本或定额成本或以往同类产品成本进行结转，等到本批产品全部完工的当月，再结转结余产品成本并计算该批产品的实际总成本和单位成本。

二、分批法的运用

分批法的特点及成本计算的程序前面已述，现以某工业企业的产品成本计算为例，介绍分批法在实际工作中的一般运用。

【例 10-1】海西集团下属的东南公司 2017 年 9 月 1 日投产的甲产品 100 件, 批号为 901#, 在 9 月份全部完工; 9 月 10 日投产乙产品 150 件, 批号 902#, 当月完工 40 件; 9 月 15 日投产丙产品 200 件, 批号为 903#, 尚未完工。

1. 本月发生的各项费用

(1) 901#产品耗用原材料 125 000 元; 902#产品耗用原材料 167 000 元; 903#产品耗用原材料 226 000 元; 生产车间一般耗用原材料 8 600 元。

(2) 生产工人工资 19 600 元; 车间管理人员工资 2 100 元。

(3) 车间耗用外购的水电费 2 400 元, 以银行存款付讫。

(4) 计提车间负担的固定资产折旧费 3 800 元。

(5) 车间负担的其他费用 250 元, 以银行存款付讫。

其他有关资料如下。

(1) 该企业的职工福利费按工资总额的 14%计提。

(2) 原材料采用计划成本计价, 差异率为+4%。

(3) 生产工人工资按耗用工时比例分配, 其中: 901#产品工时为 18 000 小时; 902#产品工时为 20 000 小时; 903#产品工时为 11 000 小时。

(4) 制造费用也按耗用工时比例进行分配。

(5) 902#产品完工 40 件按定额成本转出, 902#产品定额单位成本为: 直接材料 1 100 元, 直接人工 75 元, 制造费用 60 元。

2. 分批法的成本计算程序

(1) 设置成本计算单

在成本计算的分批法下, 成本计算单应按产品的投产批别分别设置, 见表 10-5、表 10-6、表 10-7。

(2) 分配各项费用要素

根据资料, 编制费用分配表来分配各费用要素, 编制会计分录如下。

① 编制原材料费用分配表, 见表 10-1。

表 10-1　原材料费用分配表

2017 年 9 月

应借账户		成本或费用项目	计划成本	材料差异额	材料实际成本
基本生产成本	901#产品	直接材料	125 000	5 000	130 000
	902#产品	直接材料	167 000	6 680	173 680
	903#产品	直接材料	226 000	9 040	235 040
小　计			518 000	20 720	538 720
制造费用	机物料消耗	材料费	8 600	344	8 944
合　计			526 600	21 064	547 664

根据原材料分配表，编制会计分录：

借：基本生产成本——901#产品　　　　　　125 000

　　　　　　　　——902#产品　　　　　　167 000

　　　　　　　　——903#产品　　　　　　226 000

　　制造费用——基本生产车间　　　　　　8 600

　　　贷：原材料　　　　　　　　　　　　　　　526 600

借：基本生产成本——901#产品　　　　　　5 000

　　　　　　　　——902#产品　　　　　　6 680

　　　　　　　　——903#产品　　　　　　9 040

　　制造费用——基本生产车间　　　　　　344

　　　贷：材料成本差异　　　　　　　　　　　　21 064

② 编制工资及职工福利费分配表，见表10-2。

表 10-2　工资及职工福利费分配表

2017 年 9 月

应借账户		工　资				职工福利费(14%)	合　计
		生产工人		其他人员	合　计		
		工时	分配金额(分配率：0.40)				
基本生产成本	901#产品	18 000	7 200		7 200	1 008	8 208
	902#产品	20 000	8 000		8 000	1 120	9 120
	903#产品	11 000	4 400		4 400	616	5 016
	小　计	49 000	19 600		19 600	2 744	22 344
制造费用				2 100	2 100	294	2 394
合　计			19 600	2 100	21 700	3 038	24 738

根据工资分配表，编制会计分录：

借：基本生产成本——901#产品　　　　　　7 200

　　　　　　　　——902#产品　　　　　　8 000

　　　　　　　　——903#产品　　　　　　4 400

　　制造费用——基本生产车间　　　　　　2 100

　　　贷：应付职工薪酬——应付工资　　　　　21 700

借：基本生产成本——901#产品　　　　　　1 008

　　　　　　　　——902#产品　　　　　　1 120

　　　　　　　　——903#产品　　　　　　616

　　制造费用——基本生产车间　　　　　　294

　　　贷：应付职工薪酬——应付福利费　　　　3 038

③ 折旧费、水电费及其他费用的核算

A. 支付本月的水电费：

借：制造费用——基本生产车间   2 400

    贷：银行存款   2 400

B. 提取固定资产折旧费：

借：制造费用——基本生产车间   3 800

    贷：累计折旧   3 800

C. 本月发生的其他费用：

借：制造费用——基本生产车间   250

    贷：银行存款   250

(3) 归集和分配基本生产车间的制造费用

归集和分配基本生产车间的制造费用，见表 10-3、表 10-4。

表 10-3　制造费用明细账

2017 年		摘　要	材料费	工资	福利费	水电费	折旧费	其他	合　计
月	日								
9	30	消耗材料	8 600						8 600
	30	结转成本差异	344						344
	30	结算工资		2 100					2 100
	30	计提福利费			294				294
	30	支付水电费				2 400			2 400
	30	计提折旧					3 800		3 800
	30	其他费用						250	250
	30	本月合计	8 944	2 100	294	2 400	3 800	250	17 788
	30	分配转出	-8 944	-2 100	-294	-2 400	-3 800	-250	-17 788

表 10-4　制造费用分配表

2017 年 9 月

应借账户		成本项目	实用工时	分配率	应分配金额
基本生产成本	901#产品	制造费用	18 000		6 534
	902#产品	制造费用	20 000		7 260
	903#产品	制造费用	11 000		3 994
合　计			49 000	0.3630	17 788

费用分配表，编制会计分录：

借：基本生产成本——901#产品   6 534

        ——902#产品   7 260

        ——903#产品   3 994

    贷：制造费用——基本生产车间   17 788

(4) 计算并结转完工产品成本

计算并结转完工产品成本，见表10-5、表10-6、表10-7。

表10-5 基本生产成本明细账

批号：901#　　　　　　　　　　　　　　　　　　　　　　开工日期：9月1日

产品名称：甲产品　　　批量：100件　　　完工：100件　　　完工日期：9月30日

2017年		凭证		摘　　要	直接材料	直接人工	制造费用	合　　计
月	日	种类	号数					
9	30			材料分配表	130 000			130 000
	30			工资福利分配表		8 208		8 208
	30		略	制造费用分配表			6 534	6 534
	30			合　计	130 000	8 208	6 534	144 742
	30			结转完工产品成本	−130 000	−8 208	−6 534	−144 742
	30			单位成本	1 300	82.08	65.34	1 447.42

表10-6 基本生产成本明细账

批号：902#　　　　　　　　　　　　　　　　　　　　　　开工日期：9月10日

产品名称：乙产品　　　批量：150件　　　完工：40件　　　完工日期：

2017年		凭证		摘　　要	直接材料	直接人工	制造费用	合　　计
月	日	种类	号数					
9	30			材料分配表	173 680			173 680
	30			工资福利分配表		9 120		9 120
	30		略	制造费用分配表			7 260	7 260
	30			合　计	173 680	9 120	7 260	190 060
	30			结转完工产品成本	−44 000	−3 000	−2 400	−49 400
	30			月末在产品成本	129 680	6 120	4 860	140 660

备注：完工产品成本采用定额成本法计算，其中：直接材料 40 × 1 100 = 44 000；直接人工 40 × 75 = 3 000；制造费用 40 × 60 = 2 400。

表10-7 基本生产成本明细账

批号：903#　　　　　　　　　　　　　　　　　　　　　　开工日期：9月15日

产品名称：丙产品　　　批量：200件　　　完工：　　　完工日期：

2017年		凭证		摘　　要	直接材料	直接人工	制造费用	合　　计
月	日	种类	号数					
9	30			材料分配表	235 040			235 040
	30			工资福利分配表		5 016		5 016
	30			制造费用分配表			3 994	3 994
	30			合　计	235 040	5 016	3 994	244 050

根据成本计算单编制结转 901#、902#完工产品成本的会计分录：

借：库存商品——901#产品　　　　　144 742

　　　　——902#产品　　　　　　　49 400

　贷：基本生产成本——901#产品　　144 742

　　　　　　——902#产品　　　　　49 400

【例10-2】 某企业根据购买单位的订货要求，小批生产甲、乙、丙等几种产品，采用分批法进行成本核算，设置有直接材料、直接人工和制造费用三个成本项目。该企业201×年6月份各批产品资料如下。

1. 本月份各批产品投产完工情况

#111 号甲产品10件，4月份投产，本月全部完工；

#112 号乙产品15件，5月份投产，本月全部未完工；

#113 号丙产品40件，6月份投产，本月4件完工并已销售。

2. 本月份生产费用支出情况

(1) 各批产品的月初在产品成本(见表10-8)

表10-8　月初在产品成本

产品批号	直接材料	直接人工	制造费用	合　计
#111	58 600	26 000	4 000	88 600
#112	45 000	20 000	1 800	66 800

(2) 根据各种费用分配表，汇总各批产品本月发生的生产费用(见表10-9)

表10-9　本月发生的生产费用

产品批号	直接材料	直接人工	制造费用	合　计
#111	2 000	8 000	1 200	11 200
#112	5 000	24 000	2 000	31 000
#113	36 000	19 500	1 700	57 200

3. 完工产品与在产品计算

#113 批号丙产品，本月完工4件。为了简化核算可采用定额成本结转，假定丙产品单位定额成本为1 600元，其中直接材料定额成本880元，直接人工定额500元，制造费用定额220元。

根据上述资料，采用分批法计算产品成本的方法和程序如下：

(1) 按照产品批次设置生产成本明细账

根据资料(1)设置产品生产成本明细账。

(2) 按批别归集和分配本月发生的各项生产费用，登记有关明细账

生产费用(包括直接计入费用和间接计入费用)在各批产品成本核算对象之间按月进行分配。企业本月发生的直接材料费用、直接人工费用都是各批次产品的直接费用，可以直接记入各批产品成本计算单，不需要在各批产品之间进行分配。

(3) 分配辅助生产费用

假设该企业不设辅助生产车间，月末不存在辅助生产费用的分配。

(4) 分配基本生产车间制造费用

本月发生的制造费用已归集在制造费用明细账中，并按照各批产品本月实际工时进行分配(方法与第三章制造费用的归集和分配相同)，登记在有关产品生产成本明细账上，这里不再赘述。

(5) 计算结转完工产品成本

① 本月完工产品成本和月末在产品成本的计算：

#111 批次(甲产品)由于在 6 月份全部完工，所以产品生产成本明细账上归集的所有生产费用全部为完工产品成本，月末无在产品成本。

#112 批次(乙产品)由于在 6 月份全部没有完工，所以该产品生产成本明细账上归集的所有生产费用全部是月末在产品成本，不需要计算结转完工产品成本。

#113 批次(丙产品)，在 6 月份完工了 4 件并已销售，需要按一定的方法计算完工产品的成本，以保证会计资料的准确性。由于完工量比较小，可以采用定额成本结转，待该批次产品全部完工后再计算该批次产品的实际总成本和单位成本。

#113 批次丙产品 4 件完工产品的成本计算如下：

直接材料成本 = 880 × 4 = 3 520(元)

直接人工成本 = 500 × 4 = 2 000(元)

制造费用成本 = 220 × 4 = 880(元)

完工丙产品总成本 = 3 520 + 2 000 + 880 = 6 400(元)

#113 批次丙产品月末在产品的成本计算如下：

直接材料成本 = 36 000 − 3 520 = 32 480(元)

直接人工成本 = 19 500 − 2 000 = 17 500(元)

制造费用成本 = 1 700 − 880 = 820(元)

在产品总成本 = 32 480 + 17 500 + 820 = 50 800(元)

② 本月完工产品成本的结转情况见表 10-10～表 10-13。

表 10-10 产品生产成本明细账(甲产品)

产品批号：#111　　　　　产品名称：甲　　　　　　　　　　　投产日期：201×年4月
　　　　　　　　　　　　批量：10 件　　　　　　　　　　　　完工日期：201×年6月

201×年 月	201×年 日	摘　要	直接材料	直接人工	制造费用	合　计
6	1	期初余额	58 600	26 000	4 000	88 600
6	30	材料分配计算表	2 000			2 000
6	30	职工薪酬费用分配表		8 000		8 000
6	30	制造费用分配表			1 200	1 200
6	30	本月生产费用合计	2 000	8 000	1 200	11 200
6	30	生产费用累计	60 600	34 000	5 200	99 800
6	30	完工转出产成品成本	−60 600	−34 000	−5 200	−99 800
6	30	完工产品单位成本	6 060	3 400	520	9 980
6	30	月末在产品成本	0	0	0	0

表 10-11　产品生产成本明细账(乙产品)

产品批号：#112　　　　产品名称：乙　　　　　　　　投产日期：201×年5月

批量：15件　　　　　　　　　　　　　　　　　完工日期：

201×年		摘　要	直接材料	直接人工	制造费用	合　计
月	日					
6	1	期初余额	45 000	20 000	1 800	66 800
6	30	材料分配计算表	5 000			5 000
6	30	职工薪酬费用分配表		24 000		24 000
6	30	制造费用分配表			2 000	2 000
6	30	本月生产费用合计	5 000	24 000	2 000	31 000
6	30	生产费用累计	50 000	44 000	3 800	97 800

表 10-12　产品生产成本明细账(丙产品)

产品批号：#113　　　　产品名称：丙　　　　　　　　投产日期：201×年6月

批量：40件　　　　　　　　　　　　　　　　　完工日期：201×年6月

201×年		摘　要	直接材料	直接人工	制造费用	合　计
月	日					
6	30	材料分配计算表	36 000			36 000
6	30	职工薪酬费用分配表		19 500		19 500
6	30	制造费用分配表			1 700	1 700
6	30	本月生产费用合计	36 000	19 500	1 700	57 200
6	30	生产费用累计	36 000	19 500	1 700	57 200
6	30	完工转出(4件)产成品成本	-3 520	-2 000	-880	-6 400
6	30	完工产品单位成本	880	500	220	1 600
6	30	月末在产品成本	32 480	17 500	820	50 800

表 10-13　完工产品成本汇总表

201×年6月　　　　　　　　　　　　　　　　　　单位：元

成本项目		直接材料	直接人工	制造费用	合　计
#111 甲产品	总成本	60 600	34 000	5 200	99 800
(产量 10 件)	单位成本	6 060	3 400	520	9 980
#113 丙产品	总成本	3 520	2 000	880	6 400
(产量 4 件)	单位成本	880	500	220	1 600

根据"完工产品成本汇总表"编制本月结转完工产品入库产品成本的会计分录如下：

　　借：库存商品——甲产品　　　　　　　　　　　　　　　99 800

　　　　　　　　——丙产品　　　　　　　　　　　　　　　 6 400

　　　　贷：生产成本——基本生产成本——111#批次(甲产品)　　99 800

　　　　　　　　　　　　　　　　　——113#批次(丙产品)　　　6 400

需要说明的是，在本例中由于跨月陆续完工的产品较少，因此，月末对完工产品成本可以先采用定额成本、计划成本或最近时期相同产品的实际成本进行简易的计算和转出，待整批产品全部完工后，再重新计算完工产品的实际总成本和单位成本，但对已经转账的完工产品成本，不必再做账面调整；如果批内产品跨月陆续完工情况较多，则可选用约当产量法等适当的方法，将生产费用总额在完工产品和月末在产品之间进行分配，以提高成本计算的正确性，满足产品销售成本计算的需求。

任务三　简化的分批法

一、简化的分批法含义

在小批单件生产的企业或车间中，同一月份内投产的产品批数很多，在这种情况下，各种间接费用在各批产品之间按月进行分配的工作极为繁重。因此，在投产批数多而且月末未完工批数也较多的企业或车间中，可采用一种简化的分批法，也就是不分批计算在产品成本的分批法。

二、简化的分批法特点

(1) 按照生产产品的批别(批号) 设立产品成本明细账，但在某批产品完工以前，账内只需按月登记直接费用(如原材料费用) 和生产工时，不必按月份配，登记各项间接费用，而是将间接费用先分别累计起来，到产品完工的月份，按照各完工产品累计生产工时的比例，在各批完工产品之间再进行分配，计算各批完工产品的成本。其计算公式如下：

全部产品某项累计间接费用分配率= 全部产品某项累计间接费用/全部产品累计生产工时

某批完工产品应负担的某项间接费用=某批完工产品累计生产工时×全部产品某项累计间接费用分配率

(2) 各批全部产品的在产品成本只分成本项目以总数登记在专设的基本生产成本二级账中。从计算产品的实际成本的角度看，采用其他成本计算方法，可以不设立基本生产成本二级账，但采用简化分批法，必须设立基本生产成本二级账。这种二级账的作用在于：①按月提供企业或车间全部产品累计的生产费用和生产工时(实际工时或定额工时) 资料。为此，不仅应按成本项目登记全部产品的月初在产品费用、本月生产费用和累计生产费用，而且还要登记全部产品的月初在产品生产工时，本月生产工时和累计生产工时。②在有完工产品的月份，按照上例公式计算登记全部产品累计间接费用分配率，以及完工产品总成本和月末在产品总成本。

三、简化的分批法实例

1. 企业基本情况

海西集团下属的东南公司第二分厂属于小批生产，该分厂的产品批别多，生产周期较长，每月末经常有大量未完工的产品批数。为了简化核算工作，采用简化的分批法计算成本。

2. 成本计算的有关资料

海西集团下属的东南公司第二分厂 2017 年 8 月各批产品生产成本的有关资料如下。

(1) 8 月份的生产批号如下。

① 7720 批号：甲产品 8 件，7 月投产，8 月全部完工；

② 7721 批号：乙产品 10 件，7 月投产，8 月完工 4 件；

③ 7822 批号：丙产品 5 件，8 月投产，尚未完工；

④ 7823 批号：丁产品 15 件，8 月投产，尚未完工；

⑤ 7824 批号：戊产品 12 件，8 月投产，尚未完工。

(2) 各批号在生产开始时一次投入的原材料费用和生产工时如下。

① 7720 批号：7 月份消耗原材料 8 000 元，生产工时 4 000 小时；8 月份消耗原材料 10 000 元，生产工时 5 020 小时；

② 7721 批号：7 月份消耗原材料 4 000 元，生产工时 1 500 小时；8 月份原材料消耗 20 000 元，生产工时 20 000 小时；

③ 7822 批号：原材料消耗 5 600 元，生产工时 3 200 小时；

④ 7823 批号：原材料消耗 5 200 元，生产工时 3 000 小时；

⑤ 7824 批号：原材料消耗 5 000 元，生产工时 2 100 小时。

(3) 8 月末，该厂全部产品累计原材料费用 57 800 元，工时 38 820 小时，直接人工 15 528 元，制造费用 23 292 元。

(4) 此外，期末完工产品工时总额为 23 020 小时，其中：7720 批号的甲产品全部完工，采用实际工时确定，该批产品全部实际生产工时为 9 020 小时；7721 批号的乙产品部分完工，采用工时定额计算确定已完工产品的生产工时为 14 000 小时。

3. 成本计算的程序

根据上列资料，登记基本生产成本二级账和各批产品成本明细账；计算和登记累计间接计入费用分配率；并计算各批完工产品成本，见表 10-14～表 10-19。

表 10-14　基本生产成本二级账

金额：元

2017 年		摘　　要	直接材料	生产工时	直接人工	制造费用	合　　计
月	日						
8	31	本月累计	57 800	38 820	15 528	23 292	96 620
	31	分配率			0.4	0.6	
	31	完工转出	−27 600	−23 020	−9 208	−13 812	−50 620
	31	月末在产品	30 200	15 800	6 320	9 480	46 000

注：表中的分配率计算方法：直接人工分配率=15 528÷38 820=0.4，制造费用分配率=23 292÷38 820=0.6

表 10-15 基本生产成本明细账(甲产品)

批号：7720#　　　　　　　　　　　　　　　　品名：甲产品

完工产量：8 件 (7 月投产，8 月全部完工)　　　　　　　　　　　　　　　　单位：元

2017 年		摘　　要	直接材料/元	生产工时/小时	直接人工/元	制造费用/元	合　　计
月	日						
7	31	本月累计	8 000	4 000			
8	31	本月发生	10 000	5 020			
	31	本月累计	18 000	9 020			
	31	分配率			0.4	0.6	
	31	分配费用			3 608	5 412	9 020
	31	完工转出	−18 000	−9 020	−3 608	−5 412	−27 020

表 10-16 基本生产成本明细账(乙产品)

批号：7721#　　　　　　　　　　　　　　　　品名：乙产品

完工产量：10 件 (7 月投产，8 月完工 4 件)　　　　　　　　　　　　　　　　单位：元

2017 年		摘　　要	直接材料/元	生产工时/小时	直接人工/元	制造费用/元	合　　计
月	日						
7	31	本月累计	4 000	1 500			
8	31	本月发生	20 000	20 000			
	31	本月累计	24 000	21 500			
	31	分配率			0.4	0.6	
	31	完工分配费用		14 000	5 600	8 400	14 000
	31	完工转出	−9 600	−14 000	−5 600	−8 400	−23 600
	31	月末在产品	14 400	7 500			

备注：表中的直接材料，采用约当产量法进行分配，完工转出的成本=(24 000÷10)×4=9 600(元)

表 10-17 基本生产成本明细账(丙产品)

批号：7822#　　　　　　　　　　　　　　　　品名：丙产品

完工产量：5 件(8 月投产，尚未完工)　　　　　　　　　　　　　　　　单位：元

2017 年		摘　　要	直接材料	生产工时	直接人工	制造费用	合　　计
月	日						
8	31	本月累计	5 600	3 200			

表 10-18 基本生产成本明细账(丁产品)

批号：7823#　　　　　　　　　　　　　　　　品名：丁产品

完工产量：15 件(8 月投产，尚未完工)　　　　　　　　　　　　　　　　单位：元

2017 年		摘　　要	直接材料	生产工时	直接人工	制造费用	合　　计
月	日						
8	31	本月累计	5 200	3 000			

表 10-19　基本生产成本明细账(戊产品)

批号：7824#　　　　　　　　　　　　　　　　　品名：戊产品

完工产量：12 件(8 月投产，尚未完工)　　　　　　　　　　　　　　单位：元

2017 年		摘　要	直接材料	生产工时	直接人工	制造费用	合　计
月	日						
8	31	本月累计	5 000	2 100			

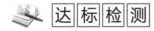 知 识 归 纳

　　产品成本计算分批法是按照产品批别(生产批号) 设立产品成本明细账，以批别归集生产费用、计算该批内各产品成本的一种方法。主要适用于小批和单件生产产品的企业或车间。

　　产品成本计算分批法的特点除产品成本计算对象是产品批别、成本计算期与会计核算期不一致外，还有一般不存在完工产品与在产品之间的分配费用的特点。但是在小批生产产品跨月陆续完工的情况下，仍需将归集的生产费用在完工产品与在产品之间进行分配。

　　产品成本计算程序主要是：按产品批别开设产品成本明细账，按批别归集、分配生产费用，完工产品成本的结转。

　　简化分批法是在投产批数多、月末未完工批数也较多的企业或车间所采用的一种不分批计算在产品成本的方法。其主要特点一是在产品完工之前，产品成本明细账内只按月登记直接费用和生产工时，不必按月分配、登记各项间接费用，而是到产品完工月份，才将累计的间接费用在各批完工产品之间进行分配，计算、登记各批完工产品的成本；二是各批全部产品的在产品成本只分成本项目以总数登记在专设的基本生产成本二级账中。

达 标 检 测

一、简答题

1. 简述分批法的含义和特点。

2. 简述简化分批法下基本生产成本二级账的作用。

3. 分批法和品种法有何联系与区别？

4. 简化分批法有哪些特点？实践中如何操作？

5. 企业为什么要采用简化分批法？如何进行简化？

二、单项选择题

1. 采用简化的分批法，在产品完工之前，各批产品成本明细账(　　)。

　　A. 不登记任何费用

　　B. 只登记材料费用

　　C. 登记间接计入费用，不登记直接计入费用

　　D. 登记直接计入费用，不登记间接计入费用

2. 分批法适用于(   )。

    A. 大批大量多步骤生产   B. 大批大量单步骤生产

    C. 大批大量生产   D. 单件小批生产

3. 分批法的特点是(   )。

    A. 按产品订单计算成本   B. 按产品批别计算成本

    C. 按照产品品种计算成本   D. 按车间来计算成本

4. 必须设置基本生产成本二级账的成本计算方法是(   )。

    A. 分批法   B. 分步法   C. 品种法   D. 简化分批法

5. 某企业采用分批法计算产品成本。8 月 1 日投产 A 产品 6 件；B 产品投产 4 件；12 日投产 B 产品 3 件；20 日投产 A 产品 5 件，B 产品 2 件。该企业开设的产品成本明细账应该是(   )。

    A. 2 本   B. 3 本   C. 4 本   D. 5 本

6. 简化分批法适用于(   )。

    A. 各月间接计入费用水平相差不大   B. 月末未完工产品批数多

    C. 同一月份投产批数多   D. 同时具备上述三点

7. 在小批单件多步骤生产情况下，如果管理上不要求分步计算产品成本，应采用的成本计算方法是(   )。

    A. 分批法   B. 分步法   C. 分类法   D. 定额成本法

8. 下列情况中，不适宜采用简化分批法的是(   )。

    A. 产品的批数较多   B. 月末未完工产品批数较多

    C. 各月间接计入费用水平相差不多   D. 各月间接计入费用水平相差较多

9. 下列各项中，属于简化分批法特点的是(   )。

    A. 分批计算完工产品成本

    B. 分批计算月末在产品成本

    C. 生产费用横向分配与纵向分配合并在一起进行

    D. 各项生产费用均不必在各批产品间进行分配

10. 选择产品成本计算基本方法时应考虑的因素是(   )。

    A. 产品消耗定额是否准确、稳定

    B. 产品种类是否繁多

    C. 能够简化加速成本计算工作

    D. 生产工艺和生产组织特点及成本管理要求

11. 对于成本计算的分批法，下列说法正确的有(   )。

    A. 不存在完工产品与在产品之间费用分配问题

    B. 成本计算期与会计报告期一致

    C. 适用于小批、单件、管理上不要求分步骤计算成本的多步骤生产

    D. 以上说法全部正确

12. 产品成本计算的分批法，适用的生产组织是(   )。

    A. 大量大批生产   B. 大量小批生产

C. 单件成批生产   D. 小批单件生产

13. 下列情况中，不适宜采用简化分批法的是(　　)。

    A. 产品的批数较多   B. 月末未完工产品批数较多

    C. 各月间接计入费用水平相差不多   D. 各月间接计入费用水平相差较多

14. 简化分批法下，其生产费用的分配，是利用累计间接费用分配率，到(　　)时合并一次完成。

    A. 月末   B. 季末   C. 年末   D. 产品完工

15. 下列关于分批法的表述中，不正确的是(　　)。

    A. 成本核算对象是产品的批别

    B. 产品成本计算期与产品生产周期基本一致

    C. 不存在在完工产品和在产品之间分配成本的问题

    D. 适用于单件、小批生产企业

三、多项选择题

1. 采用分批法计算产品成本时，如果批内产品跨月陆续完工的情况不多，完工产品数量占全部批量的比重很小，完工产品成本的计价可采用(　　)。

    A. 实际单位成本   B. 计划单位成本   C. 定额单位成本   D. 定额比例

2. 采用分批法，各月(　　)。

    A. 只计算完工产品成本   B. 期末计算全部在产品的总成本

    C. 可分批计算在产品的实际成本   D. 分批计算完工产品成本

3. 分批法的特点是(　　)。

    A. 成本计算对象是工作号所列的一件或一批产品

    B. 成本计算期与该批产品的生产周期一致

    C. 成本计算期与该企业的会计报告期不一致

    D. 一般不存在生产费用在完工产品与在产品之间分配费用的问题

4. 采用简化的分批法，必须具备的条件有(　　)。

    A. 月末未完工产品的批数较少

    B. 月末未完工产品的批数较多

    C. 各个月份的间接计入费用的水平相差不多

    D. 各个月份的直接计入费用的水平相差不多

    E. 有完整工时消耗定额基础

5. 采用简化的分批法(　　)。

    A. 必须设置生产成本二级账

    B. 在产品完工之前，产品成本明细账只登记原材料费用和生产工时

    C. 不分批计算在产品成本

    D. 在生产成本二级账中只登记间接费用

    E. 在生产成本二级账中不但登记间接费用，而且登记生产工时和直接费用

6. 简化的分批法与分批法的主要区别为( )。

    A. 不分批计算完工产品成本　　　　B. 不分批计算在产品成本

    C. 不分批核算原材料费用　　　　　D. 不分配间接费用

7. 下列方法中,属于产品成本计算基本方法的是( )。

    A. 品种法　　　　B. 分步法　　　　C. 分批法

    D. 定额法　　　　E. 分类法

8. 成本计算方法应根据( )来确定。

    A. 产品产量　　　B. 生产组织的特点　C. 生产规模大小

    D. 成本管理要求　E. 生产工艺的特点

9. 产品成本计算的分批法适用于( )。

    A. 单件小批类型的生产

    B. 小批单步骤

    C. 小批量、管理上不需要分生产步骤计算产品成本的多步骤

    D. 大量大批的单步骤

    E. 大量大批的多步骤

10. 在按分批法计算产品成本时,各批生产成本明细账上( )。

    A. 只反映报告月份以前累计发生的费用

    B. 只登记报告月份发生的费用

    C. 包括报告月份发生的费用

    D. 包括报告月份以前累计发生的费用

四、判断题

1. 在小批和单件生产中,如果产品的批量根据购买单位的订单确定,则按批、按件计算产品成本,也就是按订单计算产品成本。　　　　　　　　　　　　　　　　　( )

2. 分批法不需要在完工产品和在产品之间分配费用。　　　　　　　　　　　( )

3. 分批法下,成本计算期与核算报告期一致,而与产品生产周期不一致。　　( )

4. 分批法下,如果是单件生产,在月末计算成本时,不存在在完工产品与在产品之间分配费用的问题。　　　　　　　　　　　　　　　　　　　　　　　　　　　　( )

5. 由于小批生产的批量不大,批内产品跨月陆续完工的情况不多,因而可以按照计划单位成本、定额单位成本或最近一期相同产品的实际单位成本计算完工产品成本。　　( )

6. 如果批内产品跨月完工的情况较多,月末批内完工产品的数量占全部批量的比重较大,为了简化成本计算工作,在完工产品和月末在产品之间不进行生产费用的分配。　　( )

7. 在分批法下,为了使同一批的产品能够同时完工,避免跨月陆续完工的情况,可以缩小产品批量,使产品批量越小越好。　　　　　　　　　　　　　　　　　　　( )

8. 在小批、单件生产的企业或车间中,如果同一月份投产的产品批数很多,就可以采用简化的分批法计算产品成本。　　　　　　　　　　　　　　　　　　　　　　　( )

9. 简化的分批法,也就是不分批计算在产品成本的方法。　　　　　　　　　( )

10. 采用简化的分批法，必须设立基本生产成本二级账，不按照产品批别设立产品成本明细账。 （　　）

11. 采用简化的分批法，各批产品之间分配间接计入费用的工作以及完工产品与月末在产品之间分配费用的工作，是利用累计间接计入费用分配率，到产品完工时合并在一起进行的的。 （　　）

12. 成本计算方法中的最基本方法是分批法。 （　　）

13. 分批法也称订单法，实际上是几个品种法的分别应用。 （　　）

14. 分批法是以产品的批别作为成本计算对象，若一批产品的数量只有一件，则成本计算对象就是该件产品。 （　　）

15. 只要产品批数多，就应该采用简化的分批法。 （　　）

案例讨论

1. 某工业企业根据客户订单小批生产甲、乙两种产品，采用分批法计算产品成本。2017年3月份生产情况及生产费用发生情况如下。

(1) 本月份生产产品的批号

101 号甲产品 10 台，1 月份投产，本月全部完工;

102 号甲产品 20 台，1 月份投产，本月完工 13 台，未完工 7 台;

301 号乙产品 18 台，本月投产，计划 4 月完工，本月提前完工 2 台。

(2) 本月的成本资料

① 各批产品的上月末累计生产费用如表 10-20 所示。

表 10-20　上月末累计生产费用明细表

单位：元

批　　号	材　　料	燃料及动力	直接人工	制造费用	合　　计
101	13 000	140 00	7 000	3 500	37 500
102	25 000	20 000	11 000	7 700	63 700

② 根据各种费用分配表，汇总各批产品本月发生的生产费用如表 10-21 所示。

表 10-21　本月生产费用明细表

单位：元

批　　号	直接材料	燃料及动力	直接人工	制造费用	合　　计
101		6 300	6 000	1 900	14 200
102		7 500	12 000	5 400	24 900
301	18 000	16 000	11 500	6 100	51 600

③ 各批完工产品与在产品之间分配费用的方法。

102 号甲产品，本月完工产品占该批产品比重较大，采用约当产量法将本月累计生产费用在完工产品与月末在产品之间分配。原材料在生产开始时一次投入，月末在产品完工程度为 70%。

301号乙产品，本月完工数量占该批产品比重较小，为简化核算，完工产品成本按定额成本结转。每台完工产品定额成本为：直接材料1 100元，燃料及动力900元，直接人工600元，制造费用350元，合计2 950元。

要求：根据上述各项资料，计算101甲产品全部完工产品的总成本和单位成本；计算102甲产品和301乙产品的完工产品总成本、单位成本及月末在产品成本；编制完工产品入库的会计分录。

2. 某工业企业属于小批生产企业，产品批次多，为了简化核算，采用简化分批法计算产品成本。

(1) 该厂3月份产品批号

101批：A产品16件，1月份投产，本月完工；

201批：B产品30件，2月份投产，本月完工20件，该批产品原材料在生产开始时一次投入，本月末在产品定额工时为11 000小时；

301批：D产品25件，3月份投产，尚未完工。

(2) 月初在产品成本

2月末累计生产费用为837 000元，其中直接材料525 000元(101批次300 000元，201批次225 000元)，直接人工131 000元，制造费用181 000元。累计生产工时71 000小时，其中101批次48 900小时，201批次22 100小时。

(3) 本月发生生产费用

本月发生直接材料费275 000元，全部为301批次D产品所耗用，本月发生直接人工158 000元，制造费用210 000元；本月实际生产工时为99 000小时，其中101批次29 100小时，201批次28 900小时，301批次41 000小时。

要求：根据上述资料，登记基本生产成本二级账和基本生产成本明细账；计算完工产品成本。

项目十一　产品成本核算的分步法

学习目标

了解成本计算分步法基本方法的概念、适用范围、特点和种类；理解为什么要成本还原；熟悉逐步结转分步法和平行结转分步法的基本计算程序；清楚逐步结转分步法和平行结转分步法两者的异同。

能力目标

能够采用逐步结转分步法计算产品成本；能够采用平行结转分步法计算产品成本。

案例导入

金碧纺织股份公司主要生产棉纺织品，其甲产品的生产需经过三个基本生产车间连续加工制成，第一车间生产完工的A半成品，不经过仓库收发，直接转入第二车间加工制成B半成品，B半成品通过仓库收发入库，第三车间向半成品仓库领用B半成品继续加工成甲产品。其中，1件甲产品耗用1件B半成品，1件B半成品耗用1件A半成品(生产甲产品所需的原材料于第一车间生产开始时一次投入)。

请考虑：甲产品成本核算到底采用品种法核算还是采用分步法核算？其成本结转到底是采用逐步结转还是综合结转？

任务一　认识分步法

产品成本核算的分步法，是以各生产步骤某月份生产的半成品和最后生产步骤的产成品作为成本计算对象，按照产品品种分步骤来归集生产费用，在计算在产品成本的基础上，计算产品成本的一种方法。

采用分步法计算产品成本的各个企业，其成本管理的要求有所不同，有的需要提供各个生产步骤的半成品成本资料，有的不需要提供各个生产步骤的半成品成本资料，出于简化和加快成本计算工作的考虑，各生产步骤成本的计算和结转，有逐步结转和平行结转两种不同的方法。产品成本计算的分步法，也就分为逐步结转分步法和平行结转分步法两种。

一、分步法的适用范围

1. 逐步结转分步法的适用范围

逐步结转分步法主要适用于所生产的半成品经常对外销售和需要考核半成品成本的大量大批多步骤生产的企业，特别是大量大批连续式多步骤生产企业。

2. 平行结转分步法的适用范围

平行结转分步法主要适用于各生产步骤所产的半成品种类较多，但是半成品对外销售的情况很少，并且在管理上不要求计算半成品成本，为了简化和加快成本计算工作的大量大批多步骤生产的企业，特别是大量大批装配式多步骤生产企业。

二、分步法的特点

1. 成本计算对象是企业所生产的完工产品及其该种产品的各生产步骤

采用分步法计算产品成本时，既要计算出最后步骤完工产品成本，又要计算出每一生产步骤所发生的生产成本。因此，分步法的成本计算对象就是企业所生产的产品及其该种产品的生产步骤。企业应根据产品的品种结合产品的生产步骤来设置产品成本计算单，开设相应的生产成本明细账，以便分步骤分产品归集费用。如果一个生产步骤只生产一种产品，可只按生产步骤设置产品成本计算单；如果一个生产步骤生产多种产品，则需要按照该步骤的每种产品设置产品成本计算单。对于该步骤生产过程中所发生的原材料费用、工资及其他费用，能分清受益对象的，按各种产品进行归集，直接计入该生产步骤的各种产品成本中去；至于不能分清受益对象的间接费用，应先按生产步骤归集，月末再按照一定的标准，在该步骤的各种产品之间进行分配。

值得注意的是，产品成本计算的分步与产品在实际生产过程中的生产步骤不一定完全一致。为了简化成本计算工作，可以只对管理上有必要分步计算成本的生产步骤单独设置该步骤的产品成本明细账，计算成本；管理上不需要计算成本的生产步骤，则可以与其他生产步骤合并设置产品成本明细账，合并计算成本。例如，在按照生产步骤设立车间的企业中，分步计算成本通常也就是分车间计算成本；如果在同一车间又分成几个生产步骤，而管理上又要求分步计算的成本时，也可以在车间里再分步计算产品成本。相反，如果在管理不要求按每一个车间计算成本，也可以将几个车间合并作为一个生产步骤计算成本。

2. 成本计算期与产品的生产周期不相一致

在大量大批多步骤生产的企业里，完工产品在各个报告期间内源源不断地产出。因此，企业不能在产品全部完工时计算成本，为了保证成本核算的及时性，成本计算定期在月末进行。也就是说，其产品成本计算期与产品的生产周期不相一致，而与报告期一致。

3. 各项生产费用在完工产品与在产品之间进行分配

由于大量大批多步骤生产的产品往往跨月完工，月末各步骤经常有未完工的在产品，这就需要将产品成本计算单中的各项费用，采用适当的分配方法在完工产品和月末未完工在产品之间进行分配，从而求出各该生产步骤完工半成品和月末在产品的成本。

4. 各生产步骤归集的费用需在各生产步骤之间进行结转

由于产品生产是分步骤进行的，上一生产步骤的半成品往往是下一生产步骤的加工对象。因此，在计算完工产品及各步骤半成品成本时，还需按照产品品种，结转各步骤半成品成本，这是分步法一个重要的特点。

三、分步法的计算程序

由于各个企业生产工艺过程的特点和成本管理对各步骤成本资料的要求不同，分步法成本计算的具体程序也不完全一样。概括来讲，企业分步法的成本计算程序一般如下。

(1) 按照各生产步骤的半产品和最后阶段产成品设置成本计算单，以便分成本项目汇集各步骤的生产费用。

(2) 某步骤某产品发生的直接费用应直接计入该步骤该产品的成本计算单相应成本项目之内；各步骤各种产品共同发生的间接费用应采用一定标准分配计入各步骤各种产品的成本计算单。

(3) 月末，将各步骤各种产品成本计算单所汇集的生产费用在各步骤的完工产品与期末在产品之间分配，计算各步骤完工产品与期末在产品成本。

(4) 采用一定方法按产品品种结转各步骤半成品成本，以最终计算各产品的总成本和单位成本。

任务二　典型分步法(逐步结转分步法)

一、逐步结转分步法的含义及适用范围

逐步结转分步法，又称计列半成品成本分步法。它是按照产品的生产步骤逐步计算并结转半成品成本，直到最后一个步骤算出完工产品成本的分步法。其成本计算对象是各种完工产品成本及所经过各生产步骤半成品的成本。主要适用于成本管理中需要提供各个生产步骤半成品成本资料的企业。例如棉纺织企业，生产工艺过程包括纺纱和织布两大步骤。在纺纱步骤中，

棉花投入生产后，经过清花、梳棉、粗纺、细纱等工序，纺成了各种棉纱；然后进入织布步骤，经过络经、整经、浆纱、织造等工序，织成各种棉布。半成品棉纱可以作为商品对外销售，也可以为企业内部生产不同品种的棉布所耗用。因此，客观上不仅要求计算各种棉布(完工产品)的成本，而且也要求计算各步骤棉纱(半成品)的成本。所以，逐步结转分步法往往在既要计算半成品成本又要计算完工产品成本的情况下采用。

采用逐步结转分步法计算成本时，先根据第一个步骤发生的原材料费用和加工费用，计算出第一个步骤的半成品成本；随着半成品转移到第二个步骤继续加工，其成本也结转到第二个步骤。然后，在第二个生产步骤中，将第一个步骤转来的半成品成本，加上第二步骤耗用的原材料和加工费用，计算出第二步骤的半成品成本；在随着半成品的转移，其成本也就结转到了第三个步骤。以此类推，直到最后一个加工步骤才可以计算出产品成本。这一计算过程表明，每一个步骤的成本计算都是一个品种法，逐步结转分步法实际上是品种法的多次连续应用。

二、逐步结转分步法的特点

(1) 半成品的成本要随着半成品的实物转移而结转。在逐步结转分步法下，当某一步骤半成品完工，实物转入半成品仓库或直接转入下一步骤加工时，其成本也随之转入"自制半成品明细账"或下一步骤的"基本生产明细账"。

(2) 各步骤"基本生产明细账"归集的费用，包括本步骤自身发生的费用和上一步骤完工的半成品成本。只就某一步骤的成本计算方法而言，其实就是品种法，逐步结转分步法实际上就是品种法的多次连续应用。

(3) 逐步结转分步法下的在产品是狭义的在产品，不包括各步骤已完工的半成品，只包括在各个步骤加工中的在产品。

三、逐步结转分步法的计算程序

采用逐步结转分步法计算各步骤成本，要按照产品的加工顺序，逐步计算并结转半成品成本，上一步骤所产半成品的成本，随着半成品实物的转移，从上一步骤的成本计算单转入下一步骤相同产品的成本计算单中，以便逐步计算各步骤的半成品成本，最后一个步骤即为完工产品成本。其成本计算程序如下：

(1) 按产品分步骤设置产品成本计算单；

(2) 按步骤分产品归集生产费用；

(3) 分配各步骤归集的生产费用，计算本步骤完工半成品及各步骤在产品成本；

(4) 计算完工产品成本和在产品成本。

按照各步骤所生产的半成品是否通过半成品库收发核算，可将逐步结转分步法细分为半成品不通过半成品库收发和半成品通过半成品库收发两种方式。

(1) 半成品不通过半成品库收发的计算程序

半成品不通过半成品库收发的成本计算程序，即各步骤半成品完工以后，应该按照下一生产步骤领用数量将其成本从该步骤的成本计算单中转出，全部直接转入下一个生产步骤的成本计算单中，即半成品成本可以在各生产步骤的成本计算单中直接进行结转，不必通过"自制半成品"核算。则其成本结转的过程如图 11-1 所示。

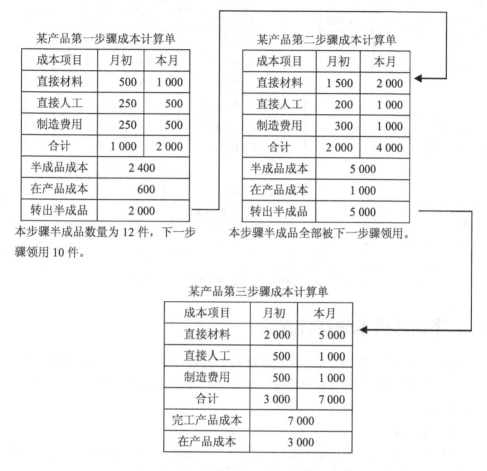

某产品第一步骤成本计算单

成本项目	月初	本月
直接材料	500	1 000
直接人工	250	500
制造费用	250	500
合计	1 000	2 000
半成品成本	2 400	
在产品成本	600	
转出半成品	2 000	

本步骤半成品数量为 12 件，下一步骤领用 10 件。

某产品第二步骤成本计算单

成本项目	月初	本月
直接材料	1 500	2 000
直接人工	200	1 000
制造费用	300	1 000
合计	2 000	4 000
半成品成本	5 000	
在产品成本	1 000	
转出半成品	5 000	

本步骤半成品全部被下一步骤领用。

某产品第三步骤成本计算单

成本项目	月初	本月
直接材料	2 000	5 000
直接人工	500	1 000
制造费用	500	1 000
合计	3 000	7 000
完工产品成本	7 000	
在产品成本	3 000	

图 11-1　逐步结转分步法程序图(不通过半成品库收发)

(2) 半成品通过半成品库收发的计算程序

如果各生产步骤的半成品完工后，并不直接为下一生产步骤所领用，而是先转入半成品库，这时就需要设置半成品明细账，由于各月份完工半成品的单位成本不同，因而，可以采用加权平均法、先进先出法等存货计价方法，计算发出半成品的实际成本。当本步骤完工半成品在验收入库时，应根据半成品成本借记"自制半成品"账户，贷记"基本生产成本"账户；下一步骤领用时，再编制相反的会计分录。其成本结转的程序如图 11-2 所示。

采用逐步结转分步法时，由于下一个生产步骤的半成品(最后步骤为完工产品)成本必须在上一个生产步骤的产品成本计算出来之后才能计算，因此必须在平时做好成本计算的准备工作，以便在月终时，能及时地算出各个生产步骤的半成品(最后步骤为完工产品)成本。为了成本计算的及时性，各个生产步骤之间结转产品(半成品)成本时，可以按照计划成本结转，在各个生产步骤半成品的实际成本计算出来以后，再将计划成本调整为实际成本。

某产品第一步骤成本计算单

成本项目	月 初	本 月
直接材料	500	1 000
直接人工	250	500
制造费用	250	500
合计	1 000	2 000
半成品成本	2 400	
在产品成本	600	

本步骤半成品数量为 12 件。

某产品第二步骤成本计算单

成本项目	月 初	本 月
直接材料	1 500	2 000
直接人工	200	1 000
制造费用	300	1 000
合计	2 000	4 000
完工产品成本	5 000	
在产品成本	1 000	

本步骤领用上步骤半成品数量为 10 件。

半成品明细账

日 期	本月收入		本月发出		余 额	
	数 量	金 额	数 量	金 额	数 量	金 额
9 月	12	2 400	10	2 000	2	400

图 11-2　逐步结转分步法程序图(通过半成品库收发)

四、半成品成本的结转方法

在采用逐步结转分步法时，上一生产步骤半成品成本向下一生产步骤结转时，按照半成品成本在下一生产步骤成本计算单中反映的形式不同，可分为综合结转分步法与分项结转分步法两种方式。

1. 综合结转分步法

综合结转分步法是指上一步骤半成品结转到下一步骤时，将其成本直接记入下步骤成本计算单的"直接材料"或"半成品"项目，不再按原来的成本项目分项列示。

综合结转，可以按照半成品的实际成本结转，也可以按照半成品的计划成本结转。

(1) 半成品按实际成本综合结转

【例 11-1】某企业甲产品经过三个车间(三个步骤)连续加工制成，半成品不通过半成品库核算。一车间生产甲 A 半成品，完工后，全部直接转入二车间加工制成甲 B 半成品；甲 B 半成品完工后全部直接转入三车间加工成甲完工产品。原材料于生产开始时一次投入，其他各车间不再领料；各车间月末在产品完工率均为 50%。各车间生产费用在完工产品和在产品之间的采用约当产量法分配。要求根据下列资料采用综合结转分步法计算产品成本。2017 年 5 月份有关资料如表 11-1、表 11-2 所示。

表 11-1　各车间产量资料

2017 年 5 月

摘　　要	一车间	二车间	三车间
月初在产品数量	20	30	40
本月投产数量或上步转入	80	90	100

(续表)

摘 要	一车间	二车间	三车间
本月完工产品数量	90	100	110
月末在产品数量	10	20	30

表 11-2 各车间生产费用资料

2017 年 5 月

单位：元

生产车间	摘 要	直接材料	直接人工	制造费用	合 计
一车间	月初在产品成本	600	300	100	1 000
	本月生产费用	18 000	9 000	3 000	30 000
二车间	月初在产品成本	5 580	2 937	979	9 496
	本月生产费用		8 811	2 937	11 748
三车间	月初在产品成本	11 360	4 280	1 440	17 080
	本月生产费用		12 840	4 320	17 160

第一步骤甲 A 半成品成本的计算：

① 计算甲 A 半成品各成本项目的单位成本

$$直接材料分配率(单位成本) = \frac{600 + 18\,000}{90 + 10} = 186(元)$$

$$直接人工分配率(单位成本) = \frac{300 + 9\,000}{90 + 10 \times 50\%} = 97.894\,7(元)$$

$$制造费用分配率(单位成本) = \frac{100 + 3\,000}{90 + 10 \times 50\%} = 32.631\,6(元)$$

完工甲 A 半成品的单位成本 = 186 + 97.894 7 + 32.631 6 = 316.526 3(元)

② 计算本步骤完工甲 A 半成品应承担的各项成本费用

甲 A 半成品应承担的直接材料费用 = 90 × 186 = 16 740(元)

甲 A 半成品应承担的直接人工费用 = 90 × 97.894 7 = 8 810.53(元)

甲 A 半成品应承担的制造费用 = 90 × 32.631 6 = 2 936.84(元)

完工甲 A 半成品的成本总额 = 16 740 + 8 810.53 + 2 936.84 = 28 487.37(元)

③ 计算本步骤月末在产品应承担的各项成本费用

月末在产品应承担的直接材料费用 = 10 × 186 = 1 860(元)

月末在产品应承担的直接人工费用 = 10 × 50% × 97.894 7 = 489.47(元)

月末在产品应承担的制造费用 = 10 × 50% × 32.631 6 = 163.16(元)

月末甲 A 在产品的成本总额 = 1 860 + 489.47 + 163.16 = 2 512.63(元)

为了避免出现尾数差异，月末在产品成本也可采用"倒挤"方法求出。

根据计算结果，编制"第一步骤产品成本计算单"(见表 11-3)。

表 11-3　第一步骤产品成本计算单(甲 A 半成品)

生产车间: 一车间　　　　　　　　　2017 年 5 月 31 日　　　　　　　　金额单位: 元

摘　要	直接材料	直接人工	制造费用	合　计
月初在产品成本	600.00	300.00	100.00	1 000.00
本月生产费用	18 000.00	9 000.00	3 000.00	30 000.00
生产费用合计	18 600.00	9 300.00	3 100.00	31 000.00
本步骤完工半成品产量	90	90	90	
本步骤月末在产品数量	10	10	10	
投料程度及完工程度	100%	50%	50%	
在产品约当产量	10	5	5	
本月约当总产量	100	95	95	
完工半产品单位成本	186.000 0	97.894 7	32.631 6	316.526 3
完工半产品总成本	16 740.00	8 810.53	2 936.84	28 487.37
月末在产品成本	1 860.00	489.47	163.16	2 512.63

　　第一步骤完工甲 A 半成品数量为 90 件,全部转入第二生产步骤。转出的甲 A 半成品成本 28 487.37 元,在第二步骤产品成本计算单的"直接材料"项目中列示。第二步骤生产的甲 B 半成品成本计算如下。

　　① 计算完工甲 B 半成品各成本项目的单位成本

$$直接材料分配率(单位成本) = \frac{5\,580 + 28\,487.37}{100 + 20} = 283.894\,7\,(元)$$

$$直接人工分配率(单位成本) = \frac{2\,937 + 8\,811}{100 + 20 \times 50\%} = 106.80\,(元)$$

$$制造费用分配率(单位成本) = \frac{979 + 2\,937}{100 + 20 \times 50\%} = 35.60\,(元)$$

　　完工甲 B 半成品的单位成本 = 283.894 7 + 106.80 + 35.60 = 426.294 7(元)

　　② 计算完工甲 B 半成品应承担的各项成本费用

　　甲 B 半成品应承担的直接材料费用 = 100 × 283.894 7 = 28 389.47(元)

　　甲 B 半成品应承担的直接人工费用 = 100 × 106.80 = 10 680.00(元)

　　甲 B 半成品应承担的制造费用 = 100 × 35.60 = 3 560.00(元)

　　完工甲 B 半成品的成本总额 = 28 389.47 + 10 680.00 + 3 560.00 = 42 629.47(元)

　　③ 计算本步骤月末在产品应承担的各项成本费用

　　月末在产品应承担的直接材料费用 = 20 × 283.894 7 = 5 677.89(元)

　　月末在产品应承担的直接人工费用 = 20 × 50% × 106.80 = 1 068.00(元)

　　月末在产品应承担的制造费用 = 20 × 50% × 35.60 = 356.00(元)

　　月末甲 B 在产品的成本总额 = 5 677.89 + 1 068.00 + 356.00 = 7 101.89(元)

　　根据计算结果,编制"第二步骤产品成本计算单"见表 11-4。

表 11-4　第二步骤产品成本计算单(甲 B 半成品)

生产车间：二车间　　　　　　　　2017 年 5 月 31 日　　　　　　　　金额单位：元

摘　　要	直接材料	直接人工	制造费用	合　　计
月初在产品成本	5 580.00	2 937.00	979.00	9 496.00
本月生产费用	28 487.37	8 811	2 937	40 235.37
生产费用合计	34 067.37	11 748.00	3 916.00	49 731.37
本步骤完工半成品产量	100	100	100	
本步骤月末在产品数量	20	20	20	
投料程度及完工程度	100%	50%	50%	
在产品约当产量	20	10	10	
本月约当产量小计	120	110	110	
完工半产品单位成本	283.894 7	106.80	35.60	426.294 7
完工半产品总成本	28 389.47	10 680.00	3 560.00	42 629.47
月末在产品成本	5 677.89	1 068.00	356.00	7 101.89

同时，将第二步骤完工甲 B 半成品成本 42 629.47 元随同半成品数量转入第三步骤，计入甲产品成本计算单"直接材料"项目中。

第三步骤产品成本计算如下：

① 计算本步骤完工产品各成本项目的单位成本

$$直接材料分配率(单位成本)=\frac{11360+42629.47}{110+30}=385.6391(元)$$

$$直接人工分配率(单位成本)=\frac{4280+12840}{110+30\times50\%}=136.96(元)$$

$$制造费用分配率(单位成本)=\frac{1440+4320}{110+30\times50\%}=46.08(元)$$

完工甲完工产品的单位成本 = 385.639 1+136.96+46.08 = 568.679 1(元)

② 计算本步骤完工甲产品应承担的各项成本费用

甲产品应承担的直接材料费用 = 110×385.639 1 = 42 420.30(元)

甲产品应承担的直接人工费用 = 110×136.96 = 15 065.60(元)

甲产品应承担的制造费用 = 110×46.08 = 5 068.80(元)

完工甲产品的成本总额 = 42 420.30+15 065.60+5 068.80 = 62 554.70(元)

③ 计算本步骤月末在产品应承担的各项成本费用

月末在产品应承担的直接材料费用 = 30 × 385.639 1 = 11 569.17(元)

月末在产品应承担的直接人工费用 = 30 × 50%×136.96 = 2 054.40(元)

月末在产品应承担的制造费用 = 30 × 50% × 46.08 = 691.20(元)

甲月末在产品的成本总额 = 11 569.17 + 2 054.40 + 691.20 = 14 314.77(元)

根据计算结果，编制"第三步骤甲产品成本计算单"，如表 11-5 所示。

表 11-5　第三步骤产品成本计算单(完工甲产品)

生产车间：三车间　　　　　　　　2017 年 5 月 31 日　　　　　　　　金额单位：元

摘　要	直接材料	直接人工	制造费用	合　计
月初在产品成本	11 360.00	4 280.00	1 440.00	17 080.00
本月生产费用	42 629.47	12 840	432 0	59 789.47
生产费用合计	53 989.47	17 120.00	5 760.00	76 869.47
本步骤完工半成品产量	110	110	110	
本步骤月末在产品数量	30	30	30	
投料程度及完工程度	100%	50%	50%	
在产品约当产量	30	15	15	
本月约当总产量	140	125	125	
完工产品单位成本	385.639 1	136.960 0	46.08	568.679 1
完工产品总成本	42 420.30	15 065.60	5 068.80	62 554.70
月末在产品成本	11 569.17	2 054.40	691.20	14 314.77

上例所述的逐步结转分步法是将上一步骤完工的半成品全部转入下一步骤使用。若半成品不直接转入下一生产步骤，而是通过半成品库收发，则应设置半成品明细账。需要采用加权平均法、移动加权平均法、先进先出法等计价方法，计算发出半成品的实际成本。

采用综合结转方式计算的完工产品成本中，其材料费用实际上包含着前面各步骤的全部生产费用，从而使完工产品成本不能真实反映成本项目的原始构成，也不能从整个企业的角度来考核和分析产品成本的水平。

若要提供产品的原始成本项目构成情况，就要进行成本还原。所谓成本还原，就是将完工产品耗用各步骤半成品的综合成本，逐步还原为原来的成本项目，即要把各步骤所耗用上一步骤半成品的综合成本加以分解，还原成原来的"直接材料""直接人工"和"制造费用"等成本项目，以求得按原始成本项目反映的产品成本。

成本还原方法是"向后转，起步走，走 n 减一步"，即从最后步骤开始往回还原，将本月完工产品所耗上一步骤半成品的综合成本，按照本月所产这种半成品的成本构成进行还原，还原成直接材料、直接人工、制造费用等成本项目。具体计算时，有两种方法可供选择，一是按照半成品各成本项目占全部成本的比重还原；二是按照各步骤耗用半成品的成本占上一步骤完工半成品成本的比重还原。

① 按照半成品各成本项目占全部成本的比重还原

它是根据本月完工产品耗用上步骤半成品的成本乘以还原分配率计算半成品成本各成本项目金额的方法。其成本还原计算程序如下：

a) 计算成本还原分配率。这里的成本还原分配率是指各步骤完工半成品的成本构成，其计算公式如下：

$$某成本项目还原分配率 = \frac{上步骤完工半成品该成本项目的金额}{上步骤完工半成品成本合计}$$

b) 分解半成品的综合成本。分解的方法是用完工产品成本中半成品的综合成本乘以上一步骤生产的该种半成品的各成本项目比重。其计算公式如下：

$$\frac{半成品成本还原}{为某成本项目金额} = \frac{本月完工产品耗用上}{步骤半成品的综合成本} \times \frac{该成本项目}{还原分配率}$$

c) 计算还原后的成本。还原后的成本是根据除半成品外的其他成本项目的还原前成本加上半成品成本还原后各成本项目计算。

如果成本计算有两个以上的步骤，第一次成本还原后，还有未还原的半成品成本。这时，还应将未还原的半成品成本再次进行成本还原，即用未还原的半成品成本，乘以前一步骤该种半成品的各个成本项目的比重，直至还原到第一步骤为止，才能将半成品成本还原为原来的成本项目。

【例11-2】现以例11-1资料为例，进行成本还原的计算，其结果如表11-6所示。

表11-6 成本还原计算表

单位：元

项 目	直接材料			直接人工	制造费用	合 计
	B半成品	A半成品	原材料			
还原前甲产品成本构成	42 420.30			15 065.60	5 068.80	62 554.70
甲B半成品成本		28 389.47		10 680.00	3 560.00	42 629.47
第一次各成本项目还原分配率		66.60%	0.00	25.05%	8.35%	100%
第一次成本还原		28 250.17	0.00	10 627.60	3 542.53	42 420.30
甲A半成品成本			16 740.00	8 810.53	2 936.84	28 487.37
第二次各成本项目还原分配率			58.76%	30.93%	10.31%	100.00%
第二次成本还原			16 600.62	8 737.17	2 912.39	28 250.17
还原后甲产品成本的成本构成			16 600.62	34 430.36	11 523.72	62 554.70

② 按各步骤耗用半成品的成本占上一步骤完工半成品的成本比重还原

这种方法是将本月完工产品耗用上一步骤半成品的综合成本，按本月所生产这种半成品成本结构进行还原。采用这种方法进行成本还原的计算程序如下：

a) 计算成本还原分配率。这里的成本还原分配率是指完工产品成本中所耗半成品成本占上一步骤所产该种半成品总成本的比重。其计算公式如下：

$$成本还原分配率 = \frac{本月完工产品耗用上步骤半成品成本合计}{本月生产该种半成品成本合计}$$

b) 计算半成品各成本项目金额。它是用成本还原分配率乘以本月生产该种半成品成本项目的金额，其计算公式如下：

半成品还原某成本项目金额 = 本月生产该种半成品各成本项目金额 × 成本还原率

c) 计算还原后的成本。还原后的原始成本，根据除半成品外的其他成本项目还原前成本加上半成品成本还原后各成本项目计算得出。

【例11-3】 现仍例11-1资料为例，进行成本还原的计算，其结果如表11-7所示。

表11-7 成本还原计算表

单位：元

项　目	还原分配率	直接材料			直接人工	制造费用	合　计
		B半成品	A半成品	直接材料			
还原前甲产品成本构成		42 420.30			15 065.60	5 068.80	62 554.70
本月甲B半成品成本			28 389.47		10 680.00	3 560.00	42 629.47
第一次成本还原	0.995 1		28 250.17	0.00	10 627.60	3 542.53	42 420.30
本月甲A半成品成本				16 740.00	8 810.53	2 936.84	28 487.37
第二次成本还原	0.991 7			0	16 600.62	8 737.17	2 912.39	28 250.17
还原后甲产品成本构成				16 600.62	34 430.36	11 523.72	62 554.70

(2) 半成品按计划成本综合结转

逐步结转分步法要求成本计算按生产步骤顺序进行，为保证产品成本核算的及时性，可以对半成品采用计划成本综合结转的方式。

按计划成本综合结转半成品成本，各步骤耗用的半成品均按计划单位成本结转，使各步骤的成本计算工作同时进行，不必等到前一步骤的成本计算结束后再行计算次一生产步骤成本，从而加快了成本计算的速度。月终，计算出半成品成本差异额、差异率以及各步骤领用半成品应负担的半成品成本差异，将完工产品的计划成本调整为实际成本。为了调整所耗半成品的成本差异，"自制半成品明细账"应设置半成品实际成本、计划成本、差异额、差异率等专栏。

现举例说明按计划成本综合结转的成本计算。

【例11-4】某企业生产甲产品，经过两个车间连续加工制成，一车间生产A半成品，直接转入二车间加工制成甲完工产品。其中一件甲产品耗用一件A半成品。原材料于生产开始时一次投入，各车间月末在产品完工率均为50%。各车间生产费用在完工产品和在产品之间的分配采用约当产量法。为了加快成本计算工作，各车间对半成品结转采用计划成本核算。待实际成本计算出来后，再调整为实际成本。2017年7月有关资料如表11-8、表11-9所示。

表 11-8 各步骤产量资料

2017 年 7 月

摘　要	一车间	二车间
月初在产品数量	10	20
本月投产数量或上步转入	20	12
本月完工产品数量	12	22
月末在产品数量	18	10

表 11-9 各步骤生产费用资料

2017 年 7 月　　　　　　　　　　　　　　　　单位：元

生产车间	摘　　要	直接材料	直接人工	制造费用	合　计
一车间	月初在产品成本	1 000	600	100	1 700
	本月生产费用	8 000	4 800	800	13 600
二车间	月初在产品成本	2 000	1 200	200	3 400
	本月生产费用		2 400	400	2 800

　　一车间自制的 A 半成品每件计划单位成本 550 元，月初余额 20 件，实际单位成本 590 元；本月一车间自制半成品完工入库 12 件，二车间领用该半成品 12 件。假设二车间期初在产品的计划成本与实际成本一样，无差额。

　　根据上述资料一车间 A 半成品成本计算结果如表 11-10 所示。

表 11-10 A 半成品成本计算单

生产车间：一车间　　　　　　　2017 年 7 月 31 日　　　　　　　金额单位：元

摘　　要	直接材料	直接人工	制造费用	合　　计
月初在产品成本	1 000	600	100	1 700
本月生产费用	8 000	4 800	800	13 600
生产费用合计	9 000	5 400	900	15 300
完工半成品	12	12	12	
月末在产品	18	18	18	
完工程度	100%	50%	50%	
在产品约当产量	18	9	9	
约当总产量	30	21	21	
完工半产品单位成本	300	257.14	42.86	600
完工半产品成本	3 600.00	3 085.71	514.29	7 200.00
月末在产品成本	5 400.00	2 314.29	385.71	8 100.00

　　A 半成品计划成本与实际成本差异额的计算：

　　月初库存 A 半成品成本差异额 = 20 × (590 - 550) = 800(元)

　　本月入库 A 半成品成本差异额 = 12 × (600 - 550) = 600(元)

$$A\text{半成品成本差异率} = \frac{800 + 600}{11\,000 + 6\,600} \times 100\% = 7.954\,5\%$$

二车间领用 A 半成品应承担差异额 $= 12 \times 550 \times 7.954\,5\% = 525(元)$

根据上述计算结果，登记"自制半成品明细账"如表 11-11 所示。

表 11-11　自制 A 半成品明细账

半成品名称：A 半成品　　　　　　生产车间：一车间　　　　　　　　　　金额单位：元

2017 年		凭证号数	摘要	收　入				发　出				结　存			
月	日			数量	计划成本	实际成本	成本差异	数量	计划成本	实际成本	成本差异	数量	计划成本	实际成本	成本差异
7	1		期初									20	11 000	11 800	800
	31	×	入库	12	6 600	7 200	600								
	31	×	领用					12	6 600	7 125	525	20	11 000	11 875	875

二车间先将领用的 A 半成品按计划成本计算完工产品成本，编制"甲产品成本计算单"如表 11-12 所示。

表 11-12　甲产品成本计算单

生产车间：二车间　　　　　　2017 年 7 月 31 日　　　　　　　　金额单位：元

摘　要	直接材料	直接人工	制造费用	合　计
月初在产品成本	2 000	1 200	200	3 400
本月生产费用	6 600	2 400	400	9 400
生产费用合计	8 600	3 600	600	12 800
完工产品	22	22	22	
月末在产品	10	10	10	
投料程度及完工程度	100%	50%	50%	
在产品约当产量	10	5	5	
约当总产量	32	27	27	
完工产品单位成本	268.75	133.33	22.22	424.30
完工产品成本	5 912.50	2 933.33	488.89	9 334.72
月末在产品成本	2 687.50	666.67	111.11	3 465.28

根据"自制半成品明细账"和"甲产品成本计算单"，登记"甲产品生产成本明细账"，并将领用的半成品应承担的差异额按约当产量法在完工产品和在产品之间分配，将计划成本调整为实际成本，甲产品成本明细账见表 11-13 所示。

在半成品计划成本比较准确的情况下，也可将半成品差异全部由完工产品承担。

表 11-13　基本生产成本明细账

总第　　页

生产车间: 二车间　　　　　　产品名称: 甲产品　　　　　　　产量:　　　　　　　第　　页

| ××年 | | 凭证号数 | 摘　要 | 产量/件 | 半成品(直接材料) | | | 直接人工 | 制造费用 | 成本合计 |
月	日				计划成本	成本差异	实际成本			
7	1		月初在产品成本		2 000	0	2 000	1 200	200	3 400
	31	略	本月费用		6 600	525	7 125	2 400	400	9 925
			生产费用合计		8 600	525	9 125	3 600	600	13 325
			约当产量		32	32	32	27	27	86
			完工产品单位成本		268.75	16.41	285.16	133.33	22.22	440.71
		略	转出完工产品成本	22	−5 912.50	−361.02	−6 273.52	−2 933.26	−488.84	−9 695.62
			月末在产品成本		2 687.50	163.98	2851.48	666.74	111.16	3 629.38

2. 分项结转分步法

分项结转分步法, 就是把各步骤所耗用的上一步骤半成品成本, 按照成本项目分项转入各该步骤产品成本明细账的各个成本项目中。如果半成品通过半成品库核算, 在自制半成品明细账中登记半成品成本时, 也要按照成本项目分别登记, 计算出半成品各成本项目的单位成本。在下一步骤领用时, 按其领用数量分项计算半成品各成本项目金额, 计入成本计算单中。在结转各步骤半成品成本时, 可以按照实际成本结转, 也可以按照各成本项目的计划成本结转, 再按不同成本项目分别调整成本差异, 确定各成本项目的实际成本。由于采用计划成本结转, 使各成本项目调整成本差异的工作量较大, 因此, 分项结转法通常以实际成本结转。

【例 11-5】　用例 11-1 资料, 说明采用分项结转法的成本计算过程。第一步骤产品成本计算单的内容与综合结转法相同, 不再列示。

将第一步骤中本月完工的半成品按其原成本项目金额转入第二步骤的成本计算单中对应的成本项目, 即可编制"第二步骤产品成本计算单", 如表 11-14 所示。

表 11-14　第二步骤产品成本计算单(甲 B 半成品)

生产车间: 二车间　　　　　　2017 年 7 月 31 日　　　　　　　金额单位: 元

摘　要	直接材料	直接人工	制造费用	合　计
月初在产品成本	5 580.00	2 937.00	979.00	9 496.00
本月耗用上步骤产品	16 740.00	8 810.53	2 936.84	28 487.37
本月生产费用	0.00	8 811.00	2 937.00	11 748.00
生产费用合计	22 320.00	20 558.53	6 852.84	49 731.37
完工甲 B 半成品数量	100	100	100	

(续表)

摘　　要	直接材料	直接人工	制造费用	合　　计
月末在产品数量	20	20	20	
投料程度及完工程度	100%	50%	50%	
甲 B 在产品约当产量	20	10	10	
甲 B 半成品约当总产量	120	110	110	
完工甲 B 半产品单位成本	186.000 0	186.895 7	62.298 6	435.194 3
完工甲 B 半产品成本	18 600.00	18 689.57	6 229.86	43 519.43
月末甲 B 在产品成本	3 720.00	1 868.96	622.99	6 211.95

根据第二步骤计算出的甲 B 半成品按其成本项目全部转入第三步骤产品成本计算单中相同的成本项目中，即可编制第三步骤产品成本计算单，如表 11-15 所示。

表 11-15　第三步骤产品成本计算单(甲完工产品)

生产车间：三车间　　　　　　　　　　2017 年 5 月 31 日　　　　　　　　金额单位：元

摘　　要	直接材料	直接人工	制造费用	合　　计
月初在产品成本	11 360.00	4 280.00	1 440.00	17 080.00
本月耗用上步骤产品	18 600.00	18 689.57	6 229.86	43 519.43
本月生产费用	0.00	12 840.00	4 320.00	17 160.00
生产费用合计	29 960.00	35 809.57	11 989.86	77 759.43
完工甲成品数量	110	110	110	
月末在产品数量	30	30	30	
投料程度及完工程度	100%	50%	50%	
在产品约当产量	30	15	15	
约当总产量	140	125	125	
完工产品单位成本	214.00	286.476 6	95.918 9	596.395 5
完工产品总成本	23 540.00	31 512.42	10 551.07	65 603.49
月末在产品成本	6 420.00	4 297.15	1 438.78	12 155.93

从上述的计算过程可以看出，采用分项结转法逐步结转半成品成本，可以直接提供企业产品成本结构的正确资料，不需要进行成本还原。但各生产步骤之间的成本结转比较复杂，特别是半成品经过半成品库收发的情况下，工作量较大。

3. 综合结转分步法与分项结转分步法比较

综上所述，综合结转分步法与分项结转分步法是逐步结转分步法两种方式。不论是综合结转还是分项结转，半成品成本都是随着半成品实物的转移而结转，各生产步骤产品成本明细账中的生产成本余额，反映着留存在各生产步骤的在产品成本，便于加强在产品的实物管理和生产资金管理。

两者的主要区别在于半成品成本在下一生产步骤成本计算单中的反映形式不同，前者综合反映，后者分项反映。

采用综合结转分步法逐步结转半成品成本，可以分析和考核各步骤所耗半成品成本和本步骤其他费用的水平，有利于企业内部加强成本控制，努力降低成本。但这种方法还原工作量大，一般适用于管理上既要求单独计算各步骤所耗半成品成本又不要求成本还原的企业。

采用分项结转半成品成本时，可以直接按原始成本项目反映产品成本，不必进行成本还原，利于企业分析和考核产品成本构成和水平。因此，这种结转方法一般适用于管理上不要求分别提供各步骤完工产品所耗用半成品成本和本步骤加工费用资料，但要求按原始成本项目反映成本的企业。

任务三　简化分步法(平行结转分步法)

一、平行结转分步法的含义及适用范围

平行结转分步法，又称不计列半成品成本分步法。它是各步骤不计算半成品成本，而只归集各个步骤本身所发生的费用及其各步骤应计入完工产品成本的份额，将各步骤应计入完工产品成本的份额平行加以汇总，即可计算出完工产品成本的一种方法。其成本计算对象是各种完工产品成本及所经过的各生产步骤应计入完工产品成本的份额。它主要适用于不要求提供半成品成本资料的企业。例如机械制造企业，其按生产工艺流程设有铸工、锻工、加工、装配等车间。铸工车间利用生铁、钢等各种原料熔铸各种铸件；锻工车间利用各种外购钢材锻造各种锻件；加工车间对各种铸造件、锻件、外购材料进行加工，制造出各种零件和部件；最后转入装配车间生产各种机械产品。在这类生产企业中，各生产步骤所产半成品品种种类较多，但很少对外销售，管理上不要求计算半成品成本，因而为了简化和加速成本计算工作，可以不计算各步骤所产半成品成本，也不计算各步骤所耗上一步骤的半成品成本，只计算本步骤发生的各项生产费用以及这些费用中应计入完工产品的份额。在这种情况下，可以采用平行结转分步法。

采用平行结转分步法计算产品成本时，各生产步骤只归集本步骤所发生的费用，上一步骤的半成品转入下一步骤继续加工时，半成品成本并不随着实物的转移而结转到下一加工步骤。月末，各步骤将本步骤发生的费用分成应计入完工产品成本的份额和月末广义在产品成本；将各步骤应计入完工产品成本的份额平行加以汇总，即可计算出完工产品的成本。

二、平行结转分步法的特点

这种方法的主要特点是：

(1) 成本计算对象是每种完工产品及所经过的各生产步骤。

(2) 各生产步骤之间只转移半成品实物，不结转半成品成本。

(3) 各生产步骤归集的生产费用，要在最后步骤的完工产品和本步骤的广义在产品之间进行

分配，将各步骤归集的生产费用分成应计入完工产品成本份额和月末在产品成本两大部分。最后将各步骤费用应计入完工产品的份额，平行结转，汇总计算出该种完工产品的总成本和单位成本。

三、平行结转分步法的计算程序

(1) 按产品分步骤设置产品成本计算单，归集生产费用，计算出每种产品在各生产步骤所发生的生产费用总额。

(2) 计算每一生产步骤应计入完工产品成本中的份额。期末，可以采用定额比例法或约当产量法等方法将各步骤成本计算单上的生产费用，在最后步骤的完工产品和广义在产品之间进行分配，计算出各生产步骤应计入完工产品成本的份额。

(3) 将各生产步骤中应计入完工产品成本的份额平行加以汇总，计算出每种完工产品的成本。

(4) 将各步骤产品成本计算单上归集的生产费用，扣除应计入完工产品成本中的份额，求出期末广义在产品成本。

平行结转分步法的成本计算过程如图 11-3 所示。

图 11-3　平行结转分步法的成本计算过程

四、平行结转分步法下产品成本的计算举例

从图 11-3 可见，为了计算完工产品成本，必须将各步骤所归集的生产费用分成计入完工产品成本的"份额"和广义在产品成本两部分。在各生产步骤按产品归集本步骤的生产费用后，应采用适当的方法，将其生产费用在完工产品和广义在产品之间进行分配。常用的方法是定额比例法和约当产量法。

(1) 按定额比例确定各步骤应计入产品成本的"份额"

【例 11-6】某企业生产甲产品，采用平行结转分步法计算产品成本，生产费用在完工产品与在产品之间的分配采用定额比例法，其中原材料费用按定额原材料耗用比例分配，其他各项费用均按定额工时比例分配，原材料于生产开始时一次性投入。2017 年 6 月份，有关资料如表 11-16、表 11-17 所示。

表 11-16　甲产品的定额资料

车　间	月初在产品		本月投入		单件定额		本月完工产品		
	定额原材料费用/元	定额工时	定额原材料费用/元	定额工时	原材料费用/元	工时	产量/件	定额原材料料费用/元	定额工时
一车间	700	300	800	350	5	2		1 000	400
二车间		150		860	4		200	0	800
合　计	700	450	800	1 210	5	6		1 000	1 200

表 11-17　各车间月初及本月生产费用资料

单位：元

摘　　要		直接材料	直接人工	制造费用	合　　计
一车间	月初在产品成本	800	600	500	1 900
	本月生产费用	700	400	600	1 700
二车间	月初在产品成本		300	800	1 100
	本月生产费用	1 200	500		1 700

根据上述资料，编制第一、二车间的成本计算单表如表 11-18、表 11-19 所示。

表 11-18　产品成本计算单

生产车间：一车间

产品名称：甲产品　　　　　　　　　　2017 年 6 月 30 日　　　　　　　　　　单位：元

摘　　要	直接材料		定额工时	直接人工	制造费用	成本合计
	定额费用	实际费用				
月初在产品成本	700	800	300	600	500	1 900
本月生产费用	800	700	350	400	600	1 700
生产费用合计	1 500	1 500	650	1 000	1 100	3 600
费用分配率		1.00		1.538 5	1.692 3	
应计入完工产品成本的份额	1 000	1 000	400	615.40	676.92	2 292.32
月末在产品成本	500	500	250	384.63	423.08	1 307.71

表 11-19　产品成本计算单

生产车间：二车间

产品名称：甲产品　　　　　　　　　　2017 年 6 月 30 日　　　　　　　　　　　单位：元

摘　要	直接材料		定额工时	直接人工	制造费用	成本合计
	定额费用	实际费用				
月初在产品成本			150	300	800	1 100
本月生产费用			860	1 200	500	1 700
生产费用合计			1 010	1 500	1 300	2 800
费用分配率				1.485 1	1.287 1	
计入完工产品成本的份额			800	1 188.08	1 029.68	2 217.76
月末在产品成本			210	311.87	270.30	582.17

表中的定额材料费用和定额工时，根据前列甲产品定额资料计算登记，月末在产品定额资料，是根据月初在产品定额资料、本月投入产品定额资料和完工产品定额资料，采用"倒挤"的方法求得。以第一车间为例：

月末在产品定额原材料费用 $= 700 + 800 - 1 000 = 500$(元)

月末在产品定额工时 $= 300 + 350 - 400 = 250$(小时)

采用定额比例法在完工产品与在产品之间分配费用，应首先计算费用分配率，本例中原材料费用按定额原材料耗用比例分配；其他各项费用均按定额工时比例分配。第一车间各项费用分配率及应计入完工产品成本中的份额计算如下：

直接材料费用分配率 $= \dfrac{800 + 700}{700 + 800} = 1.000\ 0$

一步骤材料费用应计入完工产品的份额 $= 200 \times 5.00 \times 1.000\ 0 = 1 000$(元)

月末广义在产品应承担的直接材料成本 $= 500 \times 1.000\ 0 = 500$(元)

直接人工费用分配率 $= \dfrac{600 + 400}{300 + 350} = 1.538\ 5$

一步骤人工费用应计入完工产品的份额 $= 200 \times 2.00 \times 1.538\ 5 = 615.38$(元)

月末广义在产品应承担的直接人工成本 $= 250 \times 1.538\ 5 = 384.62$(元)

制造费用分配率 $= \dfrac{500 + 600}{300 + 350} = 1.692\ 3$

本步骤制造费用应计入完工产品的份额 $= 200 \times 2.00 \times 1.692\ 3 = 676.92$(元)

月末广义在产品应承担的制造费用成本 $= 250 \times 1.692\ 3 = 423.08$(元)

上述月末在产品成本均可采用倒挤方法计算得出。第二车间各成本项目的分配计算可以此类推，计算过程略。在第二车间的生产成本计算单中可以看出其"直接材料"项目金额为零，这是因为本例原材料是在生产开始时一次投入，而且采用平行结转法时在各生产步骤间并不结转半成品成本，所以第二车间的成本计算单上没有本月消耗的半成品成本。

将第一车间、第二车间产品成本计算单中应计入完工产品成本的份额，平行结转，汇总记入甲产品成本汇总表，如表11-20所示。

表 11-20 甲产品成本汇总表

2017 年 6 月 30 日 单位：元

各车间份额	产 量	直接材料	直接人工	制造费用	成本合计
一车间份额	200	1 000	615.40	676.92	2 292.32
二车间份额	200	0	1 188.08	1 029.68	2 217.76
合　计		1 000	1 803.48	1 706.60	4 510.08
单位成本		5	9.02	8.53	22.55

(2) 按约当产量法确定各步骤应计入产品成本的"份额"

各生产步骤归集的生产费用还可以先在本步骤完工半成品(最后步骤为完工产品)和狭义在产品之间进行分配，求得本步骤完工半成品成本，然后按照完工产品耗用该半成品数量计算应计入完工产品成本的 "份额"。现以约当产量法举例如下。

【例 11-7】某企业经过三个制造车间生产甲产品。原材料在第一车间一次性投入，在生产过程中第二车间单位产品耗用第一车间 A 半成品 3 件，第三车间单位产品耗用第二车间 B 半成品 2 件。该企业采用平行结转分步法计算完工产品成本，月末在产品成本按着约当产量法计算，各步骤的在产品完工程度均为 50%。该企业 2016 年 12 月份有关产量及成本费用资料如表 11-21、表 11-22 所示。

表 11-21 各车间产量记录

摘　要	一车间	二车间	三车间
月初在产品产量	40	30	15
本月投入或上步骤转入	60	80	60
本月完工产量	80	60	50
月末在产品数量	20	50	25

表 11-22 各车间月初及本月生产费用资料

单位：元

项　目	车　间	直接材料	直接人工	制造费用	合　计
月初在产品成本	一车间	1 200	350	220	1 770
	二车间		300	200	500
	三车间		100	60	160
本月发生的费用	一车间	3 000	800	590	4 390
	一车间		700	580	1 280
	三车间		300	240	540

成本计算过程如下。

① 计算各步骤半成品的单位成本。各步骤半成品单位成本的计算公式如下：

$$某生产步骤半成品单位成本 = \frac{该步骤月初在产品成本 + 该步骤本月发生的费用}{该步骤完工半成品数量 + 该步骤狭义在产品约当产量}$$

该步骤完工半成品数量，是指经过本步骤加工完成而留存在半成品库以及在其他各步骤进一步加工的本步骤半成品数量之和。该步骤在产品约当产量仅指本步骤尚未完工的狭义在产品。本例中各车间本步骤半成品约当产量计算过程如下：

第一车间计算材料费用的 A 半成品约当总产量

= 第一车间在产品数量 + 第二车间在产品数量×单位耗用量 + (第三车间完工产品 + 在产品)×单位耗用量 = 20 + 50×3 + (25 + 50)×6 = 620(件)

第一车间计算其他费用的 A 半成品约当产量

= 第一车间在产品数量×完工程度 + 第二车间在产品数量×单位耗用量 + (第三车间完工产品 + 在产品)×单位耗用量 = 20×50% + 50×3 + (25 + 50)×6 = 610(件)

第二车间计算原材料的 B 半成品约当产量

= 第二车间在产品数量 + (第三车间在产品数量 + 完工产品数量)×单位耗用量

= 50 + (25 + 50)×2 = 200(件)

第二车间计算其他费用的 B 半成品约当产量

= 第二车间在产品数量×完工程度 + (第三车间在产品数量 + 完工产品数量)×单位耗用量

= 50×50% + (25 + 50)×2 = 175(件)

第三车间计算原材料的甲完工产品约当产量

= 第三车间在产品数量 + 完工产品数量 = 25 + 50 = 75(件)

第三车间计算其他费用的甲完工产品约当产量

= 第三车间在产品数量×完工程度 + 完工产品数量 = 25×50% + 50 = 62.5(件)

各步骤按照上列计算公式确定的约当产量，计算求得各步骤单位成本(分配率)如下：

$$第一车间 A 半成品单位直接材料费用 = \frac{1\,200 + 3\,000}{620} = 6.77\,(元)$$

$$第一车间 A 半成品单位直接人工费用 = \frac{350 + 800}{610} = 1.89\,(元)$$

$$第一车间 A 半成品单位制造费用 = \frac{220 + 590}{610} = 1.33\,(元)$$

$$第二车间 B 半成品单位直接人工费用 = \frac{300 + 700}{175} = 5.71\,(元)$$

$$第二车间 B 半成品单位制造费用 = \frac{200 + 580}{175} = 4.46\,(元)$$

$$第三车间甲产品单位直接人工费用 = \frac{100 + 300}{62.50} = 6.40\,(元)$$

$$第三车间甲产品单位制造费用 = \frac{60 + 40}{62.50} = 4.80\,(元)$$

② 计算各步骤应计入完工产品成本中的"份额"。以本月第三步骤(最后一个生产步骤)所生产的完工甲产品耗用各步骤半成品数量分别乘以各步骤的单位成本即可，公式如下：

$$完工产品成本中某步骤费用份额 = \frac{完工产}{品产量} \times \frac{单位完工产品所耗}{本步骤半成品数量} \times \frac{该步骤单位}{半成品成本}$$

根据公式计算各车间计入完工产品成本份额如下：

第一车间 A 半成品计入完工产品中的"份额" = 50 × 6 × (6.77 + 1.89 + 1.33) = 299 7(元)

第二车间 B 半成品计入完工产品中的"份额" = 50 × 2 × (5.71 + 4.46) = 1017(元)

第三车间甲产品计入完工产品中的"份额" = 50 × (6.40 + 4.80) = 560(元)

将上述三步骤应计入完工产品的"份额"平行相加，汇总即可得出完工产品总成本。甲产品总成本 = 2 997 + 1 017 + 560 = 4 574(元)

③ 计算各步骤月末在产品成本。以各该步骤所发生的费用合计数，减去应由完工产品负担的份额，其余额就是该步骤月末在产品成本。

成本计算结果详见表 11-23。

表 11-23　产品成本计算表

2016 年 12 月 31 日　　　　　　　　　　　　　　　　　　　　　　　单位：元

摘　要	第一车间			第二车间			第三车间		
	直接材料	直接人工	制造费用	直接材料	直接人工	制造费用	直接材料	直接人工	制造费用
月初在产品成本	1 200	350	220	300	200			100	60
本月发生的费用	3 000	800	590	700	580			300	240
生产费用合计	4 200	1 150	810	1 000	780			400	300
完工半成品(产品)数	600	600	600	150	150	150	50	50	50
狭义在产品约当产量	20	10	10	50	25	25	25	12.5	12.5
约当总产量	6 20	610	610	200	175	175	75	62.5	62.5
单位成本	6.77	1.89	1.33	5.71	4.46			6.40	4.80
计入完工产品的"份额"	2 031	567	399	571	446			320	240
月末在产品成本	2 169	583	411	429	334			80	60

编制完工产品成本汇总表，计算完工产品总成本及单位成本如表 11-24 所示。

表 11-24　完工产品成本汇总表

产品名称：甲产品　　　　　　　　　2016 年 12 月 31 日　　　　　　　　　　　单位：元

摘　要	直接材料	直接人工	制造费用	合　计
第一车间应计入成本份额	2 031	567	399	2 997
第二车间应计入成本份额		571	446	1 017
第三车间应计入成本份额		320	240	560
完工产品总成本	2 031	1 458	1 085	4 574
产品单位成本	40.62	29.16	21.70	91.48

采用平行结转分步法，各步骤可以同时进行成本计算，不必逐步结转成本，从而简化和加快了成本核算的工作。同时，各个生产步骤按成本项目分项进行平行汇总计算出完工产品成本，能正确反映产品成本的原始构成，有利于加强各车间的成本控制和产品的成本构成分析。但是，采用平行结转分步法时，由于各生产步骤之间的半成品成本不随同半成品的实物结转，各步骤的在产品成本不是按其所在地点来反映，使月末在产品成本不仅包括正在本步骤加工的在产品应负担费用，还包括已在本步骤加工完成，转到下一步骤但尚未最后制成完工产品的那些半成品在本步骤发生的费用。因此，各步骤成本计算单上的月末在产品成本与实际结存在该步骤的在产品成本不相一致，不利于对生产资金的管理。此外，除了第一步骤外，不能计算出各步骤半成品完整的单位成本。如果出售自制半成品，还要另行计算售出自制半成品的实际成本。

 知 识 归 纳

分步法是以各生产步骤某月份生产的半成品和最后生产步骤的产成品作为成本计算对象，按照产品品种分步骤来归集生产费用，在计算在产品成本的基础上，计算产品成本的一种方法。根据结转各个步骤成本的方法不同，可以分为逐步结转分步法和平行结转分步法两种。逐步结转分步法，是按照产品的生产步骤逐步计算并结转半成品成本，直到最后一个步骤算出完工产品成本的分步法。平行结转分步法，是各步骤不计算半成品成本，而只归集各个步骤本身所发生的费用及其各步骤应计入完工产品成本的份额，将各步骤应计入完工产品成本的份额平行加以汇总，即可计算出完工产品成本的一种方法。

达 标 检 测

一、简答题

1. 什么是成本计算的分步法？其特点及适用范围是什么？

2. 逐步结转法的特点是什么？

3. 试述逐步结转分步法的成本计算程序。

4. 平行结转法的特点是什么？

5. 试述平行结转分步法的成本计算程序。

二、单项选择题

1. 下列方法中属于不计算半成品成本的分步法是( )。

    A. 逐步结转分步法   B. 综合结转法

    C. 分项结转法   D. 平行结转法

2. 采用逐步结转分步法，其在完工产品与在产品之间分配费用，是指在( )之间分配费用。

    A. 产成品与月末在产品

    B. 完工半成品与月末加工中的在产品

    C. 产成品与广义的在产品

    D. 前面步骤的完工半成品与加工中的在产品及最后步骤的产成品与加工中的在产品

3. 成本还原的对象是(   )。

    A. 产成品

    B. 各步骤所耗上一步骤半成品的综合成本

    C. 最后步骤的产成品成本

    D. 各步骤半成品成本

4. 进行成本还原，应以还原分配率分别乘以(   )。

    A. 本月所产半成品各个成本项目的费用

    B. 本月所耗半成品各个成本项目的费用

    C. 本月所产该种半成品各个成本项目的费用

    D. 本月所耗该种半成品各个成本项目的费用

5. 采用平行结转分步法，(   )。

    A. 不能全面反映各个生产步骤产品的生产耗费水平

    B. 能够全面反映各个生产步骤产品的生产耗费水平

    C. 能够全面地反映第一个生产步骤产品的生产耗费水平

    D. 能够全面地反映最后一个步骤产品的生产耗费水平

6. 下列方法中需要进行成本还原的是(   )。

    A. 平行结转法

    B. 逐步结转法

    C. 综合结转法

    D. 分项结转法

7. 成本还原就是从最后一个步骤起，把各步骤所耗上一步骤半成品成本，按照(   )逐步分解，还原算出按原始成本项目反映的产成品成本。

    A. 本月所耗半成品成本结构

    B. 本月完工产品成本的结构

    C. 上一步骤所产该种半成品成本的结构

    D. 上一步骤月末在产品成本的结构

8. 产品成本计算的分步法是(   )。

    A. 分车间计算成本的方法

    B. 计算各步骤半成品和最后步骤产品成本的方法

    C. 按生产步骤计算产品成本的方法

    D. 计算产品成本中各步骤"份额"的方法

9. 甲企业是个一个多步骤生产企业，不能提供各个生产步骤的半成品成本资料，则可判断其所采用的分步法是(   )。

    A. 逐步结转分步法

    B. 平行结转分步法

    C. 综合结转分步法

    D. 分项结转分步法

10. 在平行结转分步法下，在完工产品与产品之间分配费用，是指(   )之间的费用分配。

    A. 产成品与月末在产品

    B. 产成品与广义的在产品

    C. 完工半成品与未加工中的在产品

    D. 前面步骤的完工半成品与加工中的产品

11. 在平行结转分步法下，各步骤将生产费用在完工产品与在产品之间进行分配时，所指的生产费用是(   )。

    A. 耗用上步骤半成品的成本

    B. 上一步骤转来的生产费用

    C. 本步骤生产费用加上上一步骤转来的生产费用

    D. 本步骤生产费用

12. 半成品成本流转与实物流转相一致，又不需要成本还原的方法是(　　)。

    A. 逐步结转法　　　　　　　　　　B. 综合逐步结转分步法

    C. 分项逐步结转分步法　　　　　　D. 平行结转分步法

13. 平行结转分步法(　　)。

    A. 需要进行成本还原　　　　　　　B. 不需要进行成本还原

    C. 能提供完整的半成品成本资料　　D. 能加强物质和资金的有效管理

14. 采用平行结转分步法，第二生产步骤的广义在产品不包括(　　)。

    A. 第一生产步骤正在加工的在产品　B. 第二生产步骤正在加工的在产品

    C. 第二生产步骤完工入库的在产品　D. 第三生产步骤正在加工的在产品

15. 不计算半成品成本的分步法是指(　　)。

    A. 逐步分项结转分步法　　　　　　B. 平等结转分步法

    C. 按实际成本综合结转分步法　　　D. 按计划成本综合结转分步法

三、多项选择题

1. 按计划成本综合结转半成品成本的优点是(　　)。

    A. 可以简化和加速半成品核算和产成品成本计算工作

    B. 便于各步骤进行成本的考核分析

    C. 便于从整个企业角度进行成本的考核和分析

    D. 便于考核产品成本的构成和水平

2. 采用分步法，计算各步骤半成品成本是(　　)。

    A. 成本计算的需要

    B. 成本控制的需要

    C. 对外销售的需要

    D. 全面考核和分析成本计划完成情况的需要

3. 采用综合结转法结转半成品成本的优点是(　　)。

    A. 便于各步骤进行成本管理

    B. 便于各生产步骤完工产品的成本分析

    C. 便于从整个企业角度分析和考核产品成本的构成和水平

    D. 便于同行业间产品成本对比分析

4. 平行结转分步法的特点是(　　)。

    A. 各生产步骤不计算半成品成本，只计算本步骤所发生的生产费用

    B. 各步骤间不结转半成品成本

    C. 各步骤应计算本步骤所发生的生产费用中应计入产成品成本的份额

    D. 将各步骤应计入产成品成本的份额平行结转，汇总计算产成品的总成本和单位成本

5. 在平行结转分步法下，完工产品与在产品之间费用的分配，正确的说法是指(　　)两者之间的费用分配。

    A. 产成品与广义的在产品

    B. 产成品与狭义的在产品

    C. 各步骤完工半成品与月末加工中的在产品

　　　D. 应计入产成品的"份额"与广义的在产品
　6. 广义的在产品是指(　　　)。
　　　A. 尚在本步骤加工中的在产品
　　　B. 转入各半成品库的半成品
　　　C. 已从半成品库转到以后各步骤进一步加工、尚未最后制成的半成品
　　　D. 全部加工中的在产品和半成品
　7. 平行结转分步法适宜在(　　　)的情况下采用。
　　　A. 产品种类多、计算和结转半成品工作量大
　　　B. 管理上不要求提供各步骤半成品成本资料
　　　C. 管理上不要求提供原始成本项目反映的产成品成本资料
　　　D. 管理上不要求全面反映各个生产步骤的生产耗费水平
　8. 与逐步结转分步法相比，平行结转分步法的缺点是(　　　)。
　　　A. 各步骤不能同时计算产品成本
　　　B. 不需要进行成本还原
　　　C. 不能为实物管理和资金管理提供资料
　　　D. 不能提供各步骤的半成品成本资料
　9. 逐步结转分步法一般应在(　　　)的情况下采用。
　　　A. 半成品种类不多
　　　B. 逐步结转半成品成本的工作量不大
　　　C. 半成品经常作为商品产品对外销售
　　　D. 不要求进行成本还原
　10. 采用平行结转分步法不能提供(　　　)。
　　　A. 按原始成本项目反映的产成品成本资料
　　　B. 所耗上一步骤半成品的资料
　　　C. 各步骤完工半成品的资料
　　　D. 本步骤应计入产成品成本份额的资料

四、判断题

1. 逐步结转分步法主要适用于大量大批连续式多步骤生产企业。　　　　　　　(　　　)
2. 逐步结转分步法中半成品的成本不随半成品的实物转移而结转。　　　　　　(　　　)
3. 狭义的在产品包括各步骤已完工的半成品。　　　　　　　　　　　　　　　(　　　)
4. 逐步结转分步法可分为综合结转法与分项结转法两种。　　　　　　　　　　(　　　)
5. 成本还原方法是从最后步骤开始往回还原。　　　　　　　　　　　　　　　(　　　)
6. 分项结转法通常以实际成本结转。　　　　　　　　　　　　　　　　　　　(　　　)
7. 采用分项结转半成品成本时不必进行成本还原。　　　　　　　　　　　　　(　　　)
8. 不必进行成本还原主要适用于不要求提供半成品成本资料的企业。　　　　　(　　　)
9. 采用平行结转分步法计算产品成本时，半成品成本并不随着实物的转移而结转到下一
加工步骤。　　　　　　　　　　　　　　　　　　　　　　　　　　　　　　　(　　　)
10. 采用平行结转分步法，各步骤可以同时进行成本计算，不必逐步结转成本。　(　　　)

11. 平行结转分步法主要适用于大量大批装配式多步骤生产企业。 （　　）

12. 分步法中成本计算期与产品的生产周期一致。 （　　）

13. 逐步结转分步法可细分为半成品不通过半成品库核算和半成品通过半成品库核算两种方式。 （　　）

14. 综合结转分步法只能按照半成品的实际成本结转。 （　　）

15. 逐步结转分步法要求成本计算按生产步骤顺序进行。 （　　）

案例讨论

某企业甲产品经过三个车间连续加工制成，一车间生产 A 半成品，直接转入二车间加工制成 B 半成品，B 半成品直接转入三车间加工成甲产成品。其中，1 件甲产品耗用 1 件 B 半成品，1 件 B 半成品耗用 1 件 A 半成品。原材料于生产开始时一次投入，各车间月末在产品完工率均为 50%。各车间生产费用在完工产品和在产品之间的分配采用约当产量法。

本月各车间产量资料见表 11-25。

表 11-25　本月各车间产量

单位：件

摘　　要	一车间	二车间	三车间
月初在产品数量	20	50	40
本月投产数量或上步转入	180	160	180
本月完工产品数量	160	180	200
月末在产品数量	40	30	20

各车间月初及本月费用资料见表 11-26。

表 11-26　各车间月初及本月费用

单位：元

	摘　　要	直接材料	直接人工	制造费用	合　　计
一车间	月初在产品成本	1 000	60	100	1 160
	本月生产费用	18 400	2 200	2 400	23 000
二车间	月初在产品成本		200	120	320
	本月生产费用		3 200	4 800	8 000
三车间	月初在产品成本		180	160	340
	本月生产费用		3 450	2 550	6 000

要求：

(1) 采用平行结转法计算产成品成本，编制各步骤成本计算单及产品成本汇总表。

(2) 编制各步骤成本计算单，采用综合结转法计算各步骤半成品成本及产成品成本，并进行成本还原。

(3) 编制各步骤成本计算单，采用逐步结转法计算各步骤半成品成本及产成品成本。

项目十二 产品成本核算的辅助方法

任务一 分类法

一、分类法的特点及适用范围

分类法是按照一定的分类标准对产品进行分类，然后按照类别归集生产费用，先计算各类完工产品的总成本，然后再按照一定标准在同类产品中分配计算出各品种或规格产品成本的一种方法。

1. 分类法的特点

(1) 以产品的类别为成本计算对象

采用分类法计算产品成本时，首先要根据产品所用原材料和工艺技术过程的不同，将产品划分为若干类，按照产品的类别开设成本计算单，按类归集产品的生产费用，计算各类产品成本；其次，选择合理的分配标准，在每类产品的各种产品之间分配费用，计算每类产品内各种产品的成本。

(2) 分类法的成本核算计算期应视产品生产类型及管理要求而定

如果是大量大批生产，应结合品种法或分步法进行成本计算，每月月末定期计算产品成本；如果是小批或单件生产，成本计算期可不固定，而与生产周期一致。所以，分类法并不是一种独立的成本计算方法，而是在前三种基本成本计算方法的基础上计算多规格产品而采用的一种简化方式。

(3) 分类成本的计算

分类法实质是在成本计算的品种法、分批法和分步法的基础上演变而来的，因此，其成本计算程序与三种基本的成本计算方法大致相同。不同的是，分类法首先要将产品归类，按类别设立成本计算单，按类别来汇集和分配费用。当费用归集到成本计算单上以后，还需采用一定的方法，将生产费用分配到该类产品中各种不同规格的产成品上去，才能计算出各种不同产品的成本。

2. 分类法的适用范围

凡是产品品种繁多，而且可以按照前述要求划分为若干类别的企业或车间，均可采用分类法计算成本。分类法与产品生产的类型没有直接联系，因而可以在各种类型的生产中应用。

二、分类法的成本计算程序

(1) 合理确定类别，按类别设立基本生产成本明细账。

(2) 各种费用的分配(归集每类产品的生产费用)。

(3) 采用一定方法计算各类产品的完工产品成本和在产品成本。

(4) 对于各类完工产品，选择合理的分配标准，在类内各种产品之间进行费用分配，计算出每类产品中各种产品的总成本和单位成本。

在选择同类产品内各种产品之间分配费用的标准时，应考虑分配标准是否与产品成本有密切的联系。

各成本项目可以采用同一分配标准分配；也可以按照成本项目的性质，分别采用不同的分配标准，使分配结果更加合理。例如，原材料费用可按定额原材料费用或定额原材料消耗量比例分配，工资及福利费等其他费用按定额工时比例分配等。

当产品结构、所用原材料或工艺过程发生较大变动时，应该及时更换分配标准，以提高成本计算的正确性。

为了简化分配工作，也可以将分配标准折算成相对固定的系数，按照固定的系数分配同类产品内各种产品的成本。

确定系数时，一般是在同类产品中选择一种产量较大、生产比较稳定或规格折中的产品作为标准产品，把这种产品的系数定为 1；用其他各种产品的分配标准额与标准产品的分配标准额相比，求出其他产品的分配标准额与标准产品的分配标准额的比率，即系数。系数一经确定，应相对稳定，不应随意变更。

某种产品的分配系数 = 该产品的分配标准额 ÷ 标准产品的分配标准额

在分类法中，按照系数分配同类产品内各种产品成本的方法，被称为系数法。因此，系数法是分类法的一种，也可称为简化的分类法。

三、分类法应用举例

西强公司第一分厂生产 A、B、C 三种产品，所用原材料和工艺过程相似，合并为甲类进行生产成本计算。该企业规定：该类产品的原材料费用随生产进度逐步投入，材料费用按照各种产品的原材料费用系数进行分配；加工费用按照各种产品的工时系数进行分配。同类产品内各种产品的原材料费用，按原材料费用定额确定系数；同类产品内各种产品之间的直接工资和制造费用，均按各种产品的定额工时计算确定系数；该公司规定 B 种产品为标准产品。

1. 成本计算的有关资料

西强公司第一分厂 2017 年 6 月生产甲类(A、B、C 三种产品)产品，有关成本资料如下。

(1) 甲类产品成本资料，见表 12-1。

表 12-1　甲类产品期初在产品成本和本月生产费用

2017 年 6 月　　　　　　　　　　　　　　　　　　单位：元

项　　目	直接材料	直接人工	制造费用	合　　计
期初在产品成本(定额成本)	41 910	13 530	44 550	99 990
本月生产费用	53 340	18 500	60 090	131 930
生产费用合计	95 250	32 030	104 640	231 920

(2) 甲类产品的工时定额和材料消耗定额分别为：①工时定额为：A 产品 16 小时，B 产品 10 小时，C 产品 11 小时。②材料消耗定额为：A 产品 212.80 元，B 产品 266.00 元，C 产品 345.80 元。

(3) 该公司 6 月份各产品完工产品与在产品的实际产量分别为：①完工产品产量：A 产品 120 件，B 产品 90 件，C 产品 150 件。②在产品产量为：A 产品 100 件，B 产品 100 件，C 产品 50 件。

(4) 甲类各种产品在产品单位定额成本资料，见表 12-2。

表 12-2　甲类各种产品在产品单位定额成本

单位：元

甲类产品	直接材料	直接人工	制造费用	合计
A 产品	120	50	165	335
B 产品	110	60	158	328
C 产品	149.60	34.20	191	374.80

2. 成本计算

(1) 计算甲类完工产品的生产成本

根据上述成本资料，运用品种法的成本计算原理，计算出本月甲类产品的本月完工产品成本和月末在产品成本，见表 12-3。

表 12-3　成本计算单

产品：甲类产品　　　　　　　　　　　2017 年 6 月　　　　　　　　　　　单位：元

2017 年		摘　　要	直接材料	直接工资	制造费用	合　计
月	日					
5	31	期初在产品成本(定额成本)	41 910	13 530	44 550	99 990
6	30	本月发生的生产费用	53 340	18 500	60 090	131 930
	30	生产费用合计	95 250	32 030	104 640	231 920
	30	本月完工甲类产品成本	64 770	19 320	62 790	146 880
	30	期末甲类在产品成本 (定额成本)	30 480	12 710	41 850	85 040

备注：期末甲类在产品成本计算方法：①直接材料 $= 100 \times 120 + 100 \times 110 + 50 \times 149.60 = 30\,480$(元)；②直接人工 $= 100 \times 50 + 100 \times 60 + 50 \times 34.20 = 12\,710$(元)；③制造费用 $= 100 \times 165 + 100 \times 158 + 50 \times 191 = 41\,850$(元)。

(2) 计算甲类产品的类内 A、B、C 产品的生产成本

① 根据各产品所耗各种原材料的消耗定额、计划单价、费用总定额以及工时定额编制系数计算表如下，见表 12-4。

表 12-4　各种产品系数计算表

产品：甲类产品　　　　　　　　　　　2017 年 6 月　　　　　　　　　　　单位：元

产品名称		加工费用系数		直接材料系数	
		单位产品 工时定额	人工和制造 费用系数	单位产品 材料定额	原材料 费用系数
甲类产品	A 产品	16	$16 \div 10 = 1.6$	212.80	$212.80 \div 266.00 = 0.8$
	B 产品 (标准产品)	10	1	266.00	1
	C 产品	11	$11 \div 10 = 1.1$	345.80	$345.80 \div 266.00 = 1.3$

② 根据各种产品的产量、原材料费用系数，人工和制造费用系数计算总系数(或标准产量)，见表 12-5。

表 12-5　产品总系数计算表

产品：甲类产品　　　　　　　　　　　　2017 年 6 月　　　　　　　　　　　　单位：元

品　名	产品产量/件	人工和制造费用分配总系数		材料费用分配总系数	
		系　数	总系数	系　数	总系数
A 产品	120	1.6	192	0.8	96
B 产品	90	1	90	1	90
C 产品	150	1.1	165	1.3	195
合　计			447		381

③ 根据甲类产品的生产成本明细账中 6 月份产成品的成本资料,编制该类各种产成品成本计算表如下,见表 12-6。

表 12-6　甲类内的各种产品成本计算表

产品类别：甲类产品　　　　　　　　　　2017 年 6 月　　　　　　　　　　　　单位：元

项　目	产量/件	原材料费用总系数	直接材料分配额	加工费用总系数	直接工资分配额	制造费用分配额	各种产品总成本	单位成本
甲类产品成本			64 770		19 320	62 790	146 880	
分配率			170		43.221 5	140.469 8		
A 产品	120	96	16 320	192	8 298.53	26 970.20	51 588.73	429.91
B 产品	90	90	15 300	90	3 889.94	12 642.28	31 832.22	353.69
C 产品	150	195	33 150	165	7 131.53	23 177.52	63 459.05	423.06
合　计	360	381	64 770	447	19 320	62 790	146 880	

备注：表中的直接材料费用分配率 = 64 770 ÷ 381 = 170；直接工资费用分配率 = 19 320 ÷ 447 = 43.221 5；间接制造费用分配率 = 62 790 ÷ 447 = 140.469 8。

根据表 12-6 的成本计算单和产品入库单,编制结转完工入库产品成本的会计分录:

借：库存商品——A 产品　　　　　51 588.73
　　　　　　——B 产品　　　　　31 832.22
　　　　　　——C 产品　　　　　63 459.05
　　贷：基本生产成本——甲类产品　146 880

四、分类法的其他应用

1. 联产品成本计算

所谓联产品,是指企业在生产过程中,利用同一种原材料,经过同一个生产过程,同时生产出几种产品,并且这些产品都是企业的主要产品。联产品在生产过程中使用同样的原材料,并且又是在同一生产过程中生产出来的。在联产品分离之前,应将其归为一类计算其总成本，然后再采用适当的方法，分配计算联产品中每种产品的成本。联产品虽然可以按类别归集费用、计算成本，但它同分类法是有区别的，即对分离后的继续加工成本，需要按照分离后产品的生产特点，选择适当的方法进行计算。通常情况下，将分离前发生的成本称为联合成本，而把分离后每种产品发生的成本称为可归属成本。因此，联产品的成本应该包括其所应负担的联合成本和分离后的继续加工成本。

计算出联产品的联合成本之后，需要将其在各种联产品之间进行分配，分配时可根据企业具体情况确定应采用的分配方法，常用的分配方法包括：

(1) 实物计量分配法。实物计量分配法是将联合成本按各联产品实物量(如重量、长度或容积)进行分配的一种方法。

(2) 标准产量分配法。标准产量分配法也称系数分配法，它是根据各种联产品的实际产量，按系数将其折算为标准产量来分配联合成本的一种方法。具体程序是：先确定各种联产品的系数，然后用每种产品的产量乘上各自的系数，计算出标准产量；再将联合成本除以各种联产品标准产量之和，求得联合成本分配率；最后，用联合成本分配率乘以每种产品的标准产量，就可以计算出各种产品应负担的联合成本。

(3) 销售价值分配法。销售价值分配法是指按照各种联产品的销售价值作为分配标准来分配联合成本的一种方法。

2. 副产品成本计算

副产品是指企业在生产主要产品的过程中附带生产出来的一些非主要产品。由于副产品和主要产品是在同一生产过程中生产出来的，它们发生的费用很难分开，因此，一般是将副产品和主要产品归为一类，按照分类法归集费用，计算其总成本。主、副产品分离前的成本可视为联合成本。一般来说，副产品的价值相对较低，在企业全部产品中所占比重较小，所以，可将副产品按照简化的方法计价，从主副产品的总成本中扣除，从而确定主要产品的成本。显然，要计算主要产品的成本，必须解决副产品成本的计价问题。副产品的计价，可以根据不同情况分别采用不同方法，常见的方法包括：

(1) 副产品不计价。副产品不计价是指副产品不负担分离前的成本，副产品的成本由主要产品负担，将副产品的销售收入直接作为主要产品的销售收入处理。这种方法一般适用于副产品分离后不再加工，而且其价值较低的情况。

(2) 副产品按销售价格扣除销售税金、销售费用后的余额计算，或者说按售价减去按正常利润率计算的销售利润后的余额计价，以此作为分离前的共同成本中副产品应负担的部分。这种方法适用于副产品价值较高的情况。

(3) 副产品按固定成本计价。这种计价方法是指按确定的固定成本作为副产品的成本，从主要产品成本中扣除。其中，固定成本可按固定价格计价，也可以按计划单位成本计价。这种方法计算手续简便，但是当副产品成本变动较大、市价不稳定时，会影响主要产品成本的正确性。

副产品成本计算出来后，还需要考虑如何从联合成本中扣除。副产品成本从联合成本中扣除的方法可以是：将副产品成本(副产品计价额)从分离前联合成本中的"直接材料"成本项目中扣除，也可以按副产品的计价额与其总成本的比例，分别从分离前联合成本的各成本项目中扣除。前一种方法适用于副产品成本中直接材料费用所占比重较大或副产品成本占共同成本的比重很小的情况；后一种方法适用于副产品各成本项目的比重相差不大或副产品成本在联合成本中占有一定比重的情况。

3. 等级品成本计算

等级品是指品种相同，但在质量上有差别的产品。按造成产品质量差别的原因不同，等级品可以分为两种，一种是由于材料的质量、工艺过程不同或由于自然的原因造成的等级品；另一种是由于经营管理或技术操作的原因形成的等级品。

等级品的成本计算应根据企业的具体情况加以确定。如果是由于材料质量、工艺过程本身等特点或自然原因造成的，则应采用适当的方法计算各种等级品的产品成本。计算时，可将各种等级品作为一类产品，计算此类产品的联合成本，再根据按各种等级品的售价等标准确定的系数，将各等级品产量折合为标准产量，采用标准产量比例法分配联合成本，以分配的联合成本作为各等级产品的成本。如果是由于生产管理不当、操作失误造成的等级品，因为等级品用料相同，工艺过程也相同，则其成本也应相同，所以，应采用实际产量比例法，将等级品的联合成本直接按各等级产品实际产量平均计算，从而使各等级产品单位成本水平一致。

任务二　定额法

一、定额法的特点及适用范围

1. 定额法的概念

定额法是以产品品种或类别作为成本计算对象，根据产品实际产量，以产品的定额成本为基础，加、减脱离定额差异和定额变动差异计算产品实际成本的一种方法。这种方法是为了加强成本管理，进行成本控制而采用的一种成本计算与成本管理相结合的方法。

采用定额法计算产品成本，其核算成本的基本原理是：产品的实际成本是由定额成本、脱离定额差异和定额变动差异三个因素组成。

计算产品实际成本的基本公式为：

$$产品实际成本 = 产品定额成本 \pm 脱离定额差异 \pm 定额变动差异$$

2. 定额法的特点及其应具备的条件

定额法的主要特点是：事前制定产品的消耗定额、费用定额和定额成本作为降低成本的目标；在生产费用发生的当时，就将符合定额的费用和发生的差异分别核算，以加强成本差异的日常核算、分析和控制；月末，在定额成本的基础上，加减各种成本差异，计算产品的实际成本，并为成本的定期考核和分析提供数据。

采用定额法计算产品成本，应具备的条件有二：一是定额管理制度比较健全，定额管理工作的基础比较好；二是产品的生产已经定型，消耗定额比较准确、稳定。

3. 定额法的适用范围

定额法主要适用于产品已经定型、产品品种比较稳定、各项定额比较齐全准确、原始记录比较健全的大量大批生产企业。

二、定额法的成本计算程序

1. 定额成本的制定

采用定额法，必须先制定单位产品的消耗定额、费用定额，并据以制定单位产品的定额成本。产品的定额成本一般由企业的计划、技术、会计等部门共同制定。

(1) 如果产品的零部件不多，一般先计算零件定额成本，然后再汇总计算部件和产成品的定额成本。

(2) 如果产品的零部件较多，为了简化成本计算工作，也可以不计算零件定额成本，而根据所有零件原材料消耗定额、工序计划和工时消耗定额的零件定额卡，以及原材料计划单价、计划的工资率和其他费用率，计算部件定额成本，然后汇总计算产成品定额成本；或者根据零部件的定额卡直接计算产成品的定额成本。

为了便于进行成本分析和考核，定额成本包括的成本项目和计算方法应该与产品成本计算基本方法一致。

2. 脱离定额差异的计算

脱离定额的差异是指实际费用与定额费用之间的差额。采用定额法计算成本的关键是要进行脱离定额差异的核算，只有这样才能及时分析差异产生的原因，确定差异的责任，并及时采取措施进行处理。

(1) 原材料脱离定额差异的计算

原材料脱离定额差异的计算方法一般有限额法、切割核算法和盘存法等。

① 限额法。为了控制材料领用，在采用定额法时，必须实行限额领料(或定额发料)制度，符合定额的原材料应根据限额领料单等定额凭证领发。由于增加产量，需要增加用料时，在追加限额手续后，也可以根据定额凭证领发。由于其他原因发生的超额用料或代用材料的用料，则应填制专设的超额领料单、代用材料领料单等差异凭证，经过一定的审批手续后领发。在差异凭证中，应填写差异的数量、金额以及发生差异的原因。在每批生产任务完成以后，应根据车间余料编制退料手续(退料单)。退料单中的原材料数额和限额领料单中的原材料余额，都是原材料脱离定额的节约差异。

② 切割核算法。即通过材料切割核算单，核算用料差异，控制用料的方法。它适用于某些贵重材料或经常大量使用的，且又需要经过在准备车间或下料工段切割后才能进一步加工的材料。

③ 盘存法。对于不能采用切割核算法的原材料，为了更好地控制用料，除了采用限额法外，还应按期(按工作班、工作日或按周、旬等)通过盘存的方法核算用料差异。即根据完工产品数量和在产品盘存(实地盘存或账面结存)数量算出投产产品数量，乘以原材料消耗定额，计

算原材料定额消耗量；根据限额领料单、超额领料单、退料单等材料凭证和车间余料的盘存数量，计算原材料实际消耗量；将原材料实际消耗量与定额消耗量相比较，计算原材料脱离定额差异。其中投产产品数量的计算公式如下：

$$本期投产产品数量 = 本期完工产品数量 + 期末在产品数量 - 期初在产品数量$$

(2) 生产工时和生产工资脱离定额差异的计算

在计件工资形式下，生产工人工资属于直接计入费用，其脱离定额差异的计算与原材料脱离定额差异的计算类似，符合定额的生产工人工资应该反映在产量记录中，脱离定额的差异通常反映在专设的补付单等差异凭证中。工资凭证也应填明原因，并经过一定的审批手续。

在计时工资形式下，生产工人工资属于间接计入费用，其脱离定额的差异不能在平时按照产品直接计算，只有在月末实际生产工人工资总额确定以后才能计算。计算公式如下：

$$每小时计划工资率 = 某车间计划产量的定额生产工人工资 / 该车间计划产量的定额生产工时$$

$$每小时实际工资率 = 某车间实际生产工人工资总额 / 该车间实际生产工时总额$$

$$某产品的定额生产工资 = 该产品实际完成的定额生产工时 × 每小时计划工资率$$

$$该产品的实际生产工资 = 该产品实际生产工时 × 每小时实际工资率$$

$$该产品生产工资脱离定额的差异 = 该产品实际生产工资 - 该产品定额生产工资$$

(3) 制造费用脱离定额差异的计算制

造费用差异的日常核算，通常是指脱离制造费用计划的差异核算，各种产品所应负担的定额制造费用和脱离定额的差异，只有在月末时才能比照上述计时工资的计算公式确定。

3. 材料成本差异的分配

采用定额法计算成本，为了便于产品的分析和考核，原材料的日常核算必须按计划成本进行。正因如此，原材料的定额费用和脱离定额差异都按原材料的计划成本计算。前者是原材料的定额消耗与其计划单位成本的乘积，后者是原材料消耗数量差异与其计划单位成本的乘积，即按原材料计划单位成本反映的原材料的实际消耗数量差异(量差)。两者之和，就是原材料的实际消耗数量与其计划单位成本的乘积。因此，在月末计算在产品的实际原材料费用时，还必须乘以原材料差异率，计算应该分配负担的原材料成本差异，即所耗原材料的价格差异(价差)。

在实际工作中，原材料成本差异的分配计算，应该通过材料成本差异分配表或发料凭证汇总表进行。

4. 定额变动差异的计算

定额变动差异，是指由于修订定额或生产耗费的计划价格而产生的新旧定额之间的差额。在消耗定额计划价格修订之后，定额成本也应随之及时修订。定额成本一般在月初、季初或年初定期进行修订，但在定额变动的月份，月初在产品的定额成本并未修订，它仍然是按照旧的定额计算的。为了将按旧定额计算的月初在产品定额成本和按新定额计算本月投入产品定额成本置于统一基础上，需要按新定额计算月初在产品的定额变动差异，用以调整月初在产品的定额成本。

5. 产品实际成本的计算

在定额法下，成本的日常核算是将定额成本与各种成本差异分别核算的，因而完工产品与月末在产品的费用分配，应按定额成本和各种成本差异分别进行：先计算完工产品和月末产品的定额成本，然后分配计算完工产品和月末在产品的各种成本差异。

此外，在定额法下由于有着现成的定额成本资料，各种成本差异应采用定额比例法或在产品按定额成本计价法分配。前者将成本差异在完工产品与月末在产品之间按定额成本比例分配；后者将成本差异归由完工产品成本负担。

在分配时，应按每种成本差异分别进行。差异金额不大，或者差异金额虽大但各月在产品数量变动不大的，可以归由完工产品成本负担；差异金额较大而且各月在产品数量变动也较大的，应在完工产品与月末在产品之间按定额成本比例分配。

如果产品生产的周期小于 1 个月，定额变动的月初在产品在月内全部完工，那么即使月初在产品定额变动差异金额较大而且各月在产品数量变动也较大，也可以将其归由完工产品成本负担。根据完工产品的定额成本，加减应负担的各种成本差异，即可计算完工产品的实际成本；根据月末在产品的定额成本，加减应负担的各种成本差异，即为月末在产品的实际成本。

三、定额法应用举例

某机械配件厂生产 A 产品的配件，设有两个生产车间，原料及动力均由协作厂供应。该厂定额资料齐全，产品成本采用定额法计算，本月基本生产成本明细账中 A 产品成本资料见表 12-7、表 12-8。A 产品成本计算单见表 12-9。

表 12-7　A 产品月初在产品成本及本月发生费用资料

成本项目	月初在产品成本			本月发生	
	定额成本	定额差异	定额变动	定额成本	定额差异
直接材料/元	24 400	−1 280	1 280	144 000	−7 120
直接人工/元	6 278	−40	830	36 120	−1 010
制造费用/元	13 622	603	2 050	77 880	1 330
合　　计	44 300	−717	4 160	258 000	−6 800

表 12-8　A 产品月初定额变动计算表

成本项目	变动前	变动后	定额变动
直接材料/元	24 400	24 000	400
直接人工/元	6 278	6 020	258
制造费用/元	13 622	12 980	642
合　　计	44 300	43 000	1 300

表12-9　A产品成本计算单

单位：元

成本项目	月初在产品 定额成本	月初在产品 定额差异	月初在产品 定额变动	月初在产品定额变动 定额成本调整	月初在产品定额变动 定额变动	本月费用 定额成本	本月费用 定额差异	费用合计 定额成本	费用合计 定额差异	费用合计 定额变动	分配率 定额差异	分配率 定额变动	产成品成本 定额成本	产成品成本 定额差异	产成品成本 定额变动	产成品成本 实际成本	在产品成本 定额成本	在产品成本 定额差异	在产品成本 定额变动
栏目	1	2	3	4	5	6	7	8＝ 1+4+6	9＝ 2+7	10＝ 3+5	11＝ 9÷8	12＝ 10÷8	13	14＝ 13×11	15＝ 13×12	16＝13±14±15	17＝ 8-13	18＝ 9-14	19＝ 10-15
直接材料	24 400	-1 280	1 280	-400	400	144 000	-7 120	168 000	-8 400	1 680	-5	1	120 000	-6 000	1 200	115 200	48 000	-2 400	480
直接人工	6 278	-40	830	-258	258	36 120	-1 010	42 140	-1 050	1 088	-2.49	2.58	30 000	-747	774	30 027	12 140	-303	314
制造费用	13 622	603	2 050	-642	642	77 880	1 330	90 860	1 933	2 692	2	3	64 800	1 296	1 944	68 040	26 060	637	748
合计	44 300	-717	4 160	-1 300	1 300	258 000	-6 800	301 000	-7 517	5 460			214 800	-5 451	3 918	213 267	81 200	-2 066	1 542

四、定额法的优缺点

1. 定额法的优点

(1) 由于采用定额成本计算法可以计算出定额与实际费用之间的差异额，并采取措施加以改进，所以，采用这种方法有利于加强成本的日常控制。

(2) 由于采用定额成本计算法可计算出定额成本、定额差异、定额变动差异等项指标，有利于进行产品成本的定期分析。

(3) 通过对定额差异的分析，可以对定额进行修改，从而提高定额的管理和计划管理水平。

(4) 由于有了现成的定额成本资料，可采用定额资料对定额差异和定额变动差异在完工产品和在产品之间进行分配。

2. 定额法的缺点

(1) 因它要分别核算定额成本、定额差异和定额变动差异，工作量较大，推行起来比较困难。

(2) 不便于对各个责任部门的工作情况进行考核和分析。

(3) 定额资料若不准确，则会影响成本计算的准确性。

任务三 变动成本法

一、成本按性态的分类

成本性态，是指成本总额与业务总量之间的依存关系，通常又称为成本习性。按照成本与业务量的依存关系，成本可分为固定成本、变动成本和混合成本三类。

1. 固定成本

固定成本也称"固定费用"，是指在一定的范围内不随产品产量或销售量变动而变动的那部分成本。通常包括房屋设备的租赁费、保险费、广告费、管理人员薪金以及按直线法计提的固定资产折旧、土地使用税等。固定成本大部分是间接成本，在相关范围内，其成本总额不受产量增减变动的影响。但从单位产品分摊的固定成本看，它却随着产量的增加而相应减少(见图12-1)。当产品产量或商品销售量的变动超过一定的范围时，固定费用就会有所增减。所以，固定成本是一个相对固定的概念。

固定成本通常又可以进一步划分为酌量性固定成本和约束性固定成本，前者是指通过管理人员的决策行为可改变其数额的固定成本，如企业的开发研究费、广告费、职工培训费等；后者是指受事前决策的影响，管理人员无法在事后改变其数额的固定成本，如企业的固定资产折旧费、管理人员工资等。

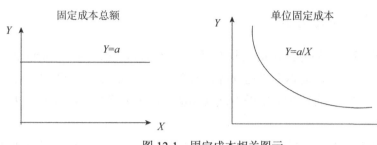

图 12-1　固定成本相关图示

2. 变动成本

变动成本是指成本总额随着业务量的变动而呈正比例变动的成本。通常包括生产成本中的直接材料、直接人工和制造费用中随产量正比例变化的物料费、燃料费、动力费等费用。这里的变动成本是就总业务量的成本总额而言，变动成本虽然在相关范围内，其成本总额随着业务量的增减呈正比例增减，但是从产品的单位成本看，它却不受产量变动的影响(见图 12-2)。

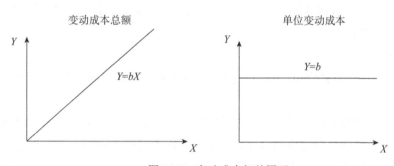

图 12-2　变动成本相关图示

3. 混合成本

混合成本是介于固定成本和变动成本之间，成本总额虽然受业务量变动的影响，但其变动幅度并不同业务量的变动保持严格比例的成本。按照混合成本变动趋势的不同，可进一步分为半变动成本、半固定成本、延期变动成本、曲线变动成本四种。

(1) 半变动成本，通常有一个基数，相当于固定成本，在这个基数之上，业务量增加了，成本也会相应增加。

(2) 半固定成本，当业务量在一定范围内增长时，其发生额固定不变，但在业务量增长超过一定限度时，其成本就会跳跃式上升，然后在新业务量的一定范围内又保持不变，直到出现新一次的跳跃。

(3) 延期变动成本，是指在正常工作时间范围内其发生额固定不变，但当工作时间超过正常时间时，其发生额将随着业务量的变动而变动的成本。

(4) 曲线变动成本，有一个初始量，相当于固定成本，然后在这个初始量的基础上，随业务量增长而逐渐增加，但其增长幅度呈抛物线上升。

在企业里，大多数成本都包含着固定成本与变动成本这两种因素，也就是属于混合成本。我们只有将所有成本分解为固定成本和变动成本两部分，才能满足经营管理上多方面的需要。

二、混合成本的分解

混合成本的分解常用的方法包括工业工程法、契约检查法、账户分析法和历史资料分析法。无论采用哪种方法，成本最终均分解为如下形式：$y=a+bx$，其中a为固定成本，b为单位变动成本，因此，混合成本分解的方法其实就是确定公式中a和b的方法。

1. 工业工程法

(1) 含义：是指根据生产过程中所消耗的各种材料成本和人工成本的技术测定，确定固定成本a和单位变动成本b的方法。

(2) 基本程序：直接观察特定作业所需要投入的实物数量，并将其转化为成本估计值。通常首先由工程技术人员测定各种材料、工时的消耗量，然后由管理会计人员分析已测定的成本项目的消耗量与产品产量(或业务量)之间的关系，其中与产量(或业务量)无关的成本归集为固定成本，与产量(或业务量)有关的成本归集为变动成本。

(3) 特点：一般来讲，工程法测定的结果比较准确，特别是对于新建企业，因此，该方法适用于投入产出关系比较稳定的新企业及已建立了标准成本制度(或制定了定额成本)的企业，但其工作量比较大，分析成本较高。

2. 契约检查法

(1) 含义：是指根据契约和合同规定的计价方式和收费标准来确认固定成本和变动成本的方法。

(2) 基本程序：首先要按合同规定，将保持固定不变的基数归为固定成本，将随产量(或业务量)变动而变动的部分归为变动成本，然后建立成本模型。例如，企业与电信局所签合同中就规定了每月固定的电话月租金，属于固定成本，此外，还要按每月通话时长支付通话费用，则为变动成本。

(3) 特点：应用契约检查法确定的固定成本和变动成本比较准确，但该方法只能用于已签合同的项目中，故具有一定的局限性。

3. 账户分析法

(1) 含义：是指根据经验判断，对会计资料中各项成本、费用项目进行直接分析或比例分配，进而将总成本划分为变动成本和固定成本的一种混合成本分解方法。具体包括近似分类和比例分配。

(2) 基本程序：首先分析各成本项目的具体内容，结合其与产量(或业务量)的依存关系判断其是近似于固定成本还是更近似于变动成本；然后将近似于固定成本的划归固定成本，将近似于变动成本的划归变动成本。

(3) 特点：简便易行，凡具有一定会计知识和业务能力的人都能掌握，但由于这种方法要求掌握大量第一手资料，实际分析工作量太大，因此不适于规模较大的企业开展成本性态分析采用，而且该方法是将混合成本简单地分为固定成本和变动成本，其分析结果不可避免地带有一定的主观随意性。

4. 历史资料分析法

(1) 高低点法

高低点法是根据一定时期内的历史数据，分别找出最高点和最低点产量(或业务量)及相应的成本，再通过计算确定固定成本总额(或混合成本中的固定部分)a 和单位变动成本(或混合成本中变动部分的单位额)b 的一种成本性态分析方法。其基本步骤如下：

第一步，确定高低点；

第二步，计算单位变动成本，计算公式为 $b=\dfrac{y_2-y_1}{x_2-x_1}$ ；

第三步，确定固定成本，计算公式为 $a=y-bx$ ；

第四步，建立成本性态模型。

这种方法的特点是简便易行，易于理解，但由于它是用产量(或业务量)最高和最低时期的情况来代表整体情况，无法排除偶然因素，容易导致较大的计算误差。因此，这种方法只适用于成本变动趋势比较稳定的企业。

(2) 散布图法

散布图法又称散点图法或布点图法，是指将过去一定期间内由产量(或业务量)及其对应成本所组成的历史数据在平面直角坐标系上逐一标明，通过目测找出最能代表成本变动的那条直线，并据此确定固定成本和变动成本的一种成本性态分析方法。其基本步骤如下：

第一步，在平面直角坐标系中，以横轴代表产量(或业务量)x，以纵轴代表成本 y，绘制成本的散布点。即将产量(或业务量)及其对应的成本逐一标明在坐标系中。

第二步，根据历史数据点的分布情况，通过目测估计成本和产量(或业务量)之间是否存在线性关系。如果存在，则在众多的历史数据点中间绘制一条直线，尽可能使直线两侧的散布点个数相等，各点到直线的距离之和最小。

第三步，以所绘制的直线和纵轴的交点为固定成本 a。

第四步，以所绘制的直线的斜率为单位变动成本 b，或在所绘制的直线上任取一点，确定其对应的成本值，代入成本模型 $y=a+bx$ 公式中，通过计算得到单位变动成本。

这种方法的特点是分析过程比较直观，易于理解，可以排除偶然因素的影响，但由于这种方法仅凭视觉来画直线，不同的人可能得出不同的结果，因此，误差比较大。一般只有成本波动比较小的企业或对分析精确度要求不高的情况下才可以使用该方法。

(3) 回归直线法

回归直线法也称回归分析法、最小二乘法或最小平方法，它是指根据过去若干期产量(或业务量)与对应成本的历史资料，利用数理统计中的最小平方法原理计算固定成本(或混合成本中的固定部分)a 和单位变动成本(或混合成本中变动部分的单位额)b 的一种成本性态分析方法。其基本步骤如下：

第一步，对历史资料进行统计整理，计算出 n，$\sum x$，$\sum x$，$\sum xy$，$\sum x^2$ 和 $\sum y^2$ 的值。

第二步，计算 b 和 a 的值。通过建立回归直线的二元一次方程组，得到 b 和 a 的求解公式如下：

$$b = \frac{n\sum xy - \sum x \sum y}{n\sum x^2 - (\sum x)^2}$$

$$a = \frac{\sum y - b\sum x}{n} = \frac{\sum x^2 \sum y - \sum x \sum xy}{n\sum x^2 - (\sum x)^2}$$

第三步，建立成本性态模型。将上一步骤计算出的 a，b 值代入 $y=a+bx$ 即可。

这种方法比高低点法、散布图法都要准确，但计算过程比较复杂，不过由于计算机技术的普遍应用，使这一缺点不再存在。使用者只需将历史资料录入计算机，然后运行有关程序，结果立即就可以得到，所以该方法的应用范围比较广。

三、对变动成本法的评价

1. 变动成本的含义

变动成本法是指在组织常规的成本计算过程中，以成本性态分析为前提条件，只将变动生产成本作为产品成本的构成内容，而将固定生产成本作为期间成本处理的产品成本计算方法。

企业管理的科学化要求会计为企业内部管理提供信息资料，以作为对经济活动进行预测、决策、计划和控制的依据，传统的全部成本核算法无法适应竞争日益加剧的市场经济。第二次世界大战后，对会计提出了更高的要求，变动成本法开始在西方企业诞生，时至今日，已经普及地应用于西方企业的内部管理。

变动成本法是以成本性态分析为前提，只有进行成本性态分析，制造费用才被分为固定性制造费用和变动性制造费用，进而生产成本才可以被划分为变动性生产成本(包括直接材料、直接人工、变动性制造费用)和固定性生产成本(固定性制造费用)。变动成本法的产品成本只包括直接材料、直接人工、变动性制造费用等变动生产成本，期间成本包括固定性制造费用、管理费用、营业费用，这与传统的制造成本法有所不同。

2. 变动成本法作用的优点

(1) 提供每种产品的盈利能力资料。每种产品的盈利能力资料，是管理会计要提供的重要管理信息之一。因为利润的规划和经营管理中许多重要的决策，都要以每种产品的盈利能力作为考虑的重要依据。而每种产品的盈利能力可通过其"贡献毛益"来综合表现。所以，各种产品的贡献毛益正是其盈利能力的表现，也是它对企业最终利润所做贡献大小的重要标志。而产品贡献的确定又有赖于变动成本的计算。

(2) 为正确地制定经营决策以及进行成本的计划和控制，提供许多有价值的资料。以贡献毛益分析为基础，进行盈亏临界点和本—量—利分析，有助于揭示产量与成本变动的内在规律，并用于预测前景、规划未来(如规划目标成本、目标利润及编制弹性预算等)。同时，这些资料也有利于正确地制定短期经营决策，这就使得短期经营决策常常借助于贡献毛益的信息来进行。

(3) 采用变动成本法便于和标准成本、弹性预算、责任会计等的使用相结合，在成本管理中发挥重要作用。变动成本与固定成本具有不同的成本形态，对于变动成本可通过制定标准成本和建立弹性预算进行日常控制。因此采用变动成本计算法，有利于采用科学的成本分析方法和正确的成本控制方法，也有利于正确评价各部门的工作业绩。

3. 变动成本法的缺点

(1) 不符合传统的成本概念。美国会计师协会(AAA)的成本概念和准则委员会认为"成本是为了达到一个特定的目的而已经发生或可能发生的，以货币计量的牺牲"。依照这个传统观点，不论固定成本还是变动成本都要记入产品成本。

(2) 不能适应长期决策的需要。变动成本法对短期经营决策有明显的作用，但不适合长期决策。

(3) 影响征税部门的收益和投资者及时取得的收益。变动成本法一般会降低期末存货估价，降低了营业利润额，在某种程度上会暂时降低所得税和股利。

(4) 成本分解不够精确。将成本划分为固定成本和变动成本在很大程度上是假设的结果，不是一种精确的计算。

4. 变动成本法应用的注意事项

(1) 准确划分变动成本和固定成本。变动与固定是相对数量变化而言的，判断变动与固定与否，依据是其单位成本是否因产量的变化而变化。若划分不准确，应用该数据进行生产决策，将导致严重的错误。当然在划分变动成本和固定成本时，也要遵循会计的重要性原则和成本效益原则，对于影响不大的细项不能投入太多的精力去分析其与产量间的线性关系。

(2) 变动成本和固定成本在一定的环境下可以转换。变动成本和固定成本是相对而言的，是相对于产量在某一范围内确定的，但当产量超过这一范围时，原划分的变动成本和固定成本就有可能发生变化，故我们应重新对其成本性态进行测试划分。

总之，不论变动成本法有何局限性，但变动成本法在企业的经营决策中有着重要的作用，它能给管理层提供准确的决策信息，以便管理层能及时地、准确地做出经营决策。

任务四 标准成本法

一、标准成本法概述

1. 标准成本法的含义

标准成本法，也称标准成本会计，是指以预先制定的标准成本为基础，用标准成本与实际成本进行比较，核算和分析成本差异的一种产品成本计算方法。

标准成本法并不单纯是一种成本计算方法，而是一种将成本计算和成本控制相结合，由一个包括制定标准成本、计算和分析成本差异、处理成本差异三个环节所组成的完整系统。

标准成本法与产品成本计算的其他方法不同。其他成本计算方法计算出的产品成本是产品的实际成本，即生产过程中实际耗费的各种费用；而标准成本法下的产品成本，不是产品的实际成本，而是产品的标准成本。因此，标准成本法更重要的是被用来加强成本控制，在本质上它是一种成本管理方法。这是标准成本法与其他成本计算方法的本质区别。

2. 标准成本的含义

所谓标准成本，就是经过认真调查、分析和技术测定而制定的，在有效经营条件下应当发生的，因而可以作为控制成本开支、评价实际成本、衡量工作效率的依据和尺度的一种目标成本，也称"应该成本"。准确地讲，"标准成本"一词有两种含义：

(1) 指"单位产品的标准成本"，亦称"成本标准"。

(2) 指"实际产量的标准成本"。

3. 标准成本的种类

西方会计学界对应制定怎样的标准成本这一问题，众说纷纭，这里只介绍三种较为常见的标准成本：理想标准成本、正常标准成本和现实标准成本。

(1) 理想标准成本

理想标准成本是以现有生产经营条件处于最优状态为基础确定的最低水平的成本。它通常是根据理论上的生产要素耗用量、最理想的生产要素价格和可能实现的最高生产经营能力利用程度来制定的。由于这种标准成本未考虑客观存在的实际情况，提出的要求过高，很难实现，故在实际工作中较少采用。

(2) 正常标准成本

正常标准成本是根据正常的耗用水平、正常的价格和正常的生产经营能力利用程度制定的标准成本。这种标准成本，是依据过去较长时期实际成本的平均值，剔除了生产经营活动中的异常情况，并考虑了未来的变动趋势来制定的。因这种标准成本是一种经过努力可达到的成本，且在生产技术和经营管理条件无较大变化的情况下，不必修订，因此，在经济形势稳定的条件下，得到广泛的应用。

(3) 现实标准成本

现实标准成本亦称可达到标准成本，是在现有生产技术条件下进行有效经营的基础上，根据下一期最可能发生的各种生产要素的耗用量、预计价格和预计的生产经营能力利用程度而制定的标准成本。这种标准成本可以包含管理当局认为短期内还不能完全避免的某些不应有的低效、失误和超量消耗。因其最切实可行，最接近实际成本，因此不仅可用于成本控制，也可以用于存货计价。这种标准成本最适于在经济形势变化多端的情况下使用。

企业实施标准成本法一般采用现实标准成本。

4. 标准成本法的主要内容

标准成本法的主要内容包括标准成本的制定、成本差异的计算和分析、成本差异的账务处理。其中标准成本的制定是采用标准成本法的前提和关键，据此可以达到成本事前控制的目的；成本差异计算和分析是标准成本法的重点，借此可以促成成本控制目标的实现，并据以进行经济业绩考评。

5. 标准成本的制定

产品成本一般由直接材料、直接人工和制造费用三大部分构成，标准成本也应由这三大部分分别确定。

直接材料成本是指直接用于产品生产的材料成本，它包括标准用量和标准单位成本两方面。材料标准用量，首先要根据产品的图纸等技术文件进行产品研究，列出所需的各种材料以及可能的代用材料，并要说明这些材料的种类、质量以及库存情况。其次，通过对过去用料经验的记录进行分析，采用其平均值，或最高与最低值的平均数，或最节省的数量，或通过实际测定，或技术分析等数据，科学地制定用量标准。

直接人工成本是指直接用于产品生产的人工成本。在制定产品直接人工成本标准时，首先要对产品生产过程加以研究，研究有哪些工艺，有哪些作业或操作工序等。其次要对企业的工资支付形式、制度进行研究，以便结合实际情况来制定标准。

制造费用可以分为变动制造费用和固定制造费用两部分。这两部分制造费用都按标准用量和标准分配率的乘积计算，标准用量一般都采用工时表示。

上述标准成本的制定，可以通过编制标准成本单来进行。

在制定时，其中每一个项目的标准成本均应分为用量标准和价格标准。其中，用量标准包括单位产品消耗量、单位产品人工小时等，价格标准包括原材料单价、小时工资率、小时制造费用分配率等。具体计算公式如下。

$$直接材料标准成本 = 单位产品的用量标准 \times 材料的标准单价$$

$$直接工资标准成本 = 单位产品的标准工时 \times 小时标准工资率$$

$$变动制造费用标准成本 = 单位产品直接人工标准工时 \times 每小时变动制造费用的标准分配率$$

其中：

$$变动制造费用标准分配率 = 变动制造费用预算总数 / 直接人工标准总工时$$

$$固定制造费用标准成本 = 单位产品直接人工标准工时 \times 每小时固定制造费用的标准分配率$$

其中：

$$固定制造费用标准分配率 = 固定制造费用预算总数 / 直接人工标准总工时$$

二、成本差异的计算分析

标准成本同实际成本的差额就是成本差异。由于成本由用量和价格两个因素构成，因此成本差异也有用量差异和价格差异两种。成本差异分析就是分析差异的性质和差异的具体构成。

1. 变动成本差异分析

(1) 直接材料成本差异分析

直接材料实际成本与标准成本之间的差额，是直接材料成本差异。该项差异形成的基本原因有两个：一个是材料价格脱离标准(价差)，另一个是材料用量脱离标准(量差)。有关计算公式如下：

$$材料价格差异 = 实际数量 \times (实际价格 - 标准价格)$$

$$材料数量差异 =(实际数量 - 标准数量) \times 标准价格$$
$$直接材料成本差异 = 价格差异 + 数量差异$$

材料价格差异是在采购过程中形成的，采购部门未能按标准价格进货的原因主要有：供应厂家价格变动、未按经济采购批量进货、未能及时订货造成的紧急订货、采购时舍近求远使运费和途耗增加、不必要的快速运输方式、违反合同被罚款、承接紧急订货造成额外采购等。

材料数量差异是在材料耗用过程中形成的，形成的具体原因有：操作疏忽造成废品和废料增加、工人用料不精心、操作技术改进而节省材料、新工人上岗造成多用料、机器或工具不适用造成用料增加等。有时多用料并非生产部门的责任，如购入材料质量低劣、规格不符也会使用料超过标准；又如工艺变更、检验过严也会使数量差异加大。

(2) 直接人工成本差异分析

直接人工成本差异，是指直接人工实际成本与标准成本之间的差额，它也被区分为"价差"和"量差"两部分。价差是指实际工资率脱离标准工资率，其差额按实际工时计算确定的金额，又称为工资率差异。量差是指实际工时脱离标准工时，其差额按标准工资率计算确定的金额，又称人工效率差异。有关计算公式如下：

$$工资率差异 = 实际工时 \times (实际工资率 - 标准工资率)$$
$$人工效率差异 =(实际工时 - 标准工时) \times 标准工资率$$
$$直接人工成本差异 = 工资率差异 + 人工效率差异$$

工资率差异形成的原因，包括直接生产工人升级或降级使用、奖励制度未产生实效、工资率调整、加班或使用临时工、出勤率变化等。直接人工效率差异形成的原因，包括工作环境不良、工人经验不足、劳动情绪不佳、新工人上岗太多、机器或工具选用不当、设备故障较多、作业计划安排不当、产量太少无法发挥批量优势等。

(3) 变动制造费用的差异分析

变动制造费用的差异，是指实际变动制造费用与标准变动制造费用之间的差额，它也可以分解为"价差"和"量差"两部分。价差是指变动制造费用的实际小时分配率脱离标准，按实际工时计算的金额，也称为耗费差异。量差是指实际工时脱离标准工时，按标准的小时费用率计算确定的金额，称为变动费用效率差异。有关计算公式如下：

$$变动费用耗费差异 = 实际工时 \times (变动费用实际分配率 - 变动费用标准分配率)$$
$$变动费用效率差异 =(实际工时 - 标准工时) \times 变动费用标准分配率$$
$$变动费用成本差异 = 变动费用耗费差异 + 变动费用效率差异$$

变动制造费用的耗费差异是部门经理的责任，他们有责任将变动费用控制在弹性预算限额之内。

变动制造费用效率差异的形成原因与人工效率差异相同。

2. 固定制造费用成本差异分析

(1) 二因素分析法

二因素分析法是将固定制造费用差异分为预算差异和能量差异。

$$固定制造费用预算差异 = 固定制造费用实际数 - 固定制造费用预算数$$
$$固定制造费用能量差异 = 固定制造费用预算数 - 固定制造费用标准成本$$
$$= (生产能量 - 实际产量标准工时) \times 固定制造费用标准分配率$$

(2) 三因素分析法

三因素分析法是将固定制造费用的成本差异分为预算差异、效率差异和能力差异三部分。预算差异的计算与二因素分析法相同。不同的是将二因素分析法中的"能量差异"进一步分解为两部分：一部分是实际工时未达到标准能量而形成的闲置能量差异；另一部分是实际工时脱离标准工时而形成的效率差异。有关计算公式如下：

$$预算差异 = 固定制造费用实际数 - 固定制造费用预算数$$
$$= 固定制造费用实际数 - 固定制造费用标准分配率 \times 生产能量$$
$$能力差异 = 固定制造费用预算 - 实际工时 \times 固定制造费用标准分配率$$
$$= (生产能量 - 实际工时) \times 固定制造费用标准分配率$$
$$效率差异 = (实际工时 - 实际产量标准工时) \times 固定制造费用标准分配率$$

三、标准成本法的账务处理

1. "原材料""生产成本"和"产成品"账户登记标准成本

无论是借方和贷方均登记实际数量的标准成本，其余额亦反映这些资产的标准成本。

2. 设置成本差异账户分别记录各种成本差异

在需要登记"原材料""生产成本"和"产成品"账户时，应将实际成本分离为标准成本和有关的成本差异，标准成本数据记入"原材料""生产成本"和"产成品"账户，而有关的差异分别记入各成本差异账户。各差异账户借方登记超支差异，贷方登记节约差异。

3. 各会计期末对成本差异进行处理

各成本差异账户的累计发生额，反映了本期成本控制的业绩。在月末(或年末)对成本差异的处理方法有两种。

(1) 结转本期损益法

按照这种方法，在会计期末将所有差异转入"利润"账户，或者先将差异转入"主营业务成本"账户，再随同已销产品的标准成本一起转至"利润"账户。采用这种方法的依据是确信标准成本是真正的正常成本，成本差异是由于不正常的低效率和浪费造成的，应当直接体现在本期损益之中，使利润能体现本期工作成绩的好坏。此外，这种方法的账务处理比较简便。但是，如果差异数额较大或者标准成本制定得不符合实际的正常水平，则不仅使存货成本严重脱离实际成本，而且会歪曲本期经营成果，因此，在成本差异数额不大时采用此种方法为宜。

(2) 调整销货成本与存货法

按照这种方法，在会计期末将成本差异按比例分配至已销产品成本和存货成本。

采用这种方法的依据是税法和会计制度均要求以实际成本反映存货成本和销货成本。本期发生的成本差异，应由存货和销货成本共同负担。当然，这种做法会增加一些计算分配的工作量。此外，有些费用计入存货成本不一定合理，例如闲置能量差异是一种损失，并不能在未来换取收益，作为资产计入存货成本明显不合理，不如作为期间费用在当期参加损益汇总。

成本差异的处理方法选择要考虑许多因素，包括差异的类型（材料、人工或制造费用）、差异的大小、差异的原因、差异的时间（如季节性变动引起的非常性差异）等。因此，可以对各种成本差异采用不同的处理方法，如材料价格差异多采用调整销货成本与存货法，闲置能量差异多采用结转本期损益法，其他差异则可视企业具体情况而定。值得强调的是，差异处理的方法要保持历史的一致性，以便使成本数据保持可比性，防止信息使用人发生误解。

任务五　作业成本法

一、作业成本法产生的背景

传统成本会计对成本信息反映失真的局限性被人们认识后，会计理论界和实务界开始寻求一种新的更为准确的成本计算体系。1971 年美国的斯特布斯(G.J.Stanbus)教授出版了《作业成本计算和投入产出会计》一书，提出了"作业""作业会计"及"作业投入产出系统"等概念，他指出成本计算的对象应该是作业，而不是完工产品；作业是与各类组织决策相关的一系列活动；作业成本计算就是要建立一套作业账户，以此来计算作业成本。但由于当时人们已习惯于传统成本会计系统，难以接受新的概念与方法，作业成本法没有得到进一步的发展。

到了 20 世纪 80 年代，高新制造技术蓬勃发展并广泛应用于各类制造企业，使得传统成本会计的缺陷暴露无遗。传统成本会计所反映的信息只能用于对外的财务报表，而难以作为企业管理层做决策的可靠依据。这时实务界大力呼吁建立一种新的能够正确地反映产品成本信息的成本会计系统。1984 年，美国的罗宾·库珀(Robin Cooper)和罗伯特·卡普兰(Robert S.Kaplan)两位教授在前人的基础上，对作业成本法的现实意义、动作程序、成本动因选择、成本库的建立等重要问题进行了全面、深入的分析，系统地提出了作业成本法。从此，作业成本法得到了理论界的大力推崇，实务上的应用也日益广泛，从而，作业成本法日趋完善。

作业成本法的产生，标志着成本管理告别了传统的成本管理模式，向现代成本管理模式迈出了关键性的一步。作业成本法创立之后，得到了实务界的大力推广，不仅应用于成本核算，还应用于企业管理中的其他领域。许多企业应用作业成本法进行库存估价、产品定价、制造或采购决策、预算、产品设计、业绩评价及客户盈利性分析等方面。

二、作业成本法的相关概念

对作业成本法的认识，要从以下几个基本概念着手。

1. 作业与作业中心

广义的作业(Activities)是指产品制造过程中的一切经济活动。这些经济活动事项，有的会发生成本，有的不会发生成本；有的能创造附加价值，即增值作业(Value-added Activity)，有的不能创造附加价值，即非增值作业(Non Value-added Activity)。因为我们的目的是计算产品成本，因此只考虑会发生成本的作业；而从管理角度出发，无附加价值的作业要尽量剔除。所以作业成本法的作业是指能产生附加价值，并会发生成本的经济活动，即狭义的作业。

作业应具有以下几个基本经济特征。

(1) 作业是"投入—产出"因果联动的实体，其本质是一种交易。

(2) 作业贯穿于动态经营的全过程，构成联系企业内部与外部的作业链。

(3) 作业是可以量化的基准。

2. 作业价值链

作业价值链，简称价值链，是指企业为了满足顾客需要而建立的一系列有序的作业及其价值的集合体。这样，作业成本法就在计算产品成本的同时，确定了产品与成本之间具有因果联系的结构体系，它是由诸多作业构成的链条，即作业链(Activity Chain)和各种作业所创造的价值相应形成价值链(Value Chain)的一个集合，可表示为：产品的研究与开发→产品设计→产品生产→营销配送→售后服务。通过作业价值链的分析，能够明确各项作业，并计算最终产品增值的程度。按照作业成本法的原理，"产品消耗作业，作业消耗资源"，一项作业转移为另一项作业的过程，同时也伴随着价值量的转移，由此形成作业价值链。

3. 成本动因

成本动因(Cost Drivers)理论是由库珀和卡普兰于 1987 年在《成本会计怎样系统地歪曲了产品成本》一文中提出来的。该理论认为：作业是指组织内消耗资源的某种活动或事项。作业是由产品引起的，而作业又引起资源的消耗；成本是由隐藏其后的某种推动力引起的。这种隐藏在成本之后的推动力就是成本动因。或者说，成本动因就是引起成本发生的因素。

成本动因有两种形式：

(1) 资源动因(Resource Driver)，是指决定一项作业所耗费资源的因素，反映作业量与资源耗费间的因果关系。

(2) 作业动因(Activity Driver)，是将作业中心的成本分配到产品或劳务、顾客等成本目标中的标准，它也是将资源消耗与最终产出相沟通的中介。

4. 成本库

成本库(Cost Pool)是指作业所发生的成本的归集。在传统的成本会计中以部门进行各类制造费用的归集，而在作业成本法中，将每一个作业中心所发生的成本或消耗的资源归集起来作为一个成本库。一个成本库是由同质的成本动因所组成，它对库内同质费用的耗费水平负有责任。

三、作业成本法的计算程序

作业成本法在计算产品成本时，将着眼点从传统的"产品"上转移到"作业"上，以作业为核算对象，首先根据作业对资源的消耗情况将资源的成本分配到作业，再由作业依成本动因追踪到产品成本的形成和积累过程，由此而得出最终产品成本。

根据作业成本计算的基本思想，它的计算过程可归纳为以下几个步骤。

(1) 直接成本费用的归集

直接成本包括直接材料、直接人工及其他直接费用，其计算方法与传统的成本计算方法一样。直接材料易于追溯到成本对象上，通常在生产成本中占有较大的比重，它计算的正确与否，对于产品成本的高低和成本的正误有很大影响。为了加强控制、促进节约、保证费用归集的正确性，对直接材料从数量到价格等各个方面，都必须按成本核算的原则和要求，认真对待。直接人工是直接用于产品生产而发生的人工费用。

(2) 作业的鉴定

在企业采用作业成本核算系统之前，首先要分析确定构成企业作业链的具体作业，这些作业受业务量而不是产出量的影响。作业的确定是作业成本信息系统成功运行的前提条件。作业的鉴定与划分是设计作业成本核算系统的难点与重点，作业划得当，能确保作业成本信息系统的正确度与可操作性。

(3) 成本库费用的归集

在确定了企业的作业划分之后，就需要以作业为对象，根据作业消耗资源的情况，归集各作业发生的各种费用，并把每个作业发生的费用集合分别列作一个成本库。

作业成本法可以大大提高制造费用分配的准确度，但并不是可以完全准确地分配制造费用。

(4) 成本动因的确定

成本动因即为引起成本发生的因素。为各成本库确定合适的成本动因，是作业成本法成本库费用分配的关键。在通常的情况下，一个成本库会有几个成本动因，有的成本动因与成本库费用之间存在弱线性相关性，有的成本动因与成本库费用之间存在着强线性关系：这一步的关键就在于为每一成本库选择一个与成本库费用存在强线性关系的成本动因。

(5) 成本动因费率计算

成本动因费率是指单位成本动因所引起的制造费用的数量。成本动因费率的计算用下式表示：

$$成本动因费率=成本库费用/成本库成本动因总量$$

即 $R=C/D$

式中，R——成本库的成本动因费率；

$\quad\quad\ C$——成本库的费用；

$\quad\quad\ D$——成本库的成本动因总量。

(6) 成本库费用的分配

计算出成本动因费率后，根据各产品消耗各成本库的成本动因数量进行成本库费用的分配，每种产品从各成本库中分配所得的费用之和，即为每种产品的费用分配额。

(7) 产品成本的计算

生产产品的总成本即生产产品所发生的直接成本与制造费用之和：

$$总成本 = 直接材料 + 直接人工 + 制造费用。$$

四、作业成本法的应用

作业成本法的核心思想是在资源和成本核算计算对象之间插入了作业，对成本使用多元化分配标准，更加准确。下面通过案例来说明作业成本法的实施步骤和传统成本计算法的区别。

案例：某企业生产 A、B 两种产品，有关年产销量、批次、成本、工时等资料见表12-10。

表 12-10　产销量及直接成本等资料表

项　　目	A 产品	B 产品
产销量/件	200 000	40 000
生产次数/次	4	10
定购次数/次	4	10
每次定购量/件	25 000	2 000
直接材料成本/元	24 000 000	2 000 000
直接人工成本/元	3 000 000	600 000
机器制造工时/小时	400 000	160 000

该企业当年制造费用项目与金额见表 12-11。

表 12-11　制造费用明细表

单位：元

项　　目	金　　额
材料验收成本	300 000
产品检验成本	470 000
燃料与水电成本	402 000
开工成本	220 000
职工福利支出	190 000
设备折旧	300 000
厂房折旧	230 000
材料储存成本	140 000
经营者薪金	100 000
合　　计	2 352 000

1. 传统成本计算法下成本计算

按传统成本计算法，制造费用可按机器制造工时进行分配：

$$制造费用分配率 = \frac{2\,352\,000}{400\,000 + 160\,000} = 4.2$$

A 产品应分摊的制造费用 = 400 000 × 4.2 = 1 680 000(元)

B 产品应分摊的制造费用 = 160 000 × 4.2 = 672 000(元)

根据上述分析和计算可编制产品成本计算表，如表 12-12 所示。

表 12-12　传统成本计算法下成本计算表

项　　目	A 产品	B 产品
直接材料成本/元	24 000 000	2 000 000
直接人工成本/元	3 000 000	600 000
制造费用/元	1 680 000	672 000
总成本/元	28 680 000	3 272 000
产销量/件	200 000	40 000
单位产品成本/元	143.4	81.8

2. 作业成本计算法下成本计算

作业成本计算的关键在于对制造费用的处理不是完全按机器制造工时进行分配，而是根据作业中心与成本动因，确定各类制造费用的分配标准。下面分别确定表 12-11 中各项制造费用的分配标准和分配率。

(1) 对于材料验收成本、产品检验成本和开工成本，其成本动因是生产与定购次数，可以此作为这三项制造费用的分配标准。其分配率为：

$$材料验收成本分配率 = \frac{300\,000}{10 + 4} = 21\,428.57$$

$$产品检验成本分配率 = \frac{470\,000}{10 + 4} = 33\,571.43$$

$$开工成本分配率 = \frac{220\,000}{10 + 4} = 15\,714.29$$

(2) 对于设备折旧费用、燃料与水电费用，其成本动因是机器制造工时，可以机器制造工时作为这两项费用的分配标准。其分配率为：

$$设备折旧费用分配率 = \frac{300\,000}{400\,000 + 160\,000} = 0.535\,71$$

$$燃料与水电费用分配率 = \frac{402\,000}{400\,000 + 160\,000} = 0.717\,857$$

(3) 对于职工福利支出，其成本动因是直接人工成本，可以直接人工成本作为职工福利支出的分配标准。其分配率为：

$$职工福利支出分配率=\frac{190\,000}{3\,000\,000+600\,000}=0.052\,78$$

(4) 对于厂房折旧和经营者薪金，其成本曾因是产品产销量，厂房折旧和经营者薪金可以此为分配标准。其分配率为：

$$厂房折旧费用分配率=\frac{230\,000}{200\,000+40\,000}=0.958\,3$$

$$经营者薪金分配率=\frac{100\,000}{200\,000+40\,000}=0.416\,67$$

(5) 对于材料储存成本，其成本动因是直接材料的数量或成本，可以此为标准分配材料储存成本。其分配率为：

$$材料储存成本分配率=\frac{140\,000}{24\,000\,000+2\,000\,000}=0.005\,38$$

根据上述计算的费用分配率，将各项制造费用在 A 产品和 B 产品之间分配，其分配结果见表 12-13。

表 12-13　制造费用分配明细表

项　　目	合　　计	A 产品	B 产品
材料验收成本/元	300 000	85 714	214 286
产品检验成本/元	470 000	134 286	335 714
燃料与水电成本/元	402 000	287 143	114 857
开工成本/元	220 000	62 857	157 143
职工福利支出/元	190 000	158 340	31 660
设备折旧/元	300 000	214 284	85 716
厂房折旧/元	230 000	191 660	38 340
材料储存成本/元	140 000	129 120	10 880
经营者薪金/元	100 000	83 334	16 666
合　　计	2 352 000	1 346 738	1 005 262

根据上述分析与计算可编制作业成本计算表如表 12-14 所示。

表 12-14　作业成本计算法下成本计算表

项　　目	A 产品	B 产品
直接材料成本/元	24 000 000	2 000 000
直接人工成本/元	3 000 000	600 000

(续表)

项　　目	A产品	B产品
制造费用/元	1 346 738	1 005 262
总成本/元	28 346 738	3 605 262
产销量/件	200 000	40 000
单位产品成本/元	141.73	90.13

比较表 12-12 和表 12-14 可见,按作业成本计算法,A 产品单位成本由传统成本计算的 143.4 元下降为 141.73 元;B 产品单位成本由传统成本计算的 81.8 元提高到 90.13 元。产生差异的原因主要是传统成本计算对制造费用只采用单一的分配标准,而忽视了不同作业之间的成本动因不同。显然,按作业成本计算比按传统成本计算更准确和科学。

五、对作业成本法的评价

1. 作业成本法的优点

关于作业成本法,其相比传统的成本核算方法,提高了成本核算的准确性,并能消除不增值作业,为管理决策提供有用信息。

2. 作业成本法的不足

作业成本法固然有其优势,能解决传统成本核算方法对真实成本扭曲的问题,但是其同样也存在局限性:作业成本核算法并未获得我国有关会计准则和制度的认可;作业成本法依旧存在一定的主观判断成分;实施的成本较高;作业成本法的运用必须有一定的适用环境。

知识归纳

本章主要介绍产品成本计算的辅助方法,即分类法、定额法、变动成本法、标准成本法和作业成本法。

分类法也称系数法。该方法以产品的类别作为成本计算对象,主要适用于产品品种较多或产品规格较多的企业。

定额法以产品品种或类别作为成本计算对象,主要适用于产品已经定型、产品品种比较稳定、各项定额比较齐全和准确、原始记录比较全面的大量大批生产企业。

变动成本法在计算产品成本时只包括产品生产过程中所消耗的直接材料、直接人工和变动制造费用,即变动生产成本,而把固定制造费用即固定生产成本及非生产成本全部作为期间费用处理的产品成本计算方法。变动成本法更能提供决策相关的信息。

标准成本法,也称标准成本会计。是指以预先制定的标准成本为基础,用标准成本与实际成本进行比较,核算和分析成本差异的一种产品成本计算方法,也是加强成本控制、评价经济业绩的一种成本控制制度。

作业成本法是在计算产品成本时,将着眼点从传统的“产品”转移到“作业”上,以作业为核算对象,首先根据作业对资源的消耗情况将资源的成本分配到作业中,再由作业依成本动因追踪到产品成本的形成和积累过程，由此而得出最终产品成本的一种成本计算方法。

以上五种成本计算方法都属于产品成本计算的辅助方法，不能单独使用，必须与品种法、分批法、分步法结合使用。

达标检测

一、简答题

1. 按类别归集生产费用，计算类别产品成本后，是否还需要按品种计算产品成本？
2. 采用定额法计算产品成本应具备哪些条件？
3. 采用变动成本法有哪些好处？
4. 采用标准成本法计算产品成本有哪些优点和缺点？
5. 作业成本法是一种成本计算方法吗？为什么？

二、单项选择题

1. 分类法的成本计算对象是( )。
    A. 产品品种 　　　　　　　　　　B. 产品类别
    C. 产品规格 　　　　　　　　　　D. 产品加工步骤

2. 下列适合采用分类法计算产品成本的企业是( )。
    A. 制鞋厂 　　　　　　　　　　　B. 小型水泥厂
    C. 造纸厂 　　　　　　　　　　　D. 精密仪器生产企业

3. 关于联产品，下列说法中正确的是( )。
    A. 联产品中各种产品的成本应该相等
    B. 可以按联产品中的每种产品归集和分配生产费用
    C. 联产品的成本应该包括其所应负担的联合成本
    D. 联产品的成本应该包括其所应负担的联合成本和分离后的继续加工成本

4. 采用分类法按系数分配计算类内各种产品成本时，对于系数的确定方法是( )。
    A. 选择产量大的产品作为标准产品，将其分配标准数确定为 1
    B. 选择产量大、生产稳定的产品作为标准产品，将其分配标准数确定为 1
    C. 选择产量大、生产稳定或规格折中的产品作为标准产品，将其分配标准数定为 1
    D. 自行选择一种产品作为标准产品，将其分配标准数定为 1

5. 在生产过程中，企业实际发生的成本与定额成本的差异是( )。
    A. 定额变动差异 　　　　　　　　B. 材料成本差异
    C. 费用率差异 　　　　　　　　　D. 脱离定额差异

6. 在定额法下，当消耗定额提高时，月初在产品的定额成本调整和定额变动差异数( )。
    A. 都是正数 　　　　　　　　　　B. 都是负数
    C. 前者是正数，后者是负数 　　　D. 前者是负数，后者是正数

7. 在变动成本法中，产品成本是指( )。
   A. 制造费用　　　　　　　　　　　B. 生产成本
   C. 变动生产成本　　　　　　　　　D. 变动成本

8. 在变动成本法下，销售收入减去变动成本等于( )。
   A. 销售毛利　　　　　　　　　　　B. 税后利润
   C. 税前利润　　　　　　　　　　　D. 贡献边际

9. 下列项目中，不能列入变动成本法下产品成本的是( )。
   A. 直接材料　　　　　　　　　　　B. 直接人工
   C. 变动性制造费用　　　　　　　　D. 固定性制造费用

10. 下列各项中，能反映变动成本法局限性的说法是( )。
    A. 导致企业盲目生产　　　　　　　B. 不利于成本控制
    C. 不利于短期决策　　　　　　　　D. 不符合传统的成本观念

11. 变动制度费用的价格差异又称为( )。
    A. 效率差异　　　　　　　　　　　B. 开支差异
    C. 预算差异　　　　　　　　　　　D. 能量差异

12. 直接人工小时工资率差异属于( )。
    A. 效率差异　　　　　　　　　　　B. 用量差异
    C. 价格差异　　　　　　　　　　　D. 能力差异

13. 由同质的成本动因组成的成本费用是指( )。
    A. 作业　　　　　　　　　　　　　B. 成本库
    C. 作业链　　　　　　　　　　　　D. 作业中心

14. 能够反映作业量与资源耗费之间因果关系的是( )。
    A. 资源动因　　　　　　　　　　　B. 作业动因
    C. 产品动因　　　　　　　　　　　D. 成本动因

15. 下列属于增值作业的是( )。
    A. 仓储　　　　　　　　　　　　　B. 返修
    C. 运送货物　　　　　　　　　　　D. 广告

三、多项选择题

1. 采用分类法计算产品成本时应注意( )。
   A. 类内产品品种不能过多　　　　　B. 类内产品品种不能太少
   C. 分配标准可由企业自由选择　　　D. 分配标准应有所选择
   E. 类距要适当

2. 分类法的成本计算程序是( )。
   A. 在同类产品中选择一种产量大、生产稳定或规格折中的产品作为标准产品
   B. 把标准产品的分配标准系数确定为 1
   C. 以其他产品的单位分配标准数据与标准产品相比，求出其他产品的系数

D. 用各种产品的实际产量乘上系数，计算出总系数

E. 再按各种产品总系数比例分配计算类内各种产品成本

3. 分类法下对于类内产品成本的计算，一般可以采用(   )。

A. 系数法 B. 按定额成本计价法

C. 按定额比例法计算 D. 分批法

E. 约当产量法

4. 分类法主要适用于产品品种较多的企业或车间，下列可以采用分类法计算产品成本的企业是(   )。

A. 电子元件厂 B. 针织厂

C. 造船厂 D. 机床厂

E. 砖瓦厂

5. 联产品的生产特点是(   )。

A. 经过同一个生产过程进行生产 B. 利用同一种原材料加工生产

C. 都是企业的主要产品 D. 有的是主要产品，有的是非主要产品

E. 生产成本相同

6. 采用定额法计算产品成本，产品实际成本的组成项目有(   )。

A. 定额成本 B. 定额成本调整

C. 脱离定额差异 D. 材料成本差异

E. 定额变动差异

7. 为了简化成本计算工作，(   )等一般可以全部由本月完工产品成本负担。

A. 定额成本 B. 定额成本调整

C. 脱离定额差异 D. 材料成本差异

E. 定额变动差异

8. 在完全成本法下，期间费用包括(   )。

A. 制造费用 B. 变动制造费用

C. 固定制造费用 D. 销售费用

E. 管理费用

9. 变动成本法下期间成本包括(   )。

A. 管理费用 B. 销售费用

C. 制造费用 D. 固定生产成本

E. 非生产成本

10. 根据成本按习性分类，(   )不随产量的变化而变化。

A. 固定制造费用总额 B. 单位变动成本

C. 单位销售成本 D. 单位固定制造费用

E. 变动生产成本总额

四、判断题

1. 采用分类法计算产品成本，不论选择什么作为分配标准，其产品成本的计算结果都有不同程度的假定性。　　　　　　　　　　　　　　　　　　　　　　　　（　　）

2. 由于分类法是为了简化成本核算工作而采用的方法，因此只要能简化成本核算，产品可以随意进行分类。　　　　　　　　　　　　　　　　　　　　　　　　　　（　　）

3. 分类法适用于产品品种、规格较多，并可按一定标准进行分类的企业的成本计算，也是成本计算的一种基本方法。　　　　　　　　　　　　　　　　　　　　　　（　　）

4. 联产品的成本应该包括其所应负担的联合成本和分离后的继续加工成本。　（　　）

5. 定额法是为了加强成本管理、进行成本控制而采用的一种成本计算与成本管理相结合的方法。　　　　　　　　　　　　　　　　　　　　　　　　　　　　　　　（　　）

6. 定额法与企业生产类型有直接联系。　　　　　　　　　　　　　　　　（　　）

7. 产品的实际成本是由定额成本、脱离定额差异和定额变动差异三个因素组成的。
　　　　　　　　　　　　　　　　　　　　　　　　　　　　　　　　　　（　　）

8. 定额法的优点是较其他成本计算方法核算工作量要小。　　　　　　　　（　　）

9. 只有大量大批生产的企业，才能采用定额法计算产品成本。　　　　　　（　　）

10. 在历史资料分析法的具体应用中，计算结果最为精确的是回归直线法。　（　　）

11. 在应用高低点法进行成本性态分析时，选择高点坐标的依据是最高的业务量和最高的成本。　　　　　　　　　　　　　　　　　　　　　　　　　　　　　　　（　　）

12. 工资率差异就是人工价格差异。　　　　　　　　　　　　　　　　　　（　　）

13. 实际成本大于标准成本时称为有利差异。　　　　　　　　　　　　　　（　　）

14. 一个作业只有一个作业动因。　　　　　　　　　　　　　　　　　　　（　　）

15. 不增值的作业是可以消除的作业。　　　　　　　　　　　　　　　　　（　　）

案例讨论

大运印刷有限责任公司的生产成本严重超支，主管生产的副总一到月底就拿着成本报表同车间主任、班组长争吵个没完。公司正好从人才市场招进一名会计专业的大学生，该副总立即找到他："这是上个月印刷一批书籍的成本计算清单，你帮我分析一下是哪个环节出了问题。"该清单上显示，博库书城订购该书 4 000 册，车间实际完工 5 000 册(车间主任正吵着要超产奖金)；印刷书籍的纸张标准用量为 100 张，标准价格 6 元，实际耗用 120 张，实际价格为 5 元(班组长表示纸张质量太差)；其他加工费没有明显变化。

假若你是这个大学生，请对该案例做出分析，找出成本严重超支的原因及责任人。

项目十三 其他行业成本计算方法

学习目标

　　明确商品流通企业、农业企业、施工企业成本的特点及构成内容；理解这些主要行业成本核算的基本原理并掌握其成本核算的主要方法。

能力目标

　　理解商品流通企业、农业企业、施工企业成本核算的基本原理并掌握其成本核算的主要方法。

案例导入

　　宏大建筑工程有限责任公司 2016 年 4 月施工 A、B 两项工程，共发生下列费用：A 工程耗费材料 2 000 000 元，B 工程耗费材料 1 400 000 元，人工工资共计 450 000 元，机械费用共计 500 000 元，本月发生间接费用共 210 000 元。月末，A 工程完成 700 平方米，完工率为 70%，工程费用预算为每平方米 600 元，月初 A 工程未完工工程成本 150 000 元。

　　请问：如何计算 A 工程的施工成本？

　　为此，需要了解施工企业的成本核算方法。

　　除了施工企业外，其他行业也同样存在成本的计算核算问题。如商品流通企业商品的成本构成与计算、农业企业农产品成本的计算等。

　商品流通企业成本计算

商品流通企业是指以从事商品流通为主要经营业务的企业。商品流通企业将生产企业生产的产品，从生产领域转移到了消费领域，最终实现商品的价值。这些商品流通企业组织商品流转的主要经营业务是商品购进、销售、调拨、储存以及运输等，其中购进和销售业务是企业完成基本业务的关键性活动，其他业务都是仅仅围绕商品的购销活动展开的，是连接商品从生产领域向消费领域转化的重要纽带。

一、商品流通企业成本的内容

与工业企业等其他行业企业的经营活动相比较，商品流通企业的经营活动主要有以下三个特点：一是不存在产品生产过程，经营活动的主要内容是商品购销活动，主要是低价购进商品、高价出售商品，以此方式实现商品进销差价，并以进销差价弥补企业在经营过程中的各项费用和税金，从而获得利润；二是商品资产在企业全部经济资源中占有较大的比重，是企业资产管理的重点；三是企业资金运动的基本轨道是"货币—商品—货币"，主要形式是货币与商品的相互转换。

商品流通企业的基本经济活动是商品的购进和销售，所以要产生商品的采购成本和销售成本。同时在整个经营过程中，还会产生管理费用、销售费用和财务费用，这些费用统称为商品流通费用。

1. 商品采购成本

商品采购成本是企业因购进商品而发生的各项费用支出。为了简化核算手续，为采购商品而发生的商品买价以外的费用，一般不计入商品采购成本，而是列为销售费用计入当期损益。所以，商品的采购成本就是商品的进价成本及按规定应计入成本的税金之和。由于商品采购的来源不同，其采购成本的构成也不尽相同。

(1) 国内购进商品采购成本，是指在国内购进商品所发生的进货原价，在购进不含税农副产品时，由企业支付的税金，也应包括在商品进价成本内。

(2) 国外购进商品采购成本，是指进口商品在到达目的港口以前发生的各种支出，包括企业使用外汇向国外购进商品所分摊的外汇价差和委托其他单位代理进口商品所支付给受托单位的实际价款。

企业购进商品发生的进货折扣与折让、经确认的索赔收入、其他能直接认定的进口佣金都应冲减商品进价。

2. 商品销售成本

由于商品流通企业为组织商品购销存过程中发生的费用不直接计入商品成本，所以商品销售成本实际上就是指已销商品的进价成本和商品存货跌价准备两部分内容。

商品存货跌价准备是按期末库存商品的一定比率计提的，它也是商品销售成本的注册部分。企业出口商品应退的税金应抵扣当期出口商品销售成本。

3. 商品流通费用

商品流通费用是指企业从事商品经营过程中所发生的、直接计入当期损益的期间费用，主要包括管理费用、财务费用和销售费用。

(1) 管理费用是指企业行政管理部门为组织和管理经营活动而发生的各项费用，包括公司经费、工会经费、职工教育经费、劳动保护费、待业保险费、董事会费、咨询费、审计费、诉讼费、排污费、绿化费、房产税、车船使用税、土地使用税、印花税、技术转让费、技术开发费、无形资产摊销、业务招待费、坏账损失、存货盘亏和毁损(减盘盈)以及其他管理费用。

(2) 财务费用是指企业在生产经营过程中为筹集资金而发生的各项费用，包括企业生产经营期间发生的利息支出(减利息收入)、汇兑净损失、金融机构手续费以及筹资发生的其他财务费用如债券印刷费、国外借款担保费等。

(3) 销售费用是指商品流通企业在销售产品等日常经营过程中发生的各项费用以及专设销售机构的各项经费，包括运输费，装卸费，包装费，保险费，广告费，展览费，租赁费(不包括融资租赁费)，销售人员工资、福利费，商品损耗，进出口商品累计佣金、检验费等。

上述费用都是为企业的经营活动和管理活动而发生的，不计入商品流通企业的经营成本中，而是作为期间费用，在其发生的会计期间，全部计入当期损益。

二、商品流通企业的成本计算方法

1. 批发企业商品销售成本的计算和结转

批发企业的库存商品采用数量进价金额核算法，由于商品进货渠道、交货方式的不同，各批商品进货价格不完全相同，因此，在确定结存商品的进价成本和销售商品的销售成本时，进货单价的确认就成为关键问题。因此，就有必要根据各企业的特点，采用适当的方法，从而正确地计算商品销售成本。一旦确定了计算商品销售成本的方法后，在同一会计年度内不得随意变更。计算商品销售成本的方法，主要有个别计价法、先进先出法、加权平均法和毛利率推算法等。

(1) 个别计价法

个别计价法又称分批实际进价法，是指认定每一件或每一批商品的实际进价，计算该件或该批商品销售成本的一种方法。在整批购进分批销售时，可以根据该批商品的实际购进单价，乘以销售数量来计算商品销售成本。其计算公式如下：

$$商品销售成本 = 商品销售数量 × 该件(批次)商品购进单价$$

采用个别计价法，对每件或每批购进的商品应分别存放，并分别登记库存商品明细账。对每次销售的商品，应在专用发票上注明进货件数或批次，便于按照该件或该批的实际购进单价计算商品销售成本。

采用个别计价法计算商品销售成本，可以逐日结转商品销售成本。这种方法计算的商品销售成本最为准确，但计算起来工作量最为繁重，适用于能分清进货件数或批次的库存商品、直运商品、委托代销商品和分期收款发出商品等。

(2) 先进先出法

先进先出法是指根据先购进先销售的原则，以先购进商品的价格，先作为商品销售成本的一种计算方法。这种方法根据需要，可以用顺算成本的方法逐日结转成本，也可以用逆算成本的方法定期结转成本。

采用顺算成本方法计算商品销售成本的具体做法是：先按最早购进商品的进价计算，销售完了，再按第二批购进商品的进价计算，依此类推。如果销售的商品属于前后两批购进的，单价又不相同时，就要分别用两个单价计算。

采用逆算成本方法计算商品销售成本的具体做法是：根据先进先出原则的推理，也就是后进后出的原则，在先计算期末结存商品金额时，若期末结存商品数量小于或等于最后一批购进商品的数量，即按该批商品的单价计算期末结存商品金额；若期末结存商品数量大于最后一批购进商品的数量，即从该批商品开始向前推算，直到与期末结存商品数量相等时为上，然后，将这一系列金额相加，其总和即为期末结存商品金额。计算出期末结存商品金额后，再采用逆算成本的方法，计算本期商品销售成本。

采用先进先出法计算商品销售成本，由于期末结存商品金额是根据近期进价成本计价的，因此，它的价值接近于市场价格，但每次销售要根据先购进的单价计算，工作量较大，一般适用于收、发货次数不多的商品。

(3) 加权平均法

加权平均法，亦称全月一次加权平均法，是指以当月全部进货数量加上月初存货数量作为权数，去除当月全部进货成本加上月初存货成本，计算出存货的加权平均单位成本，以此为基础计算当月发出存货的成本和期末存货的成本的一种方法。

存货的加权平均单位成本 = (月初结存货成本 + 本月购入存货成本) / (月初结存存货数量 + 本月购入存货数量)

月末库存存货成本 = 月末库存存货数量 × 存货加权平均单位成本

本期发出存货的成本 = 本期发出存货的数量 × 存货加权平均单位成本

或

= 期初存货成本 + 本期收入存货成本 - 期末存货成本

采用加权平均法，计算出来的商品销售成本比较均衡，但计算量较大，一般适用于经营品种较少的企业。

(4) 毛利率推算法

毛利率推算法是指根据本期商品销售收入乘以上期实际毛利率，或本期计划毛利率，推算出商品销售毛利，进而推算商品销售成本的一种方法。

其计算公式如下：

本期商品销售毛利 = 本期商品销售收入 × 上期实际毛利率

本期商品销售成本 = 本期商品销售收入 - 本期商品销售毛利

上列计算公式可以化简如下：

本期商品销售成本 = 本期商品销售收入 × (1 - 上期实际毛利率)

采用毛利率推算法，不是按库存商品品名、规格逐一计算商品销售成本，而是按商品类别进行计算，大大简化了企业的计算工作。由于同一类别内商品的毛利率不尽相同，因此，计算出来的商品销售成本不够准确，一般适用于经营商品品种较多、按月计算商品销售成本有困难的企业。

不论采用哪一种计算方法，都要根据计算的结果，编制结转商品销售成本的会计分录，借记"主营业务成本"账户，贷记"库存商品"账户。

批发企业商品销售成本的结转方式，按照商品销售成本结转的时间分，有逐日结转和定期结转两种。

逐日结转是逐日计算出商品销售成本后，逐日从"库存商品"账户上转销，故又称随销随转。这种方法能随时反映库存商品的结存金额，但工作量较大。定期结转是在期末即月末集中计算出商品销售成本后，从"库存商品"账户上一次转销，故又称月末一次结转。这种方法，工作量较小，但不能随时反映库存商品的结存金额。

集中结转是期末在每一库存商品明细账上只结出期末结存金额，再按类目加总后作为类目账的期末结存金额，然后在类目账上计算并结转商品销售成本。这种方法可以简化计算和记账手续，但账簿记录不够完整，只能按商品类别来考核分析其经营业绩。

2. 零售企业商品销售成本的计算和结转

零售商品销售以门市销售为主，销货业务频繁，数量零星，一般采用售价金额核算法。

(1) 在采用售价金额核算的情况下，零售企业每日营业终了时，各营业柜组(实物负责小组)清点销货款，填制商品进销存日报表及内部缴货单，连同销货款送交企业财会部门据以入账。应当注意的是，这里所说的商品售价与批发企业不同，零售企业销售商品的售价是含税售价，即在商品的售价里包含了增值税销项税额，则零售商品实际销售额和增值税销项税额的计算方法为：

$$商品销售额 = 含税收入 \div (1 + 增值税税率)$$
$$增值税销项税额 = 商品销售额 \times 税率$$

零售企业由于采用售价金额核算法，对库存商品实行售价记账实物负责制，商品销售出去，库存商品减少，实物负责人的实物责任也相应地减少了。因此，在借记"银行存款"，贷记"商品销售收入""应收税金——应交增值税(销项税额)"等科目的同时也应在账上注销商品实物负责人的实物责任。由于"库存商品"科目是按售价记账的，则注销实物责任时也按售价借记"商品销售成本"科目，贷记"库存商品"科目，即在平时暂按售价结转商品销售成本，到月末采用一定的方法，计算出已售商品的进销差价后，再对"商品销售成本"科目进行调整，将平时按售价结转的商品销售成本调整为商品销售进价成本。

(2) 零售企业在月末，一般是采用差价率计算法来计算已销售商品的进销差价，即首先计算企业商品的进销差价率，进而计算出本月已售商品的进销差价额，再将已售商品进销差价从"商品进销差价"科目转出，并对"商品销售成本"科目进行调整。

企业商品进销差价率，是企业全部商品的进销差价额与按售价计算的全部商品额的比率。全部商品进销差价额可以从月末分摊前的"商品进销差价"科目中取得。而全部商品售价总额则是月末结存商品售价金额加上本月已售商品的售价金额。由于实行售价金额核算企业的"商品销售成本"科目在平时商品销售后就以售价记账,所以已售商品的售价金额可以从"商品销售成本"科目取得。其计算公式如下:

商品进销差价率＝(期初结存商品的进销差价＋本期入库商品的进销差价)÷(期初结存商品的进销售价＋本期入库商品的售价)×100%

本月已售商品应分摊的进销差价＝本月已售商品售价总额×综合平均差价率

调整后的"商品销售成本"科目的余额,是按售价计算的已售商品额减去已售商品的进销差价后的数额,即为本月已售商品的实际进价成本。而调整后的"商品进销差价"科目余额是将已售商品进销差价转出后的剩余数额,即结存商品应保留的进销差价额。

零售企业在采用差价率法计算已售商品进销差价时,可以根据企业各种商品的汇总资料,计算出一个综合平均差价率,再按已售商品售价总额和综合差价率计算出已售商品进销差价。这样做可以简化核算工作,但由于企业经营的各种商品差价率并不相同,各种商品的销售比重也不相同,简单地用一个综合平均差价率来确定企业全部已售商品的进销差价额,准确性就比较差,从而不能正确地反映企业的经营成果。当然,如果企业的经营品种比较单一,各种商品的差价率相差不大,而且销售比重较稳定,采用综合差价率还是比较合适的。

为了克服综合差价率的不足,提高计算结果的准确性,企业可以将差价率的计算范围缩小,按各类商品或各柜组商品分别计算分类或分柜组差价率,这样做可以使计算结果比较接近实际,因而为零售企业所广泛采用。

采用这种方法需将"库存商品""商品进销差价""商品销售成本"科目按照商品的类别或营业柜组设置明细账,以便分别计算各类(各柜组)商品的差价并据以计算已售商品的进销差价,分别调整"商品销售成本"科目,然后加总求出全部已售商品的进销差价额及销售进价成本。

企业还可以采用盘存商品进销差价计算法计算已售商品进销差价。这种方法又称为实际差价计算法,是在对库存商品进行盘点的基础上,根据各种商品的盘存数量,逐项计算其盘存的进价、售价金额,求出已售商品进销差价的方法。采用这种方法是将各种商品的实际盘存数量分别乘以该种商品的原进价和最后进价,求出各种商品以进价计算的实际盘存金额,然后加总求出全部商品的进价总金额,再用月末"库存商品"科目的售价总金额减去实际盘存商品进价总金额,计算出月末结存商品实际进销差价。再用月末分摊前"商品进销差价"科目余额减实际盘存商品进销差价,则可计算出已售商品应分摊的进销差价额。计算公式如下:

盘存商品实际进销差价＝期末库存商品售价总额－盘存商品进价总额

已售商品进销差价＝分摊前"商品进销差价"科目余额－盘存商品实际进销差价

采用盘存商品进销差价计算法,能够正确地反映结存商品的实际库存价值,但核算工作和盘点工作量较大,因此企业平时不采用这种方法,一般是在年终为了确定库存商品的实际价值并对"商品进销差价"科目进行核实调整时,才采用此法。

调整后的"商品进销差价"科目余额与盘存商品实际进销差价相符,从而反映出年终企业库存商品的实际价值。

任务二　农业企业成本计算

农业企业是指从事农、林、牧、副、渔业等生产经营活动，具有较高的商品率，实行自主经营、独立经济核算，具有法人资格的营利性的经济组织。农业企业经营具有以下特点：

(1) 土地是农业生产的重要生产资料，是农业生产的基础。

(2) 农业生产具有明显的季节性和地域性，劳动时间与生产时间的不一致性，生产周期长。

(3) 农业生产中部分劳动资料和劳动对象可以相互转化，部分产品可作为生产资料重新投入生产。

(4) 种植业和养殖业之间存在相互依赖、相互促进的关系，从而要求经营管理上必须与之相适应，一般都实行一业为主、多种经营、全面发展的经营方针。

(5) 农业生产不仅在经营上实行一业为主、多种经营，而且在管理上实行联产承包、统分结合、双层经营的体制。

一、农业企业成本核算的特点

1. 以主要产品为成本计算对象

农业企业生产过程中所发生的耗费主要包括农、林、牧、副、渔各业产品所耗费的种子、饲料、燃料、生产工人工资、农机具折旧及因管理生产和为生产服务而发生的各种费用。由于农业企业实行一业为主、多种经营，为了适应成本管理的需要和简化核算手续，企业应以主要产品作为计算对象，单独核算成本，次要产品可以分业合并核算成本。

2. 各种产品的成本计算期不完全一致

由于农业、林业、畜牧业和渔业的生产受自然生长周期的影响，各种产品的收获时间是不同的，因此，成本计算期也不可能完全一致。对于经常有产品产出的，应按月计算产品的实际成本；对于一年只收获一次或几次的产品，应在产品的收获月份计算产品的实际成本，因此，农业产品计算期可以是定期的，也可以是不定期的。

3. 不同产品有不同的在产品计价问题

农业企业的各种产品由于生长周期不同，成本计算期也不相同。当成本计算期与生产周期一致时，就不需要将生产费用在完工产品与在产品之间进行分配；当成本计算期是定期的，与生产周期不一致时，就需要将生产费用在完工产品与在产品之间进行分配。

二、农业企业生产成本的核算

农业企业生产成本是指农业企业为生产产品和提供劳务而发生的各项生产费用，主要包括产品所耗费的种子、饲料、燃料、生产工人工资、农机具折旧及因管理生产和为生产服务而发生的各种费用。按费用计入产品成本的方法可分为直接成本和间接成本两种。

1. 直接成本

直接成本是指农业企业为生产产品而发生的能直接计入有关成本计算对象的各项成本,包括直接材料、直接人工、其他直接支出。

(1) 直接材料。包括农业企业在生产经营过程中实际消耗的原材料、农用材料、辅助材料、种子、饲料、肥料、各种配件、外购半成品、燃料、动力以及其他直接材料。

(2) 直接人工。包括农业企业直接从事生产经营人员的工资、奖金、津贴和补贴。

(3) 其他直接支出。指不属于以上各项的直接成本,包括直接从事生产经营人员的职工福利、机械作业费、灌溉费、畜禽医药费、畜禽折旧费等。

2. 间接成本

间接成本也就是制造费用,是指农业企业的各个生产经营单位为组织和管理生产所发生的共同费用。间接成本主要包括农业企业各个生产单位(车间、分厂)为组织和管理生产所发生的一切费用。具体有生产单位管理人员的工资、职工福利费,生产单位的折旧费、租赁费、修理费、取暖费、水电费、保险费、劳动保护费、季节性生产和修理期间的停工损失以及其他间接费用。

因此,农业企业的成本项目一般可分为直接材料、直接工资、其他直接支出以及制造费用。为了正确计算农业生产成本,应按不同的生产类型分别设置农业生产成本、林业生产成本、畜牧业生产成本等账户。对于辅助生产费用、机械作业费用,可以在各业生产成本账户下分别设置辅助生产成本、机械作业费用明细账进行归集分配,也可另设一级账户进行核算,先按费用发生的地点进行归集,然后分配计入各业成本明细账中。农业企业生产成本核算的方法,同制造企业一样,采用制造成本法,所以农业企业的生产成本由直接材料、直接人工、其他直接支出和制造费用四部分内容构成。凡是直接成本可直接记入"农业生产成本""林业生产成本"或"畜牧业生产成本"账户,间接成本则先记入"制造费用"账户,然后按一定标准分配,记入各农业生产成本明细账。

任务三 施工企业成本计算

施工企业是指从事建筑、安装以及其他专业工程施工的生产经营性企业。施工企业生产活动的对象都是房屋、建筑物等不动产,由于建筑产品的固定性、多样性、施工周期长等特点,它与制造企业的产品不同,决定了施工企业生产经营活动有以下特点。

(1) 施工生产的单件性

施工企业的每种产品都有其自身的特点和专门的用途,不可能大量组织生产,必须按照项目的不同设计要求进行施工生产,因此施工企业生产的产品基本是没有重复的,是多种多样的,这就决定了施工企业生产的产品具有单件性特点。

(2) 施工生产受自然气候影响大

建筑安装过程一般都是露天进行施工,直接受自然气候条件变化的影响,导致各月完成的工作量难以均衡。

(3) 施工生产周期长

建筑产品一般规模都比较大，生产周期较长，有些建筑产品施工时间长达两年，甚至更长。

(4) 施工生产流动性强

由于建筑产品具有固定性，因此不同工种的个人要在同一建筑物的不同部位进行流动施工，生产工人要在同一工地的不同单位进行流动施工，施工队伍要在不同工地、不同地区进行流动施工。

一、施工企业成本核算概述

施工企业产品的固定性、多样性、施工周期长等特点，决定了施工企业采用的成本核算方法的特点，主要表现在以下两个方面。

1. 以单位工程作为成本计算对象

成本计算对象，是指在计算工程成本中，确定归集和分配生产费用的具体对象，即生产费用承担的客体。成本计算对象的确定，是设立工程成本明细分类账户，归集和分配生产费用以及正确计算工程成本的前提。

具体的成本核算对象主要应根据企业生产的特点加以确定，同时还应考虑成本管理上的要求。由于建筑产品用途的多样性，带来了设计、施工的单件性。每一建筑安装工程都有其独特的形式、结构和质量标准，需要一套单独的设计图纸，在建造时需要采用不同的施工方法和施工组织。即使采用相同的标准设计，但由于建造地点的不同，在地形、地质、水文以及交通等方面也会有差异。施工企业这种单件性生产的特点，决定了施工企业成本核算对象的独特性。

施工项目不等于成本核算对象。有时一个施工项目包括几个单位工程，需要分别核算。单位工程是编制工程预算，制订施工项目工程成本计划和与建设单位结算工程价款的计算单位。按照分批(订单)法原则，施工项目成本一般应以每一独立编制施工图预算的单位工程为成本核算对象，但也可以按照承包工程项目的规模、工期、结构类型、施工组织和施工现场等情况，结合成本管理要求，灵活划分成本核算对象。一般来说有以下几种划分方法。

(1) 一个单位工程由几个施工单位共同施工时，各施工单位都应以同一单位工程为成本核算对象，各自核算自行完成的部分。

(2) 规模大、工期长的单位工程，可以将工程划分为若干部位，以分部位的工程作为成本核算对象。

(3) 同一建设项目，由同一施工单位施工，并在同一施工地点，属同一结构类型，开竣工时间相近的若干单位工程，可以合并作为一个成本核算对象。

(4) 改建、扩建的零星工程，可以将开竣工时间相接近，属于同一建设项目的各个单位工程合并作为一个成本核算对象。

(5) 土石方工程、打桩工程，可以根据实际情况和管理需要，以一个单项工程为成本核算对象，或将同一施工地点的若干个工程量较少的单项工程合并作为一个成本核算对象。

成本核算对象确定后，各种经济、技术资料的归集必须与此统一，一般不要中途变更，以免造成项目成本核算不实，结算漏账和经济责任不清的弊端。这样划分成本核算对象，是为了细化项目成本核算和考核项目经济效益，丝毫没有削弱项目经理部作为工程承包合同事实上的履约主体和对工程最终产品以及建设单位负责的管理实体的地位。

2. 按月定期计算工程成本

由于施工企业产品规模大、周期比较长，所以施工企业成本均按月计算，并且在全部工程完工前的各个月份，有必要将已完成预算定额规定的工程部分作为完工工程，视同产成品进行成本计算，而对于已投料施工，但尚未达到预算定额规定的工程部分作为未完工程，视同在产品成本进行计算。施工企业的施工费用应该按月进行归集与分配，并将成本按一定标准在完工产品与在产品之间进行分配。如果当月工程全部竣工，则除了计算当月完工工程成本以外，还要计算全部工程的决算成本，即全部工程的实际总成本。

二、施工企业工程成本的构成内容

施工企业工程成本分为直接成本和间接成本。

1. 直接成本

直接成本是指施工过程中耗费的构成工程实体或有助于工程形成的各项支出，包括人工费、材料费、机械使用费和其他直接费用。

(1) 人工费。是指直接从事建筑安装工程施工的生产工人开支的各项费用，包括工资、奖金、工资性质的津贴、生产工人辅助工资、职工福利费、生产工人劳动保护费等。

(2) 材料费。包括施工过程中耗用的构成工程实体的原材料、辅助材料、构配件、零件、半成品的费用和周转材料的摊销及租赁费用。

(3) 机械使用费。包括施工过程中使用自有施工机械所发生的机械使用费和租用外单位(含内部机械设备租赁市场)施工机械的租赁费，以及施工机械安装、拆卸和进出场费。

(4) 其他直接费用包括施工过程中发生的材料二次搬运费、临时设施摊销费、生产工具使用费、检验试验费、工程定位复测费、工程点交费、场地清理费等。

2. 间接成本

间接成本是指企业各施工单位(如工程处、施工队、工区等)为组织和管理施工生产活动所发生的各项支出，包括施工单位管理人员工资、奖金、职工福利费、行政管理用固定资产折旧费及修理费、物料消耗、低值易耗品摊销、取暖费、水电费、办公费、差旅费、财产保险费、检验试验费、工程保修费、劳动保护费、排污费及其他费用。

三、施工企业的成本核算

1. 施工企业成本核算的账户

为了全面地反映和监督各项施工费用的发生情况，施工企业一般应设置"工程施工""辅助生产""机械作业""工程结算成本"等成本类账户。

(1) "工程施工"账户：本账户用以核算企业进行建筑工程和设备安装发生的实际成本(不

包括被安装设备本身的价值)。在施工过程中所发生的人工费、材料费、机械使用费、其他直接费以及应分摊的管理费用,应记入本账户的借方,结转已完工程实际成本时应记入本账户的贷方,本账户的余额表示"未完施工"的实际成本。

(2) "辅助生产"账户:本账户用以核算企业非独立核算的辅助生产部门为工程施工、产品生产、机械作业、专项工程提供产品或劳务所发生的各项费用。本账户的借方登记辅助生产部门为提供产品或劳务所发生的各项费用,贷方登记已结转的产品或劳务的实际成本,期末余额表示在产品或未完作业的实际成本。

(3) "机械作业"账户:本账户用以核算企业及其内部独立核算的施工单位、机械站和运输队使用自有施工机械和运输设备进行机械作业(包括机械化施工和运输作业等)所发生的各项费用。本账户的借方登记实际发生的机械作业支出,贷方登记分配计入各受益对象的机械作业支出,期末应无余额。

(4) "工程结算成本"账户:本账户用以核算企业已办理工程价款结算的已完工程实际成本。本账户的借方登记从"工程施工"账户转入的已完工程实际成本,贷方登记转入"本年利润"账户的已完工程实际成本,期末应无余额。

2. 施工企业一般核算程序

(1) 将本期发生的施工费用,按其发生地点和经济用途分别分配和归集到有关的施工费用账户。

(2) 将归集在"工程施工——间接费用"账户的费用,按照一定的分配标准分配计入有关的工程成本。

(3) 将归集在"辅助生产"账户中的费用,按各受益对象进行分配并转入"工程施工""机械作业"和"管理费用"等账户。

(4) 将归集在"机械作业"账户中的费用,按各受益对象进行分配并转入"工程施工"等账户。

(5) 期末,将已计算确定的已完工程实际成本从"工程施工"账户转入"工程结算成本"账户。

3. 施工成本核算

(1) 人工费用的归集和分配

施工企业工程成本中的人工费用包括直接从事建筑安装工程施工工人计时工资、计件工资、工资性津贴及补贴、奖金和职工福利费。

在工程成本计算中,采用计件工资形式时,应根据"施工任务单"和有关的工资结算凭证,直接将人工费计入有关的成本计算对象。采用计时工资时,对于无法直接计入有关对象的人工费用,一般应以实际用工日数为标准进行分配。其计算公式如下:

$$建筑安装工人日平均工资 = \frac{建筑安装工人工资总额}{实际耗用工日总数}$$

某受益对象应分配的工资 = 建筑安装工人日平均工资 × 该受益对象实际耗用工日数

财会部门根据各施工队、项目管理部等单位的"施工任务单""用工记录"以及"工资结算汇总单"等资料,编制工资费用分配表进行分配。

【例13-1】第一施工队同时承担某市纺织厂织布车间厂房和职工宿舍两项施工任务。该施工队本月的计时工资总额为60 000元,实际耗用6 000个工日(其中厂房耗用3 800个工日、宿舍耗用2 200个工日)。

则: 该施工队工人日平均计时工资 = 60 000 ÷ 6 000 = 10(元)

织布车间厂房应分配的计时工资 = 3 800 × 10 = 38 000(元)

职工宿舍应分配的计时工资 = 2 200 × 10 = 22 000(元)

为了正确反映和监督工程成本的形成情况,建筑安装工人工资原则上应分别按施工队和成本计算对象进行分配。每月月末,施工企业的财会部门应根据各个施工队的"施工任务单""用工记录"和"工资结算汇总表"等资料,编制"建筑安装工人工资分配表"。其基本格式如表13-1所示。

表13-1 建筑安装工人工资分配表

成本计算对象	计件工资/元		计时工资/元			工资性津贴/元			奖金/元	应分配工资/元
	工日	工资	工日	日平均工资	工资	工日	平均分配率	金额		合 计
第一施工队:										
织布车间厂房	4 000	52 000	3 800	10	38 000	7 800	1.2	9 360	11 200	110 560
职工宿舍	2 000	26 000	2 200	10	22 000	4 200	1.2	5 040	6 400	59 440

根据上表,可做如下会计分录:

借: 工程施工——织布车间厂房——人工费　　110 560

　　工程施工——职工宿舍——人工费　　59 440

贷: 应付工资　　170 000

(2) 材料费的归集与分配

工程成本中的材料费,是指建筑安装工程直接耗用的构成工程实体和有助于工程形成的各种主要材料、结构件等的成本以及工程使用周转料具应计的摊销价值。

在实际工程中,对材料的日常核算既可采用实际成本计价,又可采用计划成本计价。目前,由于建筑材料的市场价格变化较大,对于绝大部分中小施工企业来说,比较适宜按实际成本进行材料核算。

在实际工作中,对于发出材料实际成本的确定,通常采用"先进先出法""加权平均法""移动加权平均法""个别计价法"等。

(3) 机械使用费的归集与分配

施工企业工程成本中的机械使用费包括工程施工过程中使用自有施工机械发生的机械使用费和租用外单位施工机械发生的租赁费以及施工机械的安装、拆卸和进出场费。

　　在发生机械使用费时,应设置"机械作业明细账"来归集发生的使用费。期末,可以根据各成本计算对象使用的机械台班数、作业量数,编制"机械使用费分配表",将机械使用费分配给各个成本计算对象。需要注意的是,由于企业使用的施工机械包括租赁的和自有的两种,因此对于机械使用费的核算也相应区别为租用机械使用费的核算和自有机械使用费的核算。

　　【例13-2】第一施工队使用自有的砂浆搅拌机进行施工,本月发生的有关费用包括:支付工资10 000元;支付电费18 000元;领用润滑油2 400元;计提折旧14 000元;支付修理费7 000元;领用替换工具及部件1 000元。根据上述业务可作如下会计分录:

　　借: 机械作业——砂浆搅拌机　　　　　　　52 400
　　　　贷: 应付工资　　　　　　　　　　　　　10 000
　　　　　　库存材料——润滑油　　　　　　　　2 400
　　　　　　　　　　——机械配件　　　　　　　1 000
　　　　　　累计折旧　　　　　　　　　　　　14 000
　　　　　　银行存款　　　　　　　　　　　　25 000

同时,财会部门应根据有关凭证登记"机械作业明细账",其一般格式如表13-2所示。

表13-2　机械作业明细账

机械名称:砂浆搅拌机　　　　　　　　　　　　　　　　　　　　　　　　　　单元:元

| 20××年 | | 凭证号数 | 摘　　要 | 借方明细发生额 | | | | | | | 贷方 | 余额 |
月	日			人工费	燃料及动力	材料	折旧及修理费	其他直接费	间接费	合计		
×			支付工资	10 000								
	×		支付电费		18 000							
	×		领用润滑油			2 400						
	×		领用替换工具及部件			1 000						
	×		计提折旧				21 000					
			合　计	10 000	18 000	3 400	21 000			52 400	52 400	0

　　每月月末,财会部门应根据"机械作业明细账"和"机械使用月报"等资料,编制"机械使用费分配表"(见表13-3)。

表 13-3 机械使用费分配表

20××年×月

单位名称：第一施工队

工程名称	塔式起重机		砂浆搅拌机		其他机械		合　计
	每成本 800 元/台班		成本 13.10 元/m³		分配率 1.25		
	台班	金额	搅拌量	金额	定额成本	金额	
织布车间厂房	120	96 000	2 400	31 440	6 960	8 700	136 140
职工宿舍	80	64 000	1 600	20 960	4 000	5 000	89 960
合　计	200	160 000	4 000	52 400	10 960	13 700	226 100

【注】(1) 塔式起重机每台班成本 = 160 000 ÷ 200 = 800(元)

(2) 砂浆搅拌机每立方米搅拌量成本 = 52 400 ÷ 4 000 = 13.10(元)

(3) 其他机械分配率 = 13 700 ÷ 10 960 = 1.25

根据上表可作如下会计分录：

借：工程施工——织布车间厂房——机械使用费　　136 140

　　　　　　——职工宿舍——机械使用费　　　　89 960

　　贷：机械作业——塔式起重机　　　　　　　　160 000

　　　　　　——砂浆搅拌机　　　　　　　　　　52 400

　　　　　　——其他机械　　　　　　　　　　　13 700

(4) 其他直接费用的归集与分配

工程成本中的其他直接费用，是指不包括在上述人工费、材料费、机械使用费等项目中的现场施工直接耗用的水、电、风、气等费用以及因场地狭小等特殊情况而发生的材料二次搬运费等。

由于一般建筑安装施工所需用的水、电、风、气等都已包含在预算定额的材料费项目之内(如搅拌混凝土的用水等)，因此，其他直接费用仅是指在预算定额之外单独发生的费用。

(5) 间接费用的归集与分配

在施工企业中，应在"工程施工"账户下面设置"间接费用"明细账以进行有关费用的核算。为了详细地反映间接费用的发生情况，通常还应设立多栏式的"间接费用明细账"，按各费用项目分设专栏进行登记。

【例 13-3】设第二工程处本月发生了下列各项管理费用：以银行存款购入办公用品 11 000元；分配工作人员工资 10 000 元；计提职工福利费 1 400 元；计提行政部门用固定资产折旧 13 600 元；支付固定资产修理费 900 元；报销差旅费 10 000 元；用银行存款购买防暑饮料 1 100元。财会部门应根据上述业务做如下分录：

借：工程施工——间接费用　　　　　　　　　　48 000

　　贷：银行存款　　　　　　　　　　　　　　23 000

　　　　应付工资　　　　　　　　　　　　　　10 000

　　　　应付福利费　　　　　　　　　　　　　1 400

　　　　累计折旧　　　　　　　　　　　　　　13 600

然后，根据有关凭证将上述费用记入下列明细账(见表13-4)。

表13-4 间接费用明细账

单元：元

××年		凭证号数	摘 要	借方明细发生额							贷方发生额	余额
月	日			工作人员工资	福利费	办公费	差旅交通费	固定资产使用费	劳动保护费	合 计		
×	×		购买办公用品			11 000				11 000		
	×		分配工资	10 000						10 000		
	×		计提福利费		1 400					1 400		
	×		计提折旧					13 600		13 600		
			支付修理费					900		900		
	×		报销差旅费				10 000			10 000		
	×		购防暑饮料						1 100	1 100		
			本月合计	10 000	1 400	11 000	10 000	14 500	1 100	48 000	48 000	0

作为一项共同性费用，间接费用通常同时与若干工程有关。因此，该项费用在发生时无法直接计入某个对象，而必须采用一定的方法在有关对象之间进行分配。在分配间接费用时，必须遵循一个基本原则，即间接费用的分配标准必须与建筑安装工程管理费定额的计算基础保持一致。

在实际工作中，管理费定额的计算基础有两种，即"直接费用"和"直接人工"。由于各类工程的成本结构存在着一定的差别，因此企业在确定各类建筑安装工程的管理费定额时，必须分别选择适当的标准。为了使实际成本与预算成本的口径保持可比性，所以在分配间接费用时也必须相应地采用这些标准。

(6) 已完工程实际成本的计算

建筑安装工程的施工周期较长，因此在实际工作中一般不能等到整个工程竣工以后才计算其成本，而必须按月(或按季)及时地计算已完工程的成本。由于建筑安装施工是一个连续不断的过程，因而施工企业的成本计算期与生产周期往往不一致。在报告期末，在施工现场一般既有"已完工程"，指已经完成预算定额所规定的全部工序的分部分项工程，又有"未完施工"，指虽已投入工料进行施工，但尚未完成预算定额所规定的全部工序的分部分项工程。在这种情况下，按成本计算对象所归集的施工费用还必须在这两者之间进行一次再分配。

已完工程实际成本一般按下列公式计算：

本期已完工程实际成本＝期初未完施工成本＋本期施工费用－期末未完施工成本

计算期末未完工程成本的方法，一般有估量法和估价法两种。

① 估量法

具体步骤：将已确定的未完施工各已完工序的数量按完成分部分项工程的程度折合为已完工程数量；然后，将这个折合量乘以分部分项工程的预算单价，便可求出期末未完施工预算成本。

计算公式如下：

$$\frac{\text{期末未完施工}}{\text{预算成本}}=\frac{\text{未完施工已完}}{\text{工序盘点数量}}\times\frac{\text{各工序}}{\text{折合率}}\times\frac{\text{分部分项工程}}{\text{预算单价}}$$

② 估价法

具体步骤：将预算单价按分部分项工程内各个工序(可适当归并为扩大工序)的比重，确定各工序的单价；然后，将经过实地盘点所确定的未完施工各已完工序的数量乘以各工序的单价，便可求出期末未完施工的预算成本。

计算公式如下：

$$\text{期末未完施工预算成本}=\text{未完施工的已完工序数量}\times\text{工序预算单价}$$

月末，将已完工程实际成本进行结转，借记"工程成本结算"账户，贷记"工程施工"账户。

【例 13-4】 设纺织厂职工宿舍的墙面抹灰工程，按规定，此项工程必须经过抹灰、找平、压光三道工序，到月末只完成到找平工序的有 16 000m²。预算单价为 3.95 元(其中人工费 1.25 元、材料费 2.70 元)，找平工序的折合率为 65%。请根据上述资料编制"未完施工盘点单"。

表 13-5　未完施工盘点单

20××年×月

工程名称：纺织厂职工宿舍

分部分项工程名称	已完工序名称	单位	已完工序数量	折合为已完工程量		工程预算单价/元	已完工序预算成本			
				折合率/%	数量		人工费/元	材料费/元	机械使用费/元	合计
墙面抹灰工程	找平	m²	16 000	65	10 400	3.95	13 000	28 080		41 080

上述计算结果填入"建筑安装工程成本明细账"，便可求出本期已完工程实际成本。月末，将已完工程实际成本进行结转，借记"工程成本结算"账户，贷记"工程施工"账户。

📖 知识归纳

与工业企业等其他行业企业的经营活动相比较，商品流通企业、农业企业及施工企业的经营活动在产品特点和成本构成上有很大的区别，因此，要针对不同的行业类型和产品类型按不同的方法进行正确的成本核算。

商品流通企业要从商品流通企业的特点和作用出发，进而明确商品流通企业业务经营的特点，以商品流通企业业务经营特点为基础，分析商品流通企业成本的构成内容及各种成本与工业企业相比较有何特殊性，尤其应重点掌握商品流通企业商品的采购成本、商品结存成本与工业企业的材料采购成本、材料结存成本在构成上的区别。结合批发商业企业的业务经营特点，掌握数量进价金额核算法下已销商品成本可采用的计算方法，在明确个别计价法、加权平均法、先进先出法、毛利率推算法等各种方法特点的基础上，重点掌握毛利率推算法在何种情况下使用以及如何使用。结合零售商业企业的业务经营特点了解售价金额核算方法的实质(售价记账、实物负责制)，并以此为基础讲明库存商品按售价记录的意义及商品进销差价的含义，尤其应理解售价金额核算法下如何结转已销商品进价成本。

农产品生产的分散性和季节性、农产品需求的普遍性和全年性以及农产品具有的各种生物属性，都决定了农业企业成本核算以每种作物为成本计算对象，对不同收获期的同一种作物必须分别核算，农业企业的成本计算期要根据成本核算对象的生长周期来确定，以适应农业企业生产周期较长、收获期比较集中、在年度中各项费用的发生不均匀等生产特点。

施工企业产品的特殊性决定了施工企业成本核算的独特性，特别要重点掌握施工企业工程成本的构成内容，在此基础上，才能运用正确的方法对完工工程的实际成本进行准确的确定与结转。

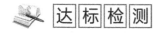 达标检测

一、简答题

1. 商品流通企业成本的构成内容有哪些？其主要的销售成本计算方法有几种？

2. 农业企业成本核算有什么特点？

3. 农业企业的成本一般由哪些内容构成？

4. 施工企业的生产成本如何进行分类？

5. 施工企业已完工工程与未完工工程的成本应如何分配？

二、单项选择题

1. 某商业企业从国内采购商品一批，该批商品的采购成本包括(　　)。

　　A. 采购费用　　　　　　　　　　　B. 进货原价

　　C. 进项税额　　　　　　　　　　　D. 销项税额

2. 商业批发企业库存商品采用的核算方法是(　　)。

　　A. 数量进价金额核算法　　　　　　B. 数量售价金额核算法

　　C. 售价金额核算法　　　　　　　　D. 进价金额核算法

3. 商业零售企业库存商品采用的核算方法是(　　)。

　　A. 数量进价金额核算法　　　　　　B. 数量售价金额核算法

　　C. 售价金额核算法　　　　　　　　D. 进价金额核算法

4. 采用进价金额核算法时，商品购进后，按进价记入"库存商品"账户时，(　　)。

　　A. 既登记金额，又登记数量　　　　B. 只登记品名、数量

  C. 只登记数量   D. 只登记金额，不登记品名和数量

5. 商品流通企业发生商品采购费用，应记入( )科目。

  A. 物资采购   B. 销售费用

  C. 管理费用   D. 财务费用

6. 施工企业为反映企业在工程施工中发生的各项费用支出，应设置的科目是( )。

  A. 工程施工   B. 机械费用

  C. 待摊费用   D. 预提费用

7. 施工企业为核算企业非独立核算的辅助生产部门为工程施工等提供服务所发生的费用，应设置( )科目。

  A. 基本生产成本——辅助生产   B. 辅助生产成本

  C. 生产成本   D. 施工成本

8. 结转已销商品应分摊的商品进销差价时，应借记( )账户，贷记"主营业务成本"。

  A. 商品采购   B. 库存商品

  C. 商品进销差价   D. 库存商品或商品进销差价

9. 企业为了归集农业生产费用和计算产品成本，应设置( )账户。

  A. 生产费用   B. 生产支出

  C. 生产成本   D. 生产损失

10. 商品流通企业发生商品采购费用，应记入( )科目。

  A. 物资采购   B. 销售费用

  C. 管理费用   D. 财务费用

11. 期末商品存货应分摊的进货运杂费计入商品存货成本的方法有( )。

  A. 账留法   B. 毛利率法

  C. 先进先出法   D. 后进先出法

12. 下列项目中不属于施工企业成本项目的是( )。

  A. 材料费用   B. 机械使用费

  C. 停工损失   D. 人工费用

13. 施工企业一般以( )为成本计算对象。

  A. 单位工程   B. 综合工程

  C. 建筑材料   D. 分部项目

14. 施工企业计入工程成本的费用有( )。

  A. 施工中的材料费用   B. 施工中的机械使用费

  C. 施工中的管理费用   D. 施工中的人工费用

15. 施工企业自有机械作业方式的各项费用，首先应通过( )账户归集。

  A. 生产成本   B. 工程施工

  C. 机械作业   D. 制造费用

三、多项选择题

1. 零售企业采用售价金额核算法核算时，其库存商品明细账(　　)。
   - A. 不记数量，只记金额
   - B. 按柜组设置
   - C. 按售价登记购进金额和销售金额
   - D. 月末调整登记进销差价

2. 农业企业的成本项目一般可包括(　　)。
   - A. 直接材料
   - B. 直接人工
   - C. 其他直接支出
   - D. 制造费用

3. 农业包括(　　)各业生产。
   - A. 农业
   - B. 林业
   - C. 牧业和副业
   - D. 渔业

4. 农业产品的成本内容包括(　　)。
   - A. 种子和种苗
   - B. 肥料和农药
   - C. 直接人工费和燃料动力费用
   - D. 折旧和修理费用

5. 施工企业的过程成本分为(　　)。
   - A. 直接成本
   - B. 间接成本
   - C. 直接材料
   - D. 间接费用

6. 某商业企业从国外进口商品一批，其商品采购成本应包括(　　)。
   - A. 离岸价
   - B. 国外运费
   - C. 进口关税
   - D. 进口货物消费税

7. 库存商品的核算方法有(　　)。
   - A. 数量进价金额核算法
   - B. 数量售价金额核算法
   - C. 售价金额核算法
   - D. 进价金额核算法

8. 施工企业成本核算中应设置的账户有(　　)。
   - A. 工程施工
   - B. 辅助生产
   - C. 机械作业
   - D. 工程结算成本

9. 采用数量进价金额核算法对商品销售成本的核算可采用的方法有(　　)。
   - A. 毛利率法
   - B. 商品进销差价率法
   - C. 先进先出法
   - D. 加权平均法

10. 采用售价金额核算法时，已销商品的进销差价的计算方法有(　　)。
    - A. 毛利率法
    - B. 差价率法
    - C. 个别计价法
    - D. 实际差价法

四、判断题

1. 施工企业核算施工成本以单项合同过程作为成本计算对象。　　　　　(　　)

2. 农作物成本的计算包括单位面积成本和单位产量成本。　　　　　　(　　)

3. 改建、扩建的零星工程，可以将开竣工时间接近、同属于一个建设项目的各个单位工程合并作为一个成本核算对象。　　　　　　　　　　　　　　　　(　　)

4. 在施工合同成本的材料核算中，领用时虽然能点清数量，但属于集中配料或统一下料的材料，应直接计入各工程成本。 （　　）

5. 从理论上讲，商品采购成本是因商品采购而发生的所有支出。 （　　）

6. 进口商品的采购成本为商品从国外购进一直运入到企业发生的所有费用。 （　　）

7. 经营季节性商品的企业，为了正确确定商品存货成本，并正确计算企业财务成果，应当对大宗进货费用和保管费用进行分摊。 （　　）

8. 数量进价金额核算法适用于零售企业经营的鲜活商品。 （　　）

9. 采用售价金额核算法，对库存商品核算时，可以不设置"商品进销差价"账户。 （　　）

10. 商品销售成本是指已销商品的进价成本。 （　　）

11. 商业企业采购商品的费用计入采购商品的成本，销售商品的费用计入销售费用。（　　）

12. 销售费用是指企业为筹集业务经营所需资金而发生的费用。 （　　）

13. 农业企业各种产品的成本计算期是完全一致的。 （　　）

14. 采用先进先出法计算商品销售成本，由于期末结存商品金额是根据近期进价成本计价的，因此，它的价值接近于市场价格。 （　　）

15. 批发企业的库存商品采用售价金额核算法。 （　　）

案例讨论

1. 昌泰百货公司采用售价金额核算法对库存商品进行核算，2016 年 9 月发生下列经济业务：

(1) 采购商品一批，已验收入库，货款以银行汇票支付，进价成本为 50 000 元，增值税为 8 500 元，该批商品售价(含税)70 200 元；

(2) 该批商品全部出售，收回价款 70 200 元，存入银行；

(3) 该批商品的增值税为 10 200 元(70 200/(1 + 17%) × 17% = 10 200(元)

(4) 结转已实现的进销差价 20 200 元。

要求：根据上述资料编制会计分录，并计算该批商品的销售毛利。

2. 弘光建筑公司有 A、B 两项工程，其中：①A 工程于本月末通过盘点确定有 10 000 m² 砖墙水泥砂浆工程未完，估计其已完工序和工程内容相当于已完工部分项工程实物量的 80%，该分部分项工程的预算单价为 15 元/m²。②B 工程分部分项工程的分项单价为 8 元/m²，分三道工序完成，工序价值比重为 30%∶30%∶40%，已完第一道工程为 500m²，第二道工序为 400 m²。

要求：

(1) 采用估量法确定 A 工程未完工程成本。

(2) 采用估价法确定 B 工程未完工程的预算成本。

项目十四 成本报表的编制与成本分析

🔍 **学习目标**

要求了解成本报表的概念、种类、特点，了解成本分析的意义与作用，掌握成本报表的结构与编制方法，并能灵活运用各种方法对成本报表进行分析。

🔍 **能力目标**

熟练地掌握各种成本报表的内容结构、编制方法和运用各种分析方法分析各种成本报表的技能。

🔍 **案例导入**

康盛公司生产的A产品，2017年10月份产量及其他有关材料费用的资料如表14-1所示。

表 14-1　产量及其他有关资料

项　　目	计　划　数	实　际　数
产品产量/件	200	220
单位产品材料消耗量/kg	30	28
材料单价	500	480
材料费用		

请采用因素分析法分析各种因素变动对材料费用的影响程度。

任务一　编制成本报表

一、成本报表的意义和种类

1. 成本报表的概念

成本报表是根据产品(经营业务)成本和期间费用的核算资料以及其他有关资料编制的，用来反映企业一定时期产品(经营业务)成本和期间费用水平及其构成情况的报告文件。根据我国现行会计制度的规定，成本报表不作为企业向外报送的会计报表，它主要是为满足内部管理需要而编制的一种内部报表。

2. 成本报表的意义

成本报表是企业内部经营管理者进行成本管理的主要依据，因此，编制成本报表是企业成本管理的一项主要工作，对加强企业内部经营管理具有十分重要的作用。

(1) 成本报表反映了企业在一定时期内企业成本费用水平及其构成情况。将成本报表的实际数字与成本计划进行比较，可以检查成本计划的执行情况，为进一步分析完成或未完成计划的具体原因、制定下期的成本计划提供依据。

(2) 通过成本报表分析，可以揭示影响产品成本指标和费用项目变动的因素，从生产技术、生产组织和经营管理等各方面挖掘节约费用和降低产品成本的潜力，提高企业经济效益。

(3) 成本报表提供的实际产品(或经营业务)成本和费用资料，不仅可以满足企业、车间和部门加强日常成本、费用管理的需用，而且是企业进行成本、利润的预测、决策，编制产品成本和各项费用计划，制定产品价格的重要依据。

3. 成本报表的种类

成本报表属于内部报表。因此，成本报表的种类、格式、项目、指标的设计和编制方法、编报日期、具体报送对象，由企业自行决定。主管企业的上级机构为了对本系统所属企业的成本管理工作进行领导或指导，也可以要求企业将其成本报表作为会计报表的附表上报。在这种情况下，企业成本报表的种类、格式、项目和编制方法，也可以由主管企业的上级机构同企业共同商定。一般来讲，成本报表主要有以下几种分类方法。

(1) 按编制的时间分类

成本报表根据管理上的要求一般可按月、季、年编报。但对内部管理的特殊需要，也可以按日、按旬、按周，甚至按工作班来编报，目的在于满足日常、临时、特殊任务的需要，使成本报表资料及时服务于生产经营的全过程。

(2) 按报送对象分类

① 对外成本报表

对外成本报表是指企业向外部单位，如上级主管部门和联营主管单位等报送的成本报表。在市场经济中，成本报表一般被认为是企业内部管理用的报表，为了保守秘密，按惯例不对外公开发布。但在我国国有企业和国有联营企业中，为了管理的需要，目前或者相当长的一段时间还需要分管和托管这些企业的主管部门，主管部门为了监督和控制成本费用，了解目标成本完成的情况，进行行业的分析对比，并为成本预测和成本决策提供依据以及投资者等需要了解企业经营状况和效益，都要求企业提供成本资料，实际上是一种扩大范围的内部报表。

② 对内成本报表

对内报表是指为了企业本单位内部经营管理需要而编制的各种报表。这种报表，其内容、种类、格式、编制方法和程序、编制时间和报送对象，均由企业根据自己生产经营和管理的需要来确定。成本报表就是其中的一种，它的编制目的主要在于让企业领导者和职工了解日常成本费用计划预算的执行情况，以便调动大家的积极性来控制费用的发生，为提高经济效益服务。同时为企业领导者和投资者提供经营的成本费用信息，以便进行决策和采取有效措施不断降低成本费用。

(3) 按反映的经济内容分类

① 反映费用情况的报表

反映费用情况的报表有制造费用明细表、销售费用明细表、管理费用明细表等。通过它们可以了解到企业在一定期间内费用支出总额及其构成，并可以了解费用支出的合理性以及支出变动的趋势，这有利于企业和主管部门正确制定费用预算，控制费用支出，考核费用支出指标合理性，明确有关部门和人员的经济责任，防止随意扩大费用开支范围。

② 反映成本情况的报表

反映成本情况的报表有产品生产成本表或产品生产成本及销售成本表、主要产品生产成本表、责任成本表、质量成本表等。这类报表侧重于揭示企业为生产一定种类和数量产品所花费的成本是否达到了预定的目标，通过分析比较，找出差距，明确薄弱环节，进一步采取有效措施，为挖掘降低成本的内部潜力提供有效的资料。

4. 成本报表的特点

成本报表作为对内报表，与现行会计制度规定的对外报表(财务报表)相比具有以下特点：

(1) 编制的目的主要是满足企业内部经营管理者的需要，因而内容更具有针对性。

(2) 成本报表的种类、内容和格式由企业自行决定，更具有灵活性。

(3) 成本报表作为对内报表更注重时效。

二、成本报表的编制要求

为了提高成本信息的质量，充分发挥成本报表的作用，成本报表的编制应符合下列基本要求。

(1) 真实性。即成本报表的指标数字必须真实可靠，能如实地集中反映企业实际发生的成本费用。

(2) 重要性。即对于重要的项目(如重要的成本、费用项目)，在成本报表中应单独列示，以显示其重要性；对于次要的项目，可以合并反映。

(3) 正确性。即成本报表的指标数字要计算正确；各种成本报表之间、主表与附表之间、各项目之间，凡是有钩稽关系的数字，应相互一致；本期报表与上期报表之间有关的数字应相互衔接。

(4) 完整性。即应编制的各种成本报表必须齐全；应填列的指标和文字说明必须全面；表内项目和表外补充资料不论根据账簿资料直接填列，还是分析计算填列，都应当准确无缺，不得随意取舍。

(5) 及时性。即按规定日期报送成本报表，保证成本报表的及时性，以便各方面利用和分析成本报表，充分发挥成本报表的应有作用。

三、产品生产成本表的编制

产品生产成本表是按产品品别设置，分成本项目反映各种产品总成本和单位成本，反映企业在一定时期内生产产品而发生的全部生产费用的报表。企业根据管理的需要可以编制按可比产品和不可比产品分类反映的全部商品产品成本表；也可以编制按成本项目反映的产品生产成本表，还可以编制按成本性态反映的产品生产成本表以及按主要产品和非主要产品反映的全部产品的生产成本报表。

利用编制的各种产品生产成本表，可以考核各种产品成本计划的执行结果，了解产品成本发生的全貌；利用产品成本表可以分析各成本项目的构成及其变化情况，揭示成本差异，挖掘潜力，降低产品成本；同时成本报表提供的成本信息资料，又是预测未来产品成本水平和制定合理目标成本的依据。

1. 产品生产成本表的结构和内容

(1) 结构

基本报表部分应按可比产品和不可比产品分别填列。补充资料部分主要反映可比产品成本的降低额和降低率。

可比产品是指企业过去曾经正式生产过、有完整的成本资料可以进行比较的产品。

不可比产品是指企业本年度初次生产的新产品，或虽非初次生产，但以前仅属试制而未正式投产、缺乏可比的成本资料的产品。

(2) 内容

① 实际产量：包括项目有本月数与本年累计数。

② 单位成本：包括项目有上年实际、本年计划、本月实际、本年累计实际平均。

③ 本月总成本：其中

上年实际月成本 = 上年实际单位成本 × 本月实际产量

本月计划成本 = 本年计划单位成本 × 本月实际产量

本月实际成本 = 本月实际单位成本 × 本月实际产量

④ 本年累计总成本：其中

上年累计总成本 = 上年实际平均单位成本 × 本年累计产量

本年计划总成本 = 本年计划平均单位成本 × 本年累计产量

本年累计总成本 = 本年累计实际平均单位成本 × 本年累计产量

补充资料的内容按年填列,包括项目有可比产品降低额、降低率、商品产值、产值成本率。其中:

① 可比产品成本降低额:

$$实际降低额 = \Sigma 实际产量 \times (上年平均单位成本 - 本期实际单位成本)$$

$$计划降低额 = \Sigma 计划产量 \times (上年实际平均单位成本 - 本期计划单位成本)$$

② 降低率:

$$实际降低率 = 实际降低额 \div (\Sigma 实际产量 \times 上年平均单位成本)$$

$$计划降低率 = 计划降低额 \div (\Sigma 计划产量 \times 上年平均单位成本)$$

③ 按照现行价格计算的商品产值(统计资料);

④ 产值成本率:

$$产值成本率 = (商品产品总成本 / 商品产值) \times 100$$

2. 产品生产成本表的编制方法

(1) 按成本项目反映的产品成本表

这种格式的产品成本表,其基本结构是按成本项目列示产品总成本,并按上年实际数、本年计划数、本月实际数和本年实际数分项、分栏进行反映。

【例14-1】设某工业企业201×年12月份按成本项目反映产品生产成本表,如表14-2所示。

表14-2 产品生产成本表(按成本项目反映)

201×年12月

成本项目	上年实际	本年计划	本月实际	本年实际
直接材料/千元	5 040	6 228	484	5 818
直接人工/千元	1 008	1 246	104	1 272
制造费用/千元	672	830	76	878
产品生产成本/千元	6 720	8 304	664	7 968

表14-2中的"本月实际"栏的生产费用数,应根据各种产品成本明细账所记本月生产费用合计数,按照成本项目分别汇总填列。在此基础上,加上在产品和自制半成品的期初余额,减去在产品和自制半成品的期末余额,就可以计算出本月完工的商品产品成本合计。

各项费用和成本,还可以按照上年实际数、本年计划数、本月实际数和本年累计实际数分栏反映。

(2) 按产品品种反映的产品生产成本表

这种格式的产品成本表,其基本结构是按产品种类,即可比产品和不可比产品汇总反映企业一定时期内生产的全部产品的单位成本和总成本。并根据实际产量,按上年实际平均数计算本年计划数、本月实际数、本年实际数,分品种分栏进行反映。

【**例 14-2**】设某工业企业201×年12月份按产品品种反映的产品生产成本表，如表14-3所示。

表 14-3 产品生产成本表(按产品品种反映)

201×年12月   单位：千元

产品名称	计量单位	产量		单位成本				本月总成本			本年累计总成本		
		本年(月)计划	本年(月)实际	上年实际平均	本年计划	本月实际	本年实际平均	按上年实际平均单位成本计算	按本年计划单位成本计算	本月实际	按上年实际平均单位成本计算	按本年计划单位成本计算	本年实际
可比产品合计											6 720	5 904	5 088
A		240	336	10	9		8				3 360	3 024	2 688
B		432	480	7	6	(略)	5	(略)	(略)	(略)	3 360	2 880	2 400
不可比产品合计													
C		288	240	—	10		12				—	2 400	2 880
产品生产成本合计												8 304	7 968

编制商品产品生产成本表，主要依据有关产品的产品成本明细账、年度成本计划、上年本表等资料填列下列有关项目。

(1)"产品名称"项目

本项目应填列主要的"可比产品"与"不可比产品"的名称。

(2)"实际产量"项目

此项目应根据"产品成本明细账"的记录计算填列。

(3)"单位成本"项目

①"上年实际平均单位成本"项目：根据上年度本表所列各种可比产品的全年累计实际平均单位成本填列。

②"本年计划单位成本"项目：根据年度成本计划的有关资料填列。

③"本月实际单位成本"项目：根据有关产品成本明细账中的资料，按下述公式计算填列：

某产品本月实际单位成本＝该产品本月实际总成本÷该产品本月实际产量

④ "本年累计实际平均单位成本"项目，根据有关产品成本明细账资料计算填列，计算方法为：

某产品本年累计实际平均单位成本＝该产品本年累计实际总成本÷该产品本年累计实际产量

(4) "本月总成本"项目

① "按上年实际平均单位成本计算"项目：本月实际产量与上年实际平均单位成本之积。

② "按本年计划单位成本计算"项目：本月实际产量与本年计划单位成本之积。

③ "本月实际"项目：根据本月有关产品成本明细账的记录填列。

(5) "本年累计总成本"各项目

① "按上年实际平均单位成本计算"项目：本年累计实际产量与上年实际平均单位成本之积。

② "按本年计划单位成本计算"项目：本年累计实际产量与本年计划单位成本之积。

③ 本年实际成本"项目：根据有关的产品成本明细账资料填列。

四、主要产品单位成本表的编制

主要产品单位成本表是反映企业在一定时期内(月份、季度、年度)生产的各种主要产品单位成本的构成和各项主要经济指标执行情况的成本报表，是产品生产成本表的必要补充。

主要产品单位成本表的主要特点是按产品成本项目，分别反映产品单位成本及各成本项目的历史先进水平、上年实际平均水平、本年计划、本月实际和本年累计实际平均的成本资料。

1. 主要产品单位成本表的结构和内容

第一部分为本表的基本部分，是分别按每一种主要产品进行编制的，表中除反映产品名称、规格、计量单位、产量、售价之外，主要是按成本项目反映单位成本的构成和水平；

第二部分为本表的补充资料，反映上年和本年的几项经济指标，为分析、考核提供简便的资料。

2. 主要产品单位成本表的编制方法

主要产品单位成本表(见表14-4)各项目的填列方法如下。

(1) "本月计划产量"和"本年计划产量"项目：分别根据本月和本年产量占产量计划填列。

(2) "本月实际产量"和"本年累计实际产量"项目：根据统计提供的产品产量资料或产品入库单填列。

(3) "成本项目"各项目：应按规定填列。

(4) "主要技术经济指标"项目：反映主要产品每一单位产量所消耗的主要原材料、燃料、工时等的数量。

(5) "历史先进水平"栏各项目：反映本企业历史上该种产品成本最低年度的实际平均单位成本和实际单位用量，根据有关午份成本资料填列。

(6) "上年实际平均"栏各项目：反映上年实际平均单位成本和单位用量，根据上年度本表的"本年累计实际平均"单位成本和单位用量的资料填列。

(7) "本年计划"栏各项目：反映本年计划单位成本和单位用量，根据年度成本计划资料填列。

(8) "本月实际" 栏各项目：反映本月实际单位成本和单位用量，根据本月产品成本明细账等有关资料填列。

(9) "本年累计实际平均" 栏各项目：反映本年年初至本月月末该种产品的平均实际单位成本和单位用量，根据年初至本月月末的已完工产品成本明细账等有关资料，采用加权平均计算后填列。

本表中按成本项目反映的 "上年实际平均" "本年计划" "本月实际" "本年累计实际平均" 的单位成本合计，应与产品生产成本表中的各该产品单位成本金额分别相等。

表 14-4　主要产品单位成本表

201×年度

单位：千元

产品名称	A	本月实际产量		(略)	
规　　格	HP	本年累计实际产量		336	
计量单位	台	销售单价		10	
成本项目	历史先进水平	上年实际平均	本年计划	本月实际	本年实际平均
直接材料	9.60	10.00	8.40		9.80
直接人工	2.00	4.40	4.20	(略)	2.00
制造费用	4.00	5.60	5.40		4.20
产品生产成本	15.60	20.00	18.00		16.00
主要技术经济指标	耗用量	耗用量	耗用量	耗用量	耗用量
1. 原材料	50 千克	52 千克	56 千克	(略)	58 千克
2. 主要材料					
3. 燃料					
4. 动力					

五、制造费用明细表的编制

制造费用明细表是反映工业企业在一定时期内发生的各项制造费用及其构成情况的成本报表。表中的各明细项目，应包括企业各个生产单位为组织和管理生产所发生的各项费用。

企业的自制材料、自制工具、自制设备、生产制造的外售产品，自制半成品或有对外提供工业性劳务的，必须按一定标准负担一部分制造费用。因此，会出现制造费用明细表上的合计数与产品生产成本表中的 "制造费用" 项目的数字不相等。

利用制造费用明细表，可以考核费用计划执行情况，发现费用项目超支或节约的原因，为编制计划和预测未来水平提供依据。

1. 制造费用明细表的结构和内容

制造费用明细表(见表 14-5)是按制造费用项目设置的，并分栏反映各费用的本年计划数、上年同期实际数、本月实际数、本年累计实际数。

表 14-5 制造费用明细表

201×年 12 月

单位：千元

费用项目	本年计划数	上年同期实际数	本月实际数	本年累计实际数
工资及福利费	260	240		290
办公费	40.00	22.34		86.74
折旧费	140.00	120.00		120.00
水电费	225.00	204.32		240.00
修理费	79.60	7.72		56.50
运 费	30.00	26.00	(略)	29.90
租赁费	18.00	16.42		16.46
劳动保护费	24.00	21.24		24.80
机物料消耗	13.40	13.96		13.60
合 计	830	672		878

2. 制造费用明细表的编制方法

"本年计划"栏的数字，应根据企业本年度编制的制造费用计划数进行填列；"上年实际"栏的数字，应根据企业上年同期该表上的实际数进行填列；"本月实际" 栏的数字，应根据本月各制造费用明细账合计数汇总填列；"本年累计实际" 栏的数字，应根据本年制造费用明细账累计实际发生额进行填列。

六、期间费用明细表的编制

期间费用明细表包括管理费用明细表、销售费用明细表(见表 14-6)和财务费用明细表。

期间费用明细表一般按照期间费用项目分别反映费用项目的计划数、上年同期实际数、本月实际数和本年累计实际数。

利用期间费用明细表，可以分析和考核期间费用计划的执行结果，可分析各项期间费用的构成情况及增减变动的原因。

期间费用明细表的格式与编制方法，与制造费用相似，在实际工作中，可参照制造费用明细表的格式和方法进行。

表 14-6 产品销售费用明细表

201×年度

单位：元

项 目	本年计划	上年实际	本年实际
1. 工 资	148 128	1482 288	1485 792
2. 职工福利费	19 725	19 872	199 608
3. 业务费	1 560	1 440	1 680
4. 运输费	15 360	16 488	16 520

(续表)

项　　目	本年计划	上年实际	本年实际
5. 装卸费	2 400	2 571	2 661
6. 包装费	18 000	18 024	13 200
7. 保险费	4 920	4 920	5 040
8. 展览费	8 280	8 160	9 000
9. 广告费	14 400	15 600	14 400
10. 差旅费	18 000	18 000	19 200
11. 租赁费	4 800	5 400	4 800
12. 低值易耗品摊销	3 600	3 600	4 560
13. 物料消耗	7 200	3 408	9 441
14. 其他销售费用	1 800	1 926	1 752
产品销售费用合计	268 173	1 601 697	1 787 654

任务二　进行成本分析

　　成本分析是指利用成本核算资料及其他有关资料，全面分析成本水平及其构成的变动情况，研究影响成本升降的各个因素及其变动的原因，寻找降低成本的规律和潜力。通过成本分析可以正确认识和掌握成本变动的规律性，不断挖掘企业内部潜力、降低产品成本、提高企业的经济效益；通过成本分析可以对成本计划的执行情况进行有效的控制，对执行结果进行评价，肯定成绩，指出存在的问题，以便采取措施，为提高经营管理水平服务，为编制下期成本计划和做出新的经营决策提供依据，给未来的成本管理指出努力的方向。

一、成本分析概述

1. 成本分析的内容

　　成本分析贯穿于成本管理工作的始终，包括事前成本分析、事中成本控制分析和事后成本分析。

　　(1) 事前成本分析：是指事前预计和测算有关因素对成本的影响程度，其主要包括两个方面的内容，即成本预测分析和成本决策分析。

　　(2) 事中成本控制分析：是指以计划、定额成本为依据，通过分析实际成本与计划成本或定额成本差异，对成本进行分析控制。

　　(3) 事后成本分析：是指将产品生产过程中发生的实际成本与计划成本的比较，对产生的差异进行分析，找出成本升降原因，是成本分析的主要形式。

　　主要包括：全部产品成本的分析、可比产品成本分析、主要产品单位成本分析、产品成本技术经济分析。

2. 成本分析的原则

成本分析的原则是组织成本报表分析的规范，为了做好成本报表分析工作，提高成本报表分析质量，在进行成本报表分析时，应遵循以下几个原则。

(1) 全面分析与重点分析相结合的原则。全面分析要以产品成本形成的全过程为对象，结合生产经营各阶段的不同性质和特点进行成本分析，要求成本分析内容具有全局性、广泛性，做到事前进行预测分析，事中进行控制分析，事后进行查核分析。但并不是要求成本分析一定要面面俱到，而应该重点突出，抓住问题的主要方面，进行透彻分析，这样才能提出恰当的改进措施，降低成本，解决问题。

(2) 实事求是的原则。成本分析的目标是寻找盈亏，假如蓄意掩盖事实或用虚假数据搪塞，势必影响分析结果的准确性。因此，在成本分析的过程中，不管是成绩还是失误，都应当实事求是地反映新问题，并用一分为二的辩证方法对事物进行客观的评价。

(3) 定量分析的原则。定量分析和定性分析相比较，定量分析对成本的评价更精确，更令人信服。因此，要多采用定量分析的方法，充分利用统计资料进行定量分析。

(4) 及时性原则。成本分析及时，发现新问题及时，采取策略及时。

二、成本分析的程序及方法

1. 成本分析的一般程序

(1) 进行成本分析，首先必须占有资料，掌握情况，这是正确进行分析的基础。为了全面、系统地分析成本报表，必须详细地占有资料，包括成本报表资料和其他有关的计划、统计、业务技术资料等。

(2) 分析成本报表，应从全部产品生产成本计划和各项费用计划完成情况的总评价开始，然后按照影响成本计划完成情况的因素逐步深入，具体分析。

(3) 在分析成本指标实际脱离计划差异的过程中，要研究确定影响指标变动的各种因素。

(4) 相互联系地研究生产技术、生产组织和经营管理等方面的情况，查明各种因素变动的原因，以便采取措施挖掘降低产品成本和节约费用开支的潜力。

(5) 以全面、发展的观点，对企业成本工作进行评价。

2. 成本分析方法

成本分析采用的技术方法是多种多样的，它可以采用会计的方法、统计的方法或数学的方法。具体进行成本分析工作中使用最广泛的技术方法，主要有指标对比法、因素分析法。

(1) 指标对比法

指标对比法又称比较法，这是实际工作中广泛应用的分析方法。它是通过相互关联的经济指标的对比来确定数量差异的一种方法。通过对比，揭露矛盾、发现问题、寻找差距、分析原因，为进一步降低成本指明方向。

成本指标的对比分析可采取以下几种形式。

① 实际指标与计划指标对比。具体进行成本分析时，首先，将实际成本与计划成本进行比较，通过对比说明计划完成的程度，为进一步分析指明方向。

② 本期实际指标与前期(如上年同期或历史最好水平)实际指标对比。通过对比,反映企业成本动态和变化趋势,有助于吸取历史经验,改进成本工作。

③ 本期实际指标与同行业先进水平对比。通过对比,可以反映本企业与国内外先进水平的差距,以便扬长避短,努力挖掘降低成本的潜力,不断提高企业的经济效益。

采用指标对比法时,应注意对比指标的可比性,即对比指标采用的计量单位、计价标准、时间单位、指标内容和前后采用的计算方法等都应具有可比的基础和条件。在同类企业比较成本指标时,还必须考虑它们在技术经济上的可比性。指标的对比可以用绝对数对比,也可以用相对数对比。

(2) 因素分析法

因素分析法是将某一综合指标分解为若干个相互联系的因素,并分别计算、分析每个因素影响程度的一种方法。

因素分析法是在比较法的基础上发展起来的,是比较法的补充。

因素分析法的一般做法是:

① 确定分析指标由几个因素组成;

② 确定各个因素与指标的关系,如加减关系、乘除关系等;

③ 采用适当方法,把指标分解成各个因素;

④ 确定每个因素对指标变动的影响方向与程度。

因素分析法的具体计算程序是:以成本的计划指标为基础,按预定的顺序,将各个因素的计划指标依次替换为实际指标,一直替换到全部都是实际指标为止,每次计算结果与前次计算结果相比,就可以求得某一因素对计划完成情况的影响。

三、产品成本计划完成情况的分析

产品成本计划完成情况的分析,是成本的事后分析,是成本分析的重要组成部分。成本计划完成情况分析的内容包括。

(1) 分析全部产品成本计划完成情况;

(2) 分析可比产品成本降低任务完成情况;

(3) 产品单位成本的分析;

(4) 技术经济指标分析等。

全部产品成本计划完成情况的分析,是一种总括性的分析。企业全部产品包括可比产品(指本企业以前正式生产过的、有历史成本资料的产品)与不可比产品(指本企业以前从未生产过的、没有历史成本资料的产品)。由于不可比产品没有历史成本资料,因此,对全部产品成本的分析,就不能用实际总成本与上年总成本进行比较,只能用实际总成本同计划总成本进行比较。

在实际开展成本分析时,应以企业编制的产品成本表的资料为依据,按下列步骤进行分析。

(1) 按产品分别进行分析,就是根据企业全部产品成本表和有关资料,分别确定全部产品、可比产品、不可比产品成本的降低额和降低率。其计算公式如下:

$$成本降低额 = 计划总成本 - 实际总成本$$
$$= \Sigma[实际产量 \times (计划单位成本 - 实际单位成本)]$$

$$成本降低率 = \frac{成本降低额}{\Sigma(实际产量 \times 计划单位成本)} \times 100\%$$

【例 14-3】根据某工厂 201×年度的产品成本表(见表 14-7)及有关资料,通过计算编制全部产品成本分析表。

表 14-7 全部产品成本分析表

单位:千元

产品名称	计量单位	产量		单位成本			总成本			降低指标	
		计划	实际	上年	计划	实际	按上年计算	按计划计算	按实际计算	降低额	降低率/%
可比产品							1 680	1 476	1 272	+204	+13.82
A	台	60	84	5	4.5	4	840	756	672	+84	+11.11
B	台	108	120	3.5	3	2.5	840	720	600	+120	+16.67
不可比产品											
C		72	60	—	5	6	—	600	720	-120	-20
全部产品								2 076	1 992	+84	+4.05

① 全部产品成本计划完成情况:

总成本降低额 = 2 076 - 1 992 = +84(千元)

总成本降低率 = (+84 ÷ 2 076) × 100% = 4.05%

② 可比产品成本计划完成情况:

成本降低额 = 1 476 - 1 272 = +204(千元)

成本降低率 = (+204 ÷ 1476) × 100% = 13.82%

③ 不可比产品成本计划完成情况:

成本降低额 = 600 - 720 = -120(千元)

成本降低率 = (-120 ÷ 600) × 100% = -20%

从上述的计算分析可以看出,企业全部产品实际总成本比计划总成本降低了 84 千元,降低率为 4.05%。其中,可比产品成本降低额为 204 千元,降低率为 13.82%;不可比产品成本超支额为 120 千元,超支率为 20%。从而可以说明该工厂已超额完成了年度全部产品成本计划。但在进一步分析中,可以看出可比产品大大超额完成了成本降低额和降低率,而不可比产品不但没有完成计划成本降低任务,而且出现超支现象,且超支额和超支率显得很高,这就需要进一步查找原因,有无人为地把可比产品的成本转嫁给不可比产品身上的情况等,以达到完成可比产品降低成本的目的。

(2) 按成本项目别进行分析,就是将全部产品的总成本按项目进行对比分析,即将实际总成本与计划总成本进行对比,然后来确定每个成本项目的降低额和降低率。

【例14-4】根据某工厂201×年12月份全部产品成本分项目分析表(见表14-8)及有关资料,通过分析、对比然后编制分项目的全部产品成本分析表。

表14-8 全部产品成本分项目分析表

单位:千元

成本项目	全部产品成本		降低指标	
	计 划	实 际	降低额	降低率/%
直接材料	1 557	1 454.5	+102.5	+6.58
直接人工	311.5	318	−6.5	−2.09
制造费用	207.5	219.5	−12	−5.78
制造成本	2 076	1 992	+84	+4.05

从表中的分析比较可以看出,虽然总成本降低84千元,降低率为4.05%,但从构成总成本的三个项目来看,直接人工和制造费用项目是超支的,全部产品成本的降低主要是靠直接材料项目的降低。所以,还需要进一步对各项目进行对比分析,才能找出超支和降低的具体原因。

四、可比产品成本降低任务完成情况分析

对可比产品成本降低任务完成情况的分析,就是将可比产品的实际成本与按实际产量和上年实际单位成本计算的上年实际总成本,确定可比产品实际成本的降低额和降低率,并同计划规定的计划成本降低额和降低率相比,评定企业可比产品成本降低任务完成的情况,确定各项目因素的影响程度,为进一步挖掘潜力、降低成本指出方向。计划成本和实际成本降低指标可按下列公式计算:

$$计划成本降低额=\Sigma[计划产量\times(上年实际单位成本-本年计划单位成本)]$$

$$计划成本降低率=\frac{计划成本降低额}{\Sigma(计划产量\times上年实际单位成本)}\times100\%$$

$$实际成本降低额=\Sigma[实际产量\times(上年实际单位成本-本年实际单位成本)]$$

$$实际成本降低率=\frac{实际成本降低额}{\Sigma(实际产量\times上年实际单位成本)}\times100\%$$

影响降低额的因素有产量、品种结构和单位成本,影响降低率的因素有产品品种结构和单位成本。那么,究竟是哪个因素起作用?起多大的作用?还需要做进一步分析。

1. 产量因素的影响

成本计划降低额是根据各种产品计划产量制定的,而实际成本降低额是根据各种产品的实际产量计算的。因此,在产品品种结构(各种可比产品在全部可比产品中的比重)和单位成本不变时,产品产量增减,就会使成本降低额发生同比例增减,所以不会影响成本降低率的变化。产品产量变动对成本降低额影响的计算公式如下:

$$产品变动对成本\atop 降价额的影响 = \left(\sum\left({实际\atop 产量}\times{上年实\atop 际单位\atop 成本}\right) - \sum\left({计划\atop 产量}\times{上年实\atop 际单位\atop 成本}\right)\right)\times{计划成本\atop 的降低率}$$

$$= \sum\left((实际产量 - 计划产量)\times{上年实际\atop 单位成本}\right)\times{计划成本\atop 的降低率}$$

接例 14-3 资料，其产量变动对成本降低额的影响 $= [(84 - 60)\times 10 + (120 - 108)\times 7]\times 12.39\%$。

2. 产品品种结构因素的影响

全部可比产品成本降低率实质上是以各种产品的个别成本降低率为基础来计算的，由于各种可比产品成本降低率不同，如果成本降低率大的产品在全部可比产品中所占的比重比计划提高，那么，全部可比产品成本降低率就会降低较多，降低额也会相应降低较多；反之，降低率和降低额则会降低较少。

结构变动的影响可以用结构变动后的降低额减去结构变动前的降低额，计算公式如下：

$$产品品种结构\atop 变动对成本降\atop 低额的影响 = \sum\left(实际产量\times{上年实际\atop 单位成本}\right) - \sum\left(实际产量\times{计划单\atop 位成本}\right)$$

$$-\sum\left(实际产量\times{上年实际\atop 单位成本}\right)\times{计划成本\atop 降低率}$$

$$产品品种结构\atop 变动对成本降\atop 低额的影响 = \frac{品种结构变动对成本降低额的影响数}{\sum(实际产量\times上年实际单位成本)}\times 100\%$$

接例 14-3 资料，产品品种结构变动对成本降低额的影响：

$= [(84\times 10 + 120\times 7) - (84\times 9 + 120\times 6)] - (84\times 10 + 120\times 7)\times 12.39\%$

$= -4.15(千元)$

产品品种结构对成本降低率的影响为：

$= [-4.15\div(84\times 10 + 120\times 7)]\times 100\%$

$= -0.24\%$

3. 单位成本因素的影响

可比产品计划成本降低额和实际成本降低额都是以上年成本作为基础的。因此，可比产品成本降低任务的完成程度，实际上是各种产品单位成本发生变动所形成的。产品实际单位成本比计划降低越多，成本降低额和降低率也就越大；相反，成本降低额和降低率就越小，产品单位成本的变动与成本降低额和降低率的变动呈相反方向。其计算公式如下：

$$产品单位成本变动对\atop 成本降低额的影响 = \sum\left(实际产量\times\left({计划单\atop 位成本} - {实际单\atop 位成本}\right)\right)$$

$$产品单位成本变动对\atop 成本降低额的影响 = \frac{单位成本变动对成本降低额的影响数}{\sum(实际产量\times上年实际单位成本)}\times 100\%$$

续例 14-3，单位成本变动对成本降低额的影响= 84 × (9 - 8) + 120 × (6 - 5)= 204(千元)。

单位成本变动对成本降低率的影响= [204÷(84 × 10 + 120 × 7)] × 100%= 12.14%。

【例 14-5】 假设某工厂 200×年 12 月份有关可比产品成本资料如表 14-9、表 14-10 所示。

表 14-9 计划成本资料

单位：千元

可比产品	计划产量	单　位		总成本		降低任务	
		上年	计划	上年	计划	降低额	降低率/%
A 产品	60	10	9	600	540	60	10%
B 产品	108	7	6	756	648	108	14.29%
合　计				1 356	1 188	168	12.39%

表 14-10 实际成本资料

单位：千元

可比产品	实际产量	单　位		总成本		降低任务	
		上年	计划	上年	计划	降低额	降低率/%
A 产品	84	10	8	840	672	168	20%
B 产品	120	7	5	840	600	240	28.57%
合　计				1 680	1272	408	24.29%

上述表中所列的实际产量、单位成本是根据产品成本表上的资料和计划、统计资料上取得的，经过计算后填入上述两表。其具体的计算如下：

$$计划成本降低额 = 60×(10-9)+108×(7-6)=168(千克)$$

$$计划成本降低率 = \frac{168}{60×10+108×7}×100\%=12.39\%$$

$$实际成本降低额 = 84×(10-8)+120×(7-5)=408(千元)$$

$$实际成本降低率 = \frac{408}{84×10+120×7}×100\%=24.29\%$$

从上述资料可以看出，考察可比产品成本降低任务完成情况，可以从绝对数和相对数两个方面来看。从绝对数看，该厂可比产品成本实际降低额比计划成本降低额多降低 240 千元 (408 - 168)；从相对数看，实际成本降低率比计划成本降低率多降低 11.9%(24.29% - 12.39%)，通过分析说明该厂超额完成了可比产品成本降低任务。

五、产品单位成本的分析

产品单位成本分析的意义，在于揭示各种产品单位成本及其各个成本项目的变动情况，查明单位成本升降的具体原因。

产品单位成本分析包括两个方面的内容。

1. 单位成本完成情况的分析

单位成本完成情况的分析是根据"产品单位成本表"上的有关数据资料以及其他有关资料，首先分析单位成本实际数与基准数的差异，确定单位成本是升高还是降低了，升降幅度是多少；然后再按成本项目分别进行比较分析，考察每个项目的升降情况；最后，可针对某些主要项目的升降情况，做进一步深入的分析，查明引起项目成本升降的原因。

2. 技术经济指标变动对单位成本的影响分析

构成产品成本的项目多而复杂，我们仅以主要项目如材料费用、工资费用、制造费用等，作为代表性项目进行分析，说明其分析的步骤和方法。

(1) 材料行业项目的分析

对单位产品成本中材料费用影响的基本因素，是单位产品材料耗用量和材料单价。它们对单位产品影响的计算公式如下：

$$材料耗用量变动的影响 = \Sigma (实际单位耗用量 - 基准单位耗用量) \times 基准价格$$

$$材料单价变动的影响 = \Sigma (实际单价 - 基准单价) \times 实际耗用量$$

上式中的"基准数"指的是计划数、定额数、上年实际平均、历史或行业先进水平等数值。

(2) 工资费用项目的分析

对单位产品成本中工资费用影响的因素，是单位产品工时消耗量和小时工资额。它们对工资费用升降的影响可用下列计算公式：

$$工时消耗量变动的影响 = \Sigma \left(\left(\frac{实际单位}{工时消耗量} - \frac{基准单位}{工时消耗量} \right) \times \frac{基准小时}{工资额} \right)$$

$$小时工资额变动的影响 = \Sigma \left(\left(\frac{实际小时}{工时额} - \frac{基准单位}{工资额} \right) \times \frac{实际单位}{工时消耗量} \right)$$

(3) 制造费用项目的分析

对产品成本中制造费用影响的基本因素，是单位产品工时消耗量(或其他分配标准)和小时费用分配率(或其他分配率)。其分析的计算公式为：

$$工时消耗量变动的影响 = \Sigma \left(\left(\frac{实际单位}{工时消耗量} - \frac{基准单位}{工时消耗量} \right) \times \frac{基准小时}{费用分配率} \right)$$

$$小时费用分配率变动的影响 = \Sigma \left(\left(\frac{实际小时}{费用分配率} - \frac{基准小时}{费用分配率} \right) \times \frac{实际单位}{工时消耗量} \right)$$

【例 14-6】根据 D 产品单位成本表(见表 14-11)和有关计划等资料整理计算编制 D 产品单位成本分析表。

表 14-11 D产品单位成本分析表

201×年   单位：千元

成本项目	计 划			实 际		
直接材料	252			248		
直接人工	48			56		
制造费用	276			300		
小 计	576			604		
主要消耗材料和工时	数量	单价	金额	数量	单价	金额
铸铁件/千克	1.48	1.00	1.48	1.40	1.00	1.40
钢 材/千克	19.20		56.72	20.00		58.98
其中：圆钢/千克	9.20	2.80	25.76	10.00	2.80	28.00
扁钢/千克	4.80	3.20	15.36	4.90	3.20	15.68
槽钢/千克	5.20	3.00	15.60	5.10	3.00	15.30
工 时	80	8	640	104	7.40	769.60

根据表 14-11 的计划数与实际数，计算 D 产品单位成本差异率如下：

单位成本差异率 = (604 - 576) ÷ 576 × 100% = 4.86%

从差异率看出，D 产品单位成本增加了 4.86%。是什么原因引起单位成本的提高，这就需要对成本项目做进一步的分析。

(1) 直接材料差异的分析

以例 14-6 资料分析：

材料耗用量差异 = 铸铁件差异 + 圆钢差异 + 扁钢差异 + 槽钢差异

$\qquad = (1.40 - 1.48) \times 1.0 + (10 - 9.2) \times 2.8 + (4.9 - 4.8) \times 3.2 + (5.1 - 5.2) \times 3.0$

$\qquad = 2.18(千元)$

从计算分析中，可以看出铸铁件与槽钢用量是节约的，而圆钢和扁钢耗用量是超过计划数的，应进一步查找原因。

从表 14-11 中的价格资料看，直接材料价格差异等于零。

(2) 直接人工差异的分析

以例 14-6 资料分析：

工时耗用量差异 = (实际耗用工时 - 计划耗用工时) × 计划单价

$\qquad = (104 - 80) \times 8 = 192(千元)$

小时工资额变动差异 = (实际小时工资额 - 计划小时工资额) × 实际耗用量

$\qquad = (7.40 - 8) \times 104 = -62.4(千元)$

从这里可以看出，由于生产效率的降低，使单位成本上升到 192 千元，由于平均工资率的下降，节约了成本 62.4 千元。

(3) 制造费用差异的分析

制造费用一般受单位产品工时和小时费用率两个因素的影响，而单位产品工时取决于劳动生产率的高低，小时费用率则受费用总额变动的影响。在制造费用总额不变的情况下，单位产品中的制造费用就取决于劳动生产率的高低，劳动生产率越高，单位产品消耗的工时就越少，所分配到的制造费用也越少；相反，劳动生产率越低，单位产品消耗的工时越多，分配到单位

产品中的制造费用也就越多。单位产品成本中制造费用的分析与直接工资费用的分析，基本相同，只需将小时工资率改为小时费用率。

📚 知识归纳

　　成本报表是反映企业一定时期产品(经营业务)成本和期间费用水平及其构成情况的报告文件，是企业成本水平的总体反映。产品生产成本表反映企业在一定时期内生产产品而发生的全部生产费用，有助于企业进行成本决策。主要产品单位成本表能分析各种主要产品单位成本水平和结构比例，比较各种主要产品单位成本计划定额执行情况，寻找产生差距的原因。制造费用明细表是企业成本控制和分析的重要资料，能考核费用计划执行情况，发现费用项目超支或节约原因，为编制计划和预测未来水平提供依据。

　　成本分析是成本核算工作的继续，是成本会计的重要组成部分，通过成本分析，可以揭示成本差异对产品成本升降的影响程度以及发现产生差异的原因和责任，从而可以有针对性地采取措施，对于加强日常成本的控制和管理就有了明确的目标，成本分析结果是制订新年度成本计划的依据，是制订下期成本计划的依据，是企业制定正确的经营决策和加强成本控制与管理的重要参考资料。

📖 达标检测

一、简答题

1. 什么是成本报表，成本报表的作用及编制要求是什么？

2. 成本报表应如何分类？

3. 简述编制成本报表的要求。

4. 简述按产品种类反映的商品产品成本表的作用。

5. 什么是成本分析？如何进行产品成本计划完成情况的分析？

二、单项选择题

1. 可比产品成本降低额与降低率之间的关系是(　　)。

　　A. 成反比　　　　　　　　　　　　B. 成正比

　　C. 同方向变动　　　　　　　　　　D. 无直接关系

2. 企业成本报表(　　)。

　　A. 是对外报送的报表

　　B. 是对内编报的报表

　　C. 由有关部门规定哪些指标对外公布，哪些指标不对外公布

　　D. 可根据债权人和投资人的要求，确定哪些指标对外公布，哪些指标不对外公布

3. 主要产品单位成本的一般分析，通常首先采用(　　)进行分析。

　　A. 对比分析法　　　　　　　　　　B. 趋势分析法

　　C. 比率分析法　　　　　　　　　　D. 连环替代法

4. 企业成本报表的种类、项目、格式和编制方法( )。

    A. 由国家统一规定   B. 由企业自行制定

    C. 由企业主管部门统一规定   D. 由企业主管部门与企业共同制定

5. 下列不属于成本报表的是( )。

    A. 商品产品成本表   B. 主要产品单位成本表

    C. 现金流量表   D. 制造费用明细表

6. 成本报表属于( )。

    A. 对外报表   B. 对内报表

    C. 既是对内报表，又是对外报表   D. 对内还是对外由企业决定

7. 下列不属于成本分析的基本方法是( )。

    A. 对比分析法   B. 产量分析法

    C. 因素分析法   D. 比率分析法

8. 根据实际指标与不同时期的指标对比，来揭示差异，分析差异产生原因的分析方法称为( )。

    A. 因素分析法   B. 差量分析法

    C. 对比分析法   D. 相关分析法

9. 在进行全部商品产品成本分析时，计算成本降低率时，是用成本降低额除以( )。

    A. 按计划产量计算的计划总成本

    B. 按计划产量计算的实际总成本

    C. 按实际产量计算的计划总成本

    D. 按实际产量计算的实际总成本

10. 对可比产品成本降低率不产生影响的因素是( )。

    A. 产品品种结构   B. 产品产量

    C. 产品单位成本   D. 产品总成本

11. 成本报表是服务于( )的报表。

    A. 投资人和债权人   B. 有关管理部门

    C. 企业内部经营管理活动   D. 企业外部有利害关系部门

12. 下列报表中，不包括在成本报表中的有( )。

    A. 利润表   B. 主要产品单位成本表

    C. 商品产品生产成本表   D. 制造费用明细表

13. 制造费用明细表应当反映( )的制造费用总额。

    A. 企业总部   B. 企业各生产单位

    C. 企业各基本生产车间   D. 企业各辅助生产车间

14. 可以反映成本计划执行情况的报表是( )。

    A. 产品生产成本表   B. 制造费用明细表

    C. 财务费用明细表   D. 管理费用明细表

15. 制造费用明细表的分析主要采用(　　)。

    A. 对比分析法　　　　　　　　　B. 比率分析法

    C. 连环替代分析法　　　　　　　D. 差额分析法

三、多项选择题

1. 商品产品成本表可以反映可比产品与不可比产品的(　　)。

    A. 实际产量　　　　　　　　　　B. 单位成本

    C. 本月总成本　　　　　　　　　D. 本年累计总成本

2. 工业企业编制的成本报表有(　　)。

    A. 商品产品成本表　　　　　　　B. 主要产品单位成本表

    C. 制造费用明细表　　　　　　　D. 成本计算单

3. 工业企业编报的成本报表必须做到(　　)。

    A. 数字准确　　　　　　　　　　B. 内容完整

    C. 字迹清楚　　　　　　　　　　D. 编报及时

4. 下列指标中属于相关比率的有(　　)。

    A. 产值成本率　　　　　　　　　B. 成本降低率

    C. 成本利润率　　　　　　　　　D. 销售收入成本率

5. 生产多品种的情况下，影响可比产品成本降低额的因素有(　　)。

    A. 产品产量　　　　　　　　　　B. 产品单位成本

    C. 产品价格　　　　　　　　　　D. 产品品种结构

6. 影响可比产品降低率变动的因素可能有(　　)。

    A. 产品产量　　　　　　　　　　B. 产品单位成本

    C. 产品价格　　　　　　　　　　D. 产品品种结构

7. 成本报表分析常用的方法有(　　)。

    A. 对比分析法　　　　　　　　　B. 比例分析法

    C. 因素分析法　　　　　　　　　D. 趋势分析法

8. 工业企业成本报表一般包括(　　)。

    A. 产品生产成本表　　　　　　　B. 主要产品单位成本表

    C. 制造费用明细表　　　　　　　D. 各种期间费用明细表

    E. 以上均包括

9. 主要产品单位成本表反映的单位成本包括(　　)。

    A. 本月实际　　　B. 历史先进水平　　　C. 本年计划

    D. 同行业同类产品实际　　　　　E. 上年实际平均

10. 生产多品种情况下，影响可比产品成本降低额变动的因素有(　　)。

    A. 产品产量　　　B. 产品单位成本　　　C. 产品价格

    D. 产品品种结构　　　　　　　　E. 产品产量

四、判断题

1. 商品产品成本表是反映企业在报告期内生产的全部商品产品的总成本的报表。（　　）

2. 企业编制的成本报表一般不对外公布，所以，成本报表的种类、项目和编制方法可由企业自行确定。（　　）

3. 企业编制的所有成本报表中，"商品产品成本表"是最主要的报表。（　　）

4. 在分析某个指标时，将与该指标相关但又不同的指标加以对比，分析其相互关系的方法称为对比分析法。（　　）

5. 采用因素分析法进行成本分析时，各因素变动对经济指标影响程度的数额相加，应与该项经济指标实际数与基数的差额相等。（　　）

6. 在进行全部商品产品成本分析时，需要计算成本降低率，该项指标是用成本降低额除以实际产量的实际总成本计算的。（　　）

7. 在进行可比产品成本降低任务完成情况的分析时，由于产品产量因素的变动，只影响成本降低额，不影响成本降低率。（　　）

8. 可比产品成本实际降低额是用实际产量的按上年实际单位成本计算的总成本与实际产量按本年实际单位成本计算的总成本计算的。（　　）

9. 不可比产品是指上年没有正式生产过，没有上年成本资料的产品。（　　）

10. 本年累计实际产量与本年计划单位成本之积，称为按本年实际产量计算的本年累计总成本。（　　）

11. 产品产量变动会影响产品成本降低额和降低率。（　　）

12. 制造费用明细表的合计数应与产品生产成本表中各种产品的制造费用之和相等。（　　）

13. 可比产品是指企业从来没有生产过的产品。（　　）

14. 成本报表提供的成本资料可以为企业制定成本计划提供依据。（　　）

15. 期间费用明细表包括销售费用明细表、管理费用明细表和财务费用明细表。（　　）

案例讨论

1. 东海企业生产甲产品，有关资料如表 14-12、表 14-13 所示。

表 14-12　主要产品单位成本表

成本项目	上年实际平均	本年计划	本年实际
原材料	1 862	1 890	2 047
工资及福利费	150	168	164
制造费用	248	212	209
合　计	2 260	2 270	2 420

表 14-13　单位甲产品耗用原材料的资料表

项　目	上年实际平均	本年计划	本期实际
原材料消耗量/千克	950	900	890
原材料单价/元	1.96	2.10	2.30

要求：(1) 根据上述资料，分析甲产品单位生产成本的计划完成情况；

(2) 分析影响原材料费用变动的因素和各因素对材料费用变动的影响程度。

2. 某企业有关产量、单位成本和总成本的资料如表 14-14 所示。

表 14-14 成本资料表

产品名称		实际产量		单位成本		总成本	
		本月	本年累计	上年实际平均数	本年计划	本月实际	本年累计数
可比产品	A 产品	100	900	800	780	75 000	684 000
	B 产品	30	500	500	480	13 500	235 000
	C 产品	80	1 100	700	710	55 200	748 000
不可比产品	D 产品	300	3 200		1 150	375 000	3 520 000
	E 产品	600	7 800		1 480	894 000	11 076 000

要求：根据上述资料，编制"商品产品成本表"。

参 考 文 献

1. 中华人民共和国财政部制定. 企业会计准则(2017 年版)[M]. 上海：立信会计出版社，2017

2. 中华人民共和国财政部制定. 企业会计准则应用指南(2017 年版)[M]. 上海：立信会计出版社，2017.

3. 万寿义，任月君. 成本会计[M]. 第四版. 大连：东北财经大学出版社，2016.

4. 孟焰. 成本管理会计[M]. 第二版. 北京：高等教育出版社，2016.

5. 于富生. 成本会计学[M]. 第七版. 北京：中国人民大学出版社，2015.

6. 朱朝晖. 成本会计学[M]. 第二版. 北京：科学出版社，2016.

7. 王淑平. 成本会计[M]. 北京：中国商业出版社，2015.

8. 刘新芝，张维. 成本管理会计[M]. 北京：人民邮电出版社，2016.

9. 张力上. 成本会计[M]. 北京：科学出版社，2016.

10. 李金泉. 成本会计学[M]. 北京：中国财政经济出版社，2016.